Secret Police Man

Henry Padovani

Secret Police Man

Flammarion

POPculture

Collection dirigée par Laurent Chollet

www.henrypadovani.com

ISBN : 2-08-068943-6

À mes enfants Aliosha et Fédora
À ma mère, Marie, qui ne le lira pas.

À croire que c'était pour la vie

J'adore raconter des histoires. Je crois que j'aime tout simplement parler. Alors, c'est toujours un plaisir pour moi de répondre aux sempiternelles questions de mes amis : comment j'ai commencé à jouer de la guitare ; comment j'ai décidé de partir pour Londres ; comment Sting, Stewart et moi nous nous sommes rencontrés ; pourquoi nous nous sommes séparés ; comment ça se passait à Londres en 1977 ; Wayne County était-il un homme ou une femme ; qui faisait partie de la bande ; comment sont nés les Flying Padovani's ; faisait-on beaucoup de concerts, où sortait-on le soir ; comment Pete Farndon est-il mort ; pourquoi un jour tout s'est arrêté...

Oui, c'est vrai, j'ai pas mal de choses à raconter sur ces années-là. D'autant que presque tous les livres sur les groupes ou sur le Londres des années « New Wave » que j'ai pu lire ici ou là ne sont pas vraiment exacts. Normal, la plupart de ceux qui les écrivent n'y étaient pas ! Et puis, ils le font d'un point de vue extérieur, car ils connaissent déjà la suite et la fin des histoires. Ce n'est pas pareil !

J'ai donc commencé à écrire et à raconter certains souvenirs qui font partie de ma vie. Je les ai écrits de mon point de vue et ils n'engagent que moi. Et si leurs fins ne sont pas toujours brillantes, c'est comme ça que je les ai vécus.

Henry Padovani

Tout ce que je peux dire, c'est que nous, on ne connaissait pas encore la fin de l'histoire. On ramait et on voulait simplement s'en sortir. Chaque fois et dans chaque situation, on faisait tout simplement de notre mieux.

Et on croyait que c'était pour la vie...

La mort de Pete

14 avril 1983. Il pleuvait sur Londres. Rien de nouveau de ce côté-là. J'étais avec ma femme Kristina, une journaliste suédoise, dans notre maison de Camberwell New Road et, pendant qu'elle écrivait un article dans la cuisine, je travaillais à l'étage, une partie de guitare slide que je voulais ajouter à un morceau que je venais d'écrire.

Nous vivons depuis environ deux ans dans cette *council house*, « maison de la ville », qui nous coûtait dix-neuf livres par semaine. Ce n'était pas beaucoup mais il fallait les sortir tout de même. Entre ce que Kristina gagnait avec ses articles et les cent livres que me donnait Warner Chappell toutes les semaines, on s'en tirait. Finalement, et comme toujours, j'étais content de mon sort. L'Angleterre avait été sympa avec moi. J'y habitais depuis six ans.

Kristina entra dans la chambre où j'avais installé tout mon matos de musique.

— Henry, quelqu'un au téléphone pour toi.

Je descendis les escaliers. Un disque de soul, *What's Going on*, de Marvin Gaye, tournait sur la platine dans le salon. Je baissai le son et pris le combiné :

— Allô ?

— Henry Padovani ?

J'acquiesçai.

— Ici la police de Ladbroke Grove. Connaissez-vous Peter Farndon ?

Quelle question ! Pete était le bassiste de Samouraï, le nouveau groupe que Topper, Steve Allen et moi avions monté l'année précédente. Ce jour-là, Pete n'est pas venu aux répétitions et on l'avait mauvaise. En l'attendant, pendant deux heures, nous avons joué deux ou trois morceaux avec Steve, le chanteur, puis Topper et moi sommes passés devant son appartement à Basset Road. Sa moto était là, devant le porche, et je me souviens qu'on a insulté Pete lorsqu'on l'a vue, du genre : « Quel connard ! Il est là... Il s'en fout... Il aurait pu nous appeler... Nous prévenir... » Je me suis arrêté devant la porte et Topper est descendu de ma Morris Traveller 71 pour sonner. Pas de réponse...

— Si ça se trouve, il dort, m'a dit Topper.

J'ai redémarré, dégoûté.

Dernièrement, il y avait pas mal de cocaïne qui atterrissait dans le studio de répétition. En général, un pote de Topper déboulait avec des petites enveloppes de papier pliées en quatre. On donnait chacun vingt livres et on reniflait ça dans la foulée. Ça ne durait pas longtemps et le pote de Topper venait souvent. En même temps, je trouvais ça pénible. La coke, je m'en foutais. Quand il y en avait, j'en prenais, mais je ne la recherchais pas.

Par contre, Topper prenait de tout. Il fallait le voir arriver les yeux translucides et les pupilles minuscules. Mais, quand il s'agissait de jouer, malgré sa frêle stature, il tapait sur sa batterie comme un sourd, et magnifiquement. Alors, on prenait notre mal en patience. Surtout que Topper avait toujours apporté plein d'idées d'arrangement, et il avait notre respect en tant que musicien pour ça. Après tout, n'avait-il pas parfaitement assuré la rythmique des Clash pendant plusieurs années et, en particulier, écrit leurs deux tubes, « Magnificent

Seven » et « Rock the Casbah » ? Donc, on prenait ce mal en patience. Ces deux compositions lui apportaient un revenu éditorial conséquent. En attendant le jour de la paye, il empruntait à ses potes et son dealer lui faisait crédit. Mais quand elle arrivait, il avait déjà tout flambé. Cependant il était généreux et payait souvent pour tout le monde. Il vivait avec Donna, une magnifique brune qui se dopait à longueur de journée. Pas vraiment la compagne idéale, mais c'était son karma.

Pete était plus ou moins pareil. Il avait tout de même l'air plus sain et il était vraiment drôle. Un vrai biker. Il venait aux répétitions en Triumph Bonneville, qu'il maîtrisait parfaitement. Il venait de lâcher les Pretenders et vivait avec Conover, un mannequin américain maigre comme un clou qu'il avait rencontré au Japon et qu'il avait immédiatement épousé. La version qu'il nous donnait de son départ des Pretenders était que Chrissie Hynde, la chanteuse et leader du groupe, n'aurait pas accepté que Pete plante ainsi sa petite amie londonienne avec laquelle il avait vécu pendant cinq ans, et qui attendait toujours sagement à Londres qu'il rentre de tournée. Chrissie avait lancé un ultimatum à Pete et lui l'avait envoyée bouler. De toute façon, il s'était déjà marié avec Conover et avait fait son choix. Grâce aux Pretenders, lui aussi gagnait bien sa vie. Son appartement à Basset Road était vraiment bien et on s'y retrouvait souvent.

Tous les deux dépensaient allègrement leur argent en dope et Steve et moi, nous suivions. Il y avait aussi dans le coup avec nous Micky Gallagher, que Topper nous avait présenté. Micky jouait de l'orgue Hammond comme un dieu. Il s'était fait connaître avec Ian Dury and the Blockheads, et accompagnait les Clash en studio et en tournée. Il avait une famille, était le plus sérieux du groupe, ne prenait jamais une ligne de coke et arrivait à contrôler un peu Topper. Jouer avec ce grand musicien était un plaisir !

— Oui, je connais Pete !

— Quand l'avez-vous vu pour la dernière fois ?

— Hier ! Mais attendez, que se passe-t-il ? Qu'a-t-il fait ?

J'étais inquiet ; je ne comprenais pas. Il avait dû se passer quelque chose. J'avais les boules. D'abord Topper, et maintenant Pete... Dur, le rock'n'roll.

— Pouvez-vous venir immédiatement ?

— Dites-moi ce qui se passe ! Ou passez-moi Conover ! Est-elle là ?

— Nous venons de trouver Peter Farndon mort dans sa baignoire.

— Quoi ? Qu'est-ce que vous racontez ? C'est quoi ces conneries ? Passez-moi Conover !

— Oui, je vais vous la passer. Mais pourriez-vous venir maintenant ?

— Oui... Oui...

J'étais choqué. Mon cœur battait. Mes tempes chauffaient. Pete mort ? Je ne pouvais pas accepter cette nouvelle. Dans le combiné, j'entendais des pas, des gens qui parlaient doucement, et des sanglots qui se rapprochaient... la voix de Conover :

— Allô, Henry ?

— Oui, c'est quoi ce truc ? Pete ?

— Oui, c'est affreux... Il est mort, Henry, il est mort !

— « *Fucking hell*[1] » ! Mon insulte a dû résonner longtemps dans le téléphone. Bouge pas, j'arrive !

— Merci.

L'officier de police, à qui elle avait repassé le téléphone, s'est adressé à nouveau à moi :

— Vous arrivez ?

— Oui, donnez-moi environ trois quarts d'heure.

1. « Putain d'enfer ! »

Une jeunesse dorée

Musique. Voilà bien un mot qui est central dans ma vie.

Jusqu'à ce jour, j'ai eu la chance de ne pouvoir penser pratiquement qu'à ça. Ça n'a pas toujours été facile, mais dès que j'ai pris conscience de la puissance la musique, j'ai tout fait pour la conserver. Et, pour cela, j'ai payé, j'ai ramé, j'ai souffert aussi, mais j'ai beaucoup joui.

La première fois où la musique m'a fait de l'effet, c'est en entendant un disque de mon père : *Negro Spirituals*, interprété par Paul Robson. Je l'écoutais souvent sur le tourne-disque de mes parents, et je le connaissais par cœur.

Et puis, un jour, les Beatles sont passés à la télévision, dans l'émission de Denise Glaser, un dimanche. J'avais monté le son et je me rappelle que ma mère est arrivée en courant dans le salon et a éteint la télé. Comme ça ! Elle a parlé de « musique de sauvages », entre autres, mais j'ai oublié ce qu'elle m'a dit ensuite. Par contre, je n'ai pas oublié l'effet que ça m'avait fait. J'ai pris conscience d'un certain plaisir, un plaisir spécial, voire dangereux et, vu la réaction de ma mère, un plaisir qui n'était pas autorisé à l'adolescent que j'étais. En tout cas, ce jour-là, il s'est passé quelque chose et, toute ma vie, je n'ai eu de cesse de rechercher cette émotion.

En 1963, mes parents sont rentrés d'Algérie où ils étaient enseignants. Ils avaient pratiquement tout laissé là-bas et, pendant qu'ils recommençaient leur vie à Berre-l'Étang, près de Marseille, ils nous ont laissés, ma sœur et moi, chez ma grand-mère, en Corse. Nous fréquentions l'école du village, alors que mon frère était chez notre oncle François et notre tante Pauline, à Bastia, et allait au lycée.

Cette année-là, ma cousine germaine Marie-Jo est morte d'une leucémie. Nous étions tous effondrés. Je comprends mieux aujourd'hui ce que pouvait ressentir la famille, et particulièrement celle de Marie-Jo, mais j'avais quand même saisi ce qui arrivait et j'en étais malheureux. Je me souviens d'une image : je suis debout sur une chaise, devant la cheminée chez mes grands-parents maternels à Carbonacce, et mon oncle Mathieu me fait réciter : « La biche brame au clair de lune et pleure à se sbaquer les yeux. » C'était lui qui avait utilisé le mot « sbaquer » à la place de « fendre ». Ça ne voulait rien dire, mais ça faisait rire tout le monde et ça nous réconfortait. Alors, il me demandait de recommencer et, sans comprendre, je reprenais ma récitation.

Ce soir-là, il m'avait aussi donné sa guitare. Une guitare espagnole. C'était un cadeau merveilleux. Je m'en rends compte aujourd'hui. Elle m'a suivi sur le continent, mais je n'y ai pas touché dans un coin jusqu'à mes treize ou quatorze ans.

Ce Noël 1963 fut fantastique. Mes parents n'avaient pas un sou mais ils sont venus nous rejoindre en Corse. Le soir du réveillon, nous avons fait trois kilomètres à pied pour assister à la messe de minuit à l'église de Luri, tous ensemble, en nous tenant par la main et en chantant tout du long. Ma mère entonnait des chants de scout que nous répétions en chœur : « Y a qu'un ch'veu sur la tête à Mathieu... Y a qu'une dent dans la mâchoire à Jean... »

Pendant que nous vivions en Corse, mes parents avaient reconstruit en France un avenir pour toute la famille. Ils pouvaient être fiers. Entre-temps, mon père était retourné en Algérie pour terminer le déménagement, et il était revenu. Un héros. Et nous étions enfin réunis, vivants. Encore aujourd'hui, je me rappelle chaque pas et chaque chanson. Le lendemain matin, j'ai reçu un pyjama en flanelle comme cadeau.

Après Noël, nous sommes partis avec mes parents sur le continent et j'ai intégré l'école de Berre. Une vraie école. Faut dire qu'au village, en Corse, nous n'étions que neuf dans une salle de classe qui se trouvait à exactement trois mètres de notre maison. En fait, tous les enfants du village étaient là, et Mme Germoni, l'institutrice, donnait des cours aussi bien à des élèves de maternelle qu'à moi qui étais en CM2.

On était heureux. Les récréations se faisaient sur la place du village, et on guettait le camion du pain qui arrivait en klaxonnant. Alors, chacun allait acheter les « fendus » et les rapportait chez lui. À cinq heures, l'école était finie et on rentrait goûter.

Après le goûter que ma grand-mère « Isula » nous avait préparé, je retrouvais mon ami Franco, le fils d'un Italien immigré qui s'était installé au village avec sa famille, et nous allions chercher le lait à l'étable. Parfois, ma sœur et Nadine, la sœur de Franco, nous accompagnaient et, tous ensemble, nous descendions le petit chemin jusqu'à l'étable. Nous avions chacun un fusil que nous avions fabriqué nous-mêmes, avec des planches et des manches à balai sciés surmontés d'un petit clou pour la visée, et nos héros étaient les chasseurs du village. Nous portions nos armes à l'épaule, à l'aide d'une courroie en corde tressée. Nous avions quand même un peu peur de tous les bruits du maquis. Pour signaler notre présence aux sangliers qui – nous en étions sûrs – devaient nous épier dans le noir, prêts à nous attaquer, et pour leur faire croire que nous étions des « grands » ou des chasseurs, nous essayions de parler corse. De temps en temps, l'ombre d'une vache qui paissait tranquillement nous plongeait dans une panique totale et nous remontions le chemin à la vitesse d'un avion supersonique, abandonnant ma sœur et Nadine à leur sort.

J'avais le béguin pour la meilleure amie de ma sœur, Marilène, et tout le village nous regardait comme un couple promis. Parfois, la maîtresse emmenait la classe en promenade à « la grotte » et nous en profitions pour rapporter des champignons ou des escargots à la maison. Pendant ces escapades, nous nous essayions à fumer des cigarettes, des Royale que José, un autre ami de mon âge, volait à son père, et nous jouions aux adultes. Le bonheur total.

Tous les hommes du village travaillaient dur. La plupart travaillaient la terre, aidés par leur femme et leurs enfants. Seuls ma sœur et moi n'avions pas ces obligations, et je me rappelle que la maîtresse me le rappelait à chaque occasion. À l'écouter, nous « l'avions belle » ! Et pourtant nous n'avions pas grand-chose. Aujourd'hui, je comprends que les autres en avaient encore moins. Certains, comme Franco, ne possédaient même pas l'eau courante. Je revois encore sa mère, Justina, descendre jusqu'à la fontaine qui était devant notre maison, deux sceaux accrochés au bout d'une longue traverse de bois, le tout en équilibre sur ses épaules. Je la revois aussi monter les marches jusqu'à sa maison, la plus haute du village, sans renverser une seule goutte du précieux liquide. Je me rends compte aussi que chaque champignon et chaque escargot trouvés, chaque lapin ou sanglier tués amélioraient l'ordinaire de ces familles courageuses qui s'entraidaient et partageaient bonheur et peines.

Un jour, Franco et sa famille sont partis. Son père avait trouvé du travail à Sedan. Le jour de son départ, il avait enfermé un peu de soleil dans une gourde. Je me souviendrai toujours de la 404 familiale, que son père avait dû acheter ou emprunter pour l'occasion, pleine à craquer, les matelas sur le toit, descendre la route du village, la main de Franco faisant des signes par la fenêtre ouverte. J'ai pleuré ce jour-là toutes les larmes de mon corps.

Lapsus, le premier groupe

À Berre-l'Étang, malgré l'odeur nauséabonde de l'usine Shell qui nous chatouillait les narines lorsque le temps était couvert, mes parents étaient heureux. On habitait dans un appartement de fonction dans l'école où travaillait ma mère.

J'étais le fils de la maîtresse, et donc soupçonné de « piston » lorsqu'à la fin de l'année. Je passai mon examen d'entrée en sixième haut la main. J'étais promis à un grand avenir et le bon élève que j'étais devait avoir le cerveau de son père, à en croire l'intéressé.

L'année suivante, je me suis retrouvé demi-pensionnaire au lycée de l'Empéri, à Salon-de-Provence. Mon frère, Patrick, qui était resté à Bastia toute l'année précédente, nous avait rejoints et la famille était au grand complet.

Juste avant la fin de l'année scolaire, nous avions emménagé au dernier étage d'un immeuble à l'entrée de la ville, à côté du stade de foot, devant l'arrêt du bus qui emmenait les lycéens à Salon-de-Provence. Ça tombait bien, puisque c'était là-bas que je devais passer mes sept prochaines années d'études. Habiter devant l'arrêt de bus m'a permis de gagner du temps le matin et, au bout de quelques années, basculant dans l'insolence, j'ai commencé à en faire perdre de plus en plus au chauffeur. Mes parents ne pouvaient se permettre la moindre faute d'inattention, car la feignasse que j'étais pouvait se rendormir instantanément, ou même oublier l'heure dans la salle de bains, tout occupé que j'étais à faire la guerre aux boutons qui envahissaient mon visage, en les délogeant méthodiquement avant qu'ils ne gagnent d'autres positions. Le résultat était invariablement lamentable. Pendant ce temps, mon père gesticulait du haut de l'immeuble pour signaler aux élèves et au chauffeur que le futur Einstein arrivait d'une minute à l'autre. Ma sœur, déjà en bas, suivait la scène, honteuse de sa famille, et sûrement plus de son père qui se donnait en spectacle en pyjama et réussissait à se faire entendre à au moins cent mètres à la ronde que de son grand frère qui se permettait de défier toujours un peu plus l'autorité des transports municipaux. Lorsque, enfin, je grimpais dans le car, c'était la plupart du temps sans m'être lavé ni avoir déjeuné.

Les premières années, je m'installais devant. Et puis, peu à peu, en grandissant et à mesure que mes aînés finissaient leur scolarité et laissaient leurs places, je reculais pour finir comme tous les autres demi-pensionnaires avant moi : grand, con, boutonneux et vautré sur la banquette du fond du car. En même temps, chaque nouvelle année voyait une vague de sixièmes qui, à leur tour, envahissaient l'avant, sans dire un mot, osant à peine se retourner et affronter du regard les rebelles que nous étions.

Après avoir vu les Beatles à la télé, j'ai commencé à regarder d'une autre façon la guitare que mon oncle m'avait donnée et qui dormait dans un coin de la chambre que je partageais avec ma sœur. Cet été-là, je l'ai amenée avec moi en Corse et je crois que les premiers accords que j'ai joués ont été trouvés dans *Bonne soirée*.

On passait toujours quelques semaines chez mes grands-parents maternels à la montagne. C'était bien pour les bonnes manières. On n'était pas seuls, tous les cousins et cousines y passaient. Il fallait être au lit à neuf heures pétantes. Avant de se coucher, chaque petit-enfant prenait une pile de *Bonne soirée* que ma tante Pauline achetait régulièrement. On lisait les bandes dessinées de Blondie, je crois.

J'avais trouvé un article typique de ce genre de magazine : « Apprenez à jouer de la guitare ». Il y avait une tablature représentant une série de do, la mineur, ré mineur, sol 7... J'ai emprunté le magazine et, de retour chez mes parents, j'ai essayé. La suite harmonique m'a séduit. J'arrivais à appuyer mes doigts, la guitare avait une jolie forme, sa caisse était douce et vernie. Ça a suffi. Elle ne m'a plus quittée.

Je commençais à déchiffrer toutes les chansons des Beatles que je trouvais. J'avais accroché un micro sur la guitare et trafiqué le poste de radio à lampes de mes parents. Un Schneider. Le son était génial. Tous les jeudis après-midi, pendant que mes parents étaient absents, j'ouvrais l'arrière et branchais, un peu dangereusement j'avoue, les fils à nu du micro directement sur les connexions qui me donnaient du son. J'aurais pu m'électrocuter mille fois. Un jour, le poste a rendu l'âme. Je l'ai refermé et mon père n'a jamais su pourquoi sa radio avait décidé de ne plus fonctionner.

J'ai vite trouvé autre chose : un transistor Radiola. Même système. Mes parents ne l'ont plus revu. Il avait élu domicile dans ma chambre.

En troisième, au lycée, nous avons changé de cour de récréation et j'ai trouvé un super ami : Régis. Il avait des cheveux longs. Incroyable à l'époque. Il se rasait et cherchait même à se faire pousser la barbe ! Son look m'avait tout de suite plu. Il vivait avec sa sœur et sa mère. Il n'y avait pas de père dans la maison. Il apprenait la basse et aimait les Beatles. Son rêve était de s'acheter la même basse que Paul McCartney : une Hofner en forme de violon. Nous étions faits pour nous entendre. Nous ne nous sommes plus quittés tout au long de nos études. Nous étions inséparables. Bien sûr, une bande s'est formée ; elle était composée de Régis, Philippe, Piche, Alain entre autres.

Philippe avait aussi les cheveux longs, plus longs que Régis, et une chambre tapissée de disques. Il vivait avec ses six ou sept frères et sœurs dans une grande maison au centre de Salon-de-Provence. Son père, le professeur Bourret, l'inventeur de l'antenne chirurgicale, était riche et Philippe avait pas mal d'argent de poche. Abonné au *Melody Maker*, il achetait des disques toutes les semaines, directement en Angleterre. Jusqu'en terminale, nous passions nos jeudis après-midi, et par la suite nos samedis soir, chez lui à écouter des disques. Il allait même à des concerts, parfois jusqu'à Lyon, souvent avec ses frères.

Pour moi, c'était impensable. Je n'avais ni l'argent ni la permission. Je me souviens que Philippe avait assisté au festival de l'île de Wight et avait vu un de ces tout derniers concerts de Jimi Hendrix, en 1970. Son dernier ! Mes parents m'avaient interdit d'y aller. J'avais pourtant presque dix-huit ans.

À cette époque, le samedi, il y avait à la télévision l'émission de rock la plus incroyable que j'aie jamais vue : *Bouton rouge*. On y voyait les meilleurs groupes de rock anglais ou américains s'affronter dans une sorte de jeu de la chance. Je ne sais plus comment le vote était organisé, mais un gagnant était désigné et revenait la semaine suivante.

Je me rappelle aussi qu'en 1968, un mercredi après-midi, mon frère avait ramené un disque de Jimi Hendrix : *Electric Ladyland*. Il n'y avait plus de mots.

Après l'avoir entendu, j'ai sûrement dû gratter quelque chose sur ma guitare et la reposer immédiatement tant l'abysse qui me séparait de Jimi Hendrix était et serait toujours immense. Pourtant, plus j'écoutais ce disque et plus j'avais envie de jouer. Ma tête jouait. Mes doigts mimaient les incroyables solos. Je chantais avec lui des paroles qui ressemblaient aux siennes, qui ne voulaient rien dire et tout dire à la fois. En deux faces de 33-tours, j'étais devenu un autre, j'avais grandi. Plus rien ne serait pareil.

Je n'ai jamais essayé de jouer du Jimi Hendrix. Peut-être par respect ou par incompétence. Je connais beaucoup de gens qui connaissaient ses solos par cœur, l'intro de « Hey Joe », celle de « Little Wing » ou encore de « Purple Haze ». On a tous jammé sur « Wild Thing » et on a tous placé la mélodie de « Strangers in the Night » au beau milieu d'un solo, comme le génial Jimi. On a tous chanté l'intro de guitare wah-wah de « Still Raining, Still Dreaming », que probablement personne n'a jamais essayé de rejouer. Mais, moi, je n'ai jamais essayé d'apprendre un de ses solos ou une de des somptueuses intros.

La seule fois où j'ai tenté du Hendrix, c'était dans les années 1990, quand Topper et moi sommes allés jammer avec Gene October qui enregistrait un nouvel album de Chelsea. Nous avons joué « Come On », le morceau d'Earl King que Jimi avait repris sur *Electric Ladyland*. Gene l'a mis sur l'album.

Entre-temps, la bande de copains de lycée que nous étions avait donné naissance à un groupe. Un ami de Philippe, un autre Philippe – qui avait aussi les cheveux longs – avait une batterie. Régis à la basse, moi à la guitare, Jean-Pierre, le fils du coiffeur – qui lui avait les cheveux courts – à la guitare et Denis au chant. Denis chantait parfaitement les chansons des Beatles. On s'appelait Lapsus. Le lycée de l'Empéri était un de ces établissements pilotes qui fleurissaient à la fin des années 1960. Le proviseur avait mis à notre disposition une salle de répétition. Juste après le déjeuner, le jeudi, on s'y retrouvait et on mettait au point notre répertoire. De « Day Tripper » des Beatles à « Kick out the Jams » des MC5. On écoutait les nouveaux morceaux sortis chez Philippe Bourret et il nous prêtait des disques. On essayait de reproduire au mieux ce qu'on entendait. En tout cas, on était au fait de toutes les nouveautés anglaises et américaines du moment. Bien sûr, et c'était le deal avec le proviseur, nous devions faire danser le soir du bal de fin d'année.

Je n'oublierai jamais la tête du surveillant général lorsque nous sommes arrivés sur scène, ce soir-là, dans des sortes de gandoura et que j'ai hurlé dans le micro : « *Kick out the Jams, motherfuckers* », comme je l'avais entendu dans le disque *live* des MC5, pour la plus grande fierté de la bande de copains ! Je ne savais pas ce que voulait dire « *motherfucker...* » Nous chantions en phonétique, en yaourt, à l'époque.

J'avais racheté l'Imperator de Jean-Pierre, une demi-caisse, un peu comme une Gibson 335. Et lui avait acheté une vraie Gibson SG. On rêvait... On partait parfois chez Gaffarel à Marseille et on passait des heures devant les guitares, les amplis et les sonos. L'idée était d'avoir notre propre sono. Les Golden Sound étaient les meilleures. Philippe, le batteur, avait de la place dans une grange à Grans, chez son père, et Régis, passionné d'électronique, pouvait tout souder ! On élaborait des plans. J'avais notamment repéré des guitares superbes : les Jacobacci.

Je commençai à avoir pas mal de disques. Comme tout musicien, ma famille connaissait ma passion et mes parents s'inquiétaient – à juste titre – de la voir prendre une place aussi grande dans ma vie, au détriment de mes études. Après je suis passé en seconde littéraire et j'aurais dû filer, comme mon frère Patrick, droit vers un bac philosophie. Mais, cette année-là, je ne faisais pas grand-chose. Entre la musique et mon peu d'enthousiasme pour la littérature française, il fallait vite réagir. Mes parents m'ont judicieusement fait redoubler et j'ai recommencé une année en seconde C, ce qui me dirigeait vers le bac maths ou physique. Entre-temps, ma sœur, qui avait un an d'avance, me rattrapait presque. Elle était déjà en troisième. Tout se passait très bien pour elle et pour mon frère, qui brillait en philo.

Lorsque je repense à cette période et que je reconnais en moi aujourd'hui la fibre littéraire qui m'habite, en tout cas l'amour de la poésie et de la langue française, j'en veux un peu à mes professeurs de ne pas avoir réussi à m'intéresser davantage aux matières qui constituaient le quotidien d'un élève de seconde littéraire. Je dis bien « un peu », car je n'y mettais pas beaucoup du mien. Mes copains étaient comme moi et ce n'est pas seul que j'ai redoublé pour changer de section, mon ami Pierre-Jean ayant suivi la même destinée.

Pierre-Jean Turbessi, ou plutôt Piche, était devenu mon meilleur ami. Il n'était pas musicien mais avait bien d'autres qualités.

Il était adorable, gentil, excellent au foot et aussi très drôle. Aujourd'hui encore, il est une des rares personnes à qui je pourrais raconter tous mes problèmes. Nous nous sommes perdus de vue plusieurs fois mais retrouvés inlassablement. Piche était aussi très fort au baby-foot et, à la cantine, l'équipe que nous formions pouvait battre n'importe qui. C'était un coéquipier parfait qui assurait la victoire à chaque coup. Il maîtrisait les cuillères et les passements de jambes – c'était pareil – à la perfection et ponctuait chaque but d'un : « Ette fois, petit bouffon » qui résonnait dans le foyer comme un cri de victoire ! Si le score était défavorable, et l'issue de la partie incertaine, voire compromise, en général à cause de ma défense assez approximative, alors il passait derrière, je soulevais les demis et le cri retentissait aussitôt. L'équipe adverse, déstabilisée, ne pouvait plus contenir ses cuillères avant ou arrière qui claquaient contre le bois du but.

Piche aurait pu devenir footballeur professionnel. Malgré son jeune âge il jouait depuis toujours en équipe première à Salon-de-Provence et il avait même été contacté par l'OM. C'était une sorte de Zidane avant l'heure. Sa vista, sa technique et sa capacité de tir le rendaient redoutable. Les bas baissés, il conduisait l'équipe. Il avait bien sûr été sélectionné dans l'équipe régionale des Bouches-du-Rhône. Son père était un des dirigeants du Salon Football Club. On le voyait souvent au bar du club, chez Gasquet, où on allait boire le café et acheter des cigarettes, des P4. Son père avait une belle calvitie. Piche, d'ailleurs, toujours pour plaisanter, l'appelait « le chauve ». Et, comme pour un jeu de cartes des sept familles, il avait la sienne constituée du « chauve », de la « chauvesse », sa mère, de la « chauvillette », sa grande sœur, et du « chauvillon », son petit frère. Sa famille était comme la mienne et vice versa. Piche venait chez nous pendant les vacances d'été et je dormais souvent chez lui à Salon, le mercredi, le jeudi ou le samedi soir, après avoir traîné mes guêtres l'après-midi avec mes potes de lycée.

Pour être avec lui, j'avais moi aussi rejoint le club de foot. Je n'étais pas aussi bon que lui mais il me soutenait. Il m'est arrivé quand même de jouer deux fois en équipe première quand, évidemment, il n'y avait personne d'autre sur qui compter ou lorsque la moitié de l'équipe avait la grippe. Mais je n'ai jamais oublié notre retour triomphal de Cassis, victoire en poche deux à un, alors que personne ne nous donnait la moindre chance. J'avais joué arrière droit et marqué un joueur nommé Toro. J'avais suivi les consignes du coach et Toro partout sur le terrain.

L'amour du football m'avait été donné par mon père. Il était supporter du GFCA, le Gazelec Football Club Ajaccien, qui évoluait en championnat de France amateur. Il nous emmenait à tous les matchs du GFCA, mes quatre frères et moi, qui avaient lieu dans un rayon de deux cents kilomètres.

Nous avions même une rencontre programmée tous les ans, à vingt kilomètres, à Miramas.

— En 1963, le Gazelec avait gagné et Risterucci avait arrêté un penalty, a dit mon père.

Il suffisait de poser une question et la mémoire vivante du football insulaire vous répondait. Ensuite, Bastia, le SCEB, est entrée en lice en amateur, et même s'ils ont rejoint la première division, allant jusqu'en finale d'une coupe d'Europe, jamais ils n'ont remplacé dans notre cœur le courageux et conquérant Gazelec qui s'octroyait inlassablement le championnat de France amateur dans les années 1960, et qui, surtout, était composé presque exclusivement de joueurs corses de souche. Mon père, grand fan de ce club devant l'éternel, avait fini par connaître chacun des joueurs. Il avait l'amitié et le respect de tous. Ils l'accueillaient dans les vestiaires, et après chaque match nous allions saluer nos amis, comme pour recevoir des nouvelles du pays. Mon père comprenait le football et il parlait tactiques, espoirs, et ses grandes facultés en calcul mental lui permettaient d'exposer aux joueurs toutes les probabilités de classement final. J'étais toujours gêné et curieux de pénétrer dans ces vestiaires fumants de vapeur où les joueurs allaient et venaient de la douche, nus, discutant sans vergogne avec tout le monde. Mon père avait aussi une mémoire hallucinante, musclée à l'écoute de la radio et à la lecture des journaux de sport pendant sa jeunesse. Il pouvait citer sans coup férir la composition de n'importe quelle équipe de n'importe quelle coupe du monde, sans oublier les remplaçants, les buts marqués et les phases qui les amenaient. Toute sa vie, il nous a ressassé ses souvenirs footballistiques et sportifs, pour la plus grande joie de mes amis, de ma famille et de ses élèves. Seule ma mère, qui à force les connaissait par cœur et qui en savait plus que tout le monde sur Didi, Vava et Pepe pendant la coupe du monde 1958 en Suède, se permettait de lui rappeler qu'il n'y avait pas que le football dans la vie. Il l'accusait invariablement de tout gâcher. Je n'ai jamais su s'il l'accusait ainsi d'avoir gâché son plaisir ou celui qu'il supposait être le nôtre.

Aujourd'hui, si je suis devenu supporter de l'Olympique de Marseille, c'est que, encore une fois, j'ai suivi mon père. Ce que ma mère ne pouvait pas savoir à l'époque, c'est que le football réussirait à détourner mon père de la peine infligée par sa mort tragique d'un cancer du foie en 1991. L'aventure de l'OM et sa victoire en coupe d'Europe des clubs champions furent sa seule échappatoire pendant ces années passées au chevet de ma mère et après son décès. Nous lui reconnaissons tous sa valeur et nous savons tous quel sujet aborder pour tirer le meilleur de mon père aujourd'hui.

Lapsus a duré de la troisième à la terminale. Jean-Pierre et Denis ont quitté le groupe mais Philippe, le batteur, depuis appelé Fido – comme « Fido de la Parra », le batteur de Canned Heat dont nous jouions le « Fried Hockey Boogie » –, Régis et moi avons toujours continué. Nous répétions dans une grange du moulin du père de Fido.

J'avais réussi à me payer une Jacobacci Les Paul trois micros noire. Je l'avais achetée à Marseille, directement chez M. Benedetti, celui qui faisait les micros Golden Sound. Il était très cool, nous avait reçus chez lui et avait essayé de nous vendre aussi du parfum !

J'avais également un ampli Fender Twin Reverb.

Après la terminale, nous avons continué à nous voir pendant les week-ends et les vacances. En général, l'été, nous allions en Corse, chez moi, et nous jouions dans les bals. On engageait un accordéoniste pour les tangos, les pasos et autres valses, et le reste de notre répertoire était composé de rock et de blues. Et toujours le même nom de groupe : Lapsus.

En 1976, nous avons été invités à nous produire à Calvi chez Tao. J'y ai rencontré Jean-Pierre Kalfon qui était en vacances chez des amis. Jean-Pierre avait sa guitare électrique avec lui, une superbe Gibson, Solid Body, et avait envie de jouer. Jean Temir, qui tenait la boîte, m'avait demandé de passer jammer avec lui. Jean-Pierre reprenait des blues en français et assurait plutôt bien.

On a joué et on a discuté toute la soirée, surtout de ses nombreux voyages en Angleterre et aux États-Unis dont il me racontait tout.

Était présent aussi un ami de Jean Temir, un Anglais du nom de Paul Mulligan, un type complètement déjanté, qu'ils appelaient Docteur Mulligan, et qui a proposé de m'héberger si d'aventure je décidais de faire un tour à Londres. D'ailleurs, tous étaient unanimes : ma passion pour la musique était si grande que je devais y aller. Ils me l'avaient décrit comme une sorte de Disneyland de la musique rock. Ils ne croyaient pas si bien dire.

Le club

— Et moi ?

J'étais très déçu. Je venais d'arriver en Corse pour les grandes vacances, et avec mon frère, mes cousins Gérard et Freddy, on avait parlé toute l'année d'ouvrir une boîte de nuit pendant l'été à Santa Severa.

— Toi, tu feras DJ, m'a répondu mon frère.

L'été, depuis toujours, nous retournions en Corse pour les vacances. On avait une maison au village de Campo, à Luri, dans le cap Corse. C'était le village de mon père. Avec ma mère, ils avaient acheté le bas de la maison de mes grands-parents, et ma grand-mère, veuve depuis 1955, habitait au-dessus avec mon oncle Albert, le jeune frère célibataire de mon père, qui restait au village toute l'année. Ma grand-mère et mon oncle vivaient comme un couple, jusqu'au jour où il a rencontré Francine, sa femme actuelle, qu'ils se sont installés chez ma grand-mère. Je me souviens que Francine et Albert avaient un tourne-disque sur lequel ils écoutaient Robert Ripa.

Ils étaient jeunes, amoureux et je crois que ma grand-mère n'a jamais supporté que son fils en aime une autre. En tout cas, un jour, Francine, qui n'avait pas sa langue dans la poche, a fait comprendre à ma grand-mère qu'elle en faisait un peu trop et que ça la dérangeait sérieusement. La vie de ma grand-mère après la mort de mon grand-père avait été organisée par mon père, à son retour d'Algérie, sa sœur Nounou et Albert. En 1955, alors que ma mère attendait ma sœur Babette, mon grand-père, atteint d'une maladie incurable à l'époque, s'était pendu dans la cave. Elle avait la cinquantaine et était encore active. Il était facile et sensé de mettre mon oncle en charge de pratiquement tout le patrimoine familial, sachant que ma grand-mère en était l'usufruitière durant le restant de sa vie.

Lorsqu'elle s'est disputée avec Francine, mes parents l'ont recueillie en bas. Puisque nous vivions sur le continent pendant l'année, elle habitait chez nous en Corse. Évidemment, l'été, nous reprenions notre espace. Tout le monde faisait semblant et pensait que la situation se tasserait. En attendant, ma grand-mère était toujours avec nous et en conflit avec sa bru. Comme elle avait sa fierté et ne voulait surtout pas créer de problèmes à son fils, et comme Albert ne faisait rien pour régler la situation, chaque fois que mon père et ma tante Nounou évoquaient la situation, ma grand-mère menaçait de partir en maison de retraite. Elle est donc restée avec nous.

Drôle d'ambiance, dans un pesant silence au parfum d'injustice. Cette situation a marqué mon père toute sa vie. Il se sentait trahi par sa mère. La mienne ne disait mot, toute catholique qu'elle était, et j'imagine aujourd'hui que cette vie, avec la belle-mère, ne devait pas être très facile. Tous les deux, mon père surtout, nous ont ressassé les notions essentielles de justice, d'égalité et d'équité pendant toute notre jeunesse. Lorsqu'à table mon père nous expliquait qu'il ne pouvait concevoir d'avantager l'un ou l'autre de ses enfants, et qu'il en souffrirait beaucoup trop, même s'il l'avait fait par erreur. Je pensais alors à ma grand-mère qui écoutait tout ça et ne disait rien. Et surtout ne faisait rien. Ça a duré longtemps, très longtemps. Un jour, mes parents et Albert ont décidé de construire une terrasse et, du coup, de ravaler la maison qui en avait bien besoin. Deux chambres ont été construites sous la terrasse et ma grand-mère est partie en habiter une, dans la partie d'Albert. Elle y est restée jusqu'à la fin de sa vie.

Elle y est morte... à cent ans.

Bien sûr, cette histoire a aidé à construire des liens d'une force incroyable entre les membres de ma propre famille. Finalement, nous en sommes sortis grands vainqueurs. Mais je ne suis pas allé à l'enterrement de ma grand-mère. Mon père me dit souvent qu'il n'y a pas pleuré, et je trouve que toute cette histoire est vraiment triste.

Ma mère avait cinq frères et sœurs. Mes grands-parents maternels avaient été héroïques, à entendre mon père. Avec un salaire de maçon, ils s'étaient débrouillés pour envoyer tous leurs enfants à l'école et leur faire passer le bac. Les trois filles sont devenues institutrices et mon père avait choisi la plus belle, Marie.

Ma grand-tante, Agathe, la sœur de ma grand-mère restée vieille fille, vivait avec eux. Elle était plutôt sévère, même coincée, et gardait des brebis. Elle possédait une maison au village et nous rejoignait aux repas de famille. Les Giuliani étaient des sortes de catholiques « intégristes » qui vivaient dans l'amour et la crainte de Dieu.

Ils étaient de Cagnano ; leur village s'appelle Carbonacce. En fait, ils n'étaient pas loin de chez nous, à environ six kilomètres. On partait y passer le dimanche ou la soirée, et parfois quelques semaines. On nous y envoyait pour des cures de bonnes manières. Ma mère retrouvait l'endroit où elle avait grandi et redevenait la petite fille de ses parents. Personne ne pouvait l'arrêter : la tornade blanche qu'elle était se mettait en branle et, bien que toute menue, elle s'activait partout. D'un frère à une sœur, d'une belle-sœur à un beau-frère, d'un neveu à une nièce, elle avait embrassé tout le monde, repris des conversations abandonnées la dernière fois et déjà, en souriant, avait commencé à découper des tomates, peler des patates et mis un poulet au four. Nous retrouvions nos cousins et cousines et on disparaissait, sans avoir oublié d'embrasser nos grands-parents chéris, les avoir assurés qu'on travaillait bien à l'école et qu'on aidait nos parents. On détalait sous les pins, derrière la grande maison que mon grand-père avait bâtie pour toute sa famille, et on revenait à pile poil l'heure pour déjeuner en famille, après s'être bien sûr lavé les mains. On s'installait dans la salle à manger, attendant que mon grand-père, en bout de table, fasse un signe de croix sur le pain et qu'il se serve le premier. Si nous étions trop nombreux, les enfants étaient installés dans la cour, à l'ombre d'un laurier immense.

Contrastant avec les « affaires » de la famille de mon père, celle de ma mère affichait un bonheur insolent ! Mon grand-père Jean était dur mais juste. Ma grand-mère Lucie n'était qu'amour. Les oncles et tantes, tous instituteurs, parlaient de tout et de rien – sauf de politique – et mon père, le seul professeur du lot, se débrouillait toujours pour ramener invariablement le sujet sur le niveau actuel des universités et la valeur des examens et des diplômes, sabotage exécuté par de Gaulle en 1968 à la seule recherche d'électeurs. Ma mère savait que mon père risquait de provoquer une confrontation. Elle ne supportait pas de le voir se donner en spectacle et redoutait que mon grand-père ne se joigne à la conversation. Elle intervenait toujours pour brouiller les cartes et changeait de sujet, à la grande frustration de mon père, qui se promettait de le reprendre à la première occasion. Ainsi se sont passés tous les repas de famille chez mes grands-parents à Carbonacce.

Le soir, tous les cousins et cousines, sous la tutelle d'un grand, nous avions droit à une promenade sur la route jusqu'au tournant de San Cristuvinu, qui marquait la jonction entre la vallée de Cagnano et celle de Luri. Nous emmenions un transistor et nous nous sentions rebelles, à quelques mètres du lieu de perdition qu'était Luri.

L'été, tout se passait à Santa Severa. Mon oncle Jo y tenait un bar au bout du village, et ses tables arrivaient jusque sur la jetée. Le restaurant était plein midi et soir, et l'après-midi les jeunes grillaient sur le quai. L'année de mes quatorze ans, mon oncle m'y a engagé comme garçon de café.

J'allais jusqu'au bout du quai servir des boissons bien fraîches et lorsque je rentrais, les pourboires sonnaient dans le grand verre sur le comptoir. Mon oncle m'avait appris à lancer : « Service ! » à chaque générosité. Je dormais au grenier de la « caserne », une grande bâtisse au milieu du village où la famille avait acheté quatre appartements. Mes parents, mon oncle François, mon oncle Jo et mon oncle Albert. Chacun avait un grenier attenant à son appartement. Le rez-de-chaussée était immense : lorsque cette bâtisse était encore une caserne de douaniers, c'était là qu'ils rangeaient leurs bateaux. Elle était ensuite devenue un club de voile.

À Santa Severa, il y avait une boîte de nuit, le Sénèque. L'année précédente, lorsque mon ami Cédric, un « Parisien », venait dormir chez moi, dans la chambre que mes parents nous avaient installée sous la terrasse, on faisait le mur. On descendait les quatre mètres qui séparaient la fenêtre de la rue par une corde et on filait jusqu'à la route pour faire du stop. On était pris à chaque coup. Cédric avait mon âge mais savait déjà tellement de choses. Il venait en Corse en vacances avec son père et sa sœur, et dormait à l'hôtel.

Dans la boîte, un type jouait de l'orgue Hammond comme un diable accompagné d'un batteur et d'un bassiste, et la piste de danse était bondée. Parmi les « grands » dansaient souvent mon cousin Gérard et ma cousine Marie-Luce. Une ambiance terrible. Le bar était plein et ça buvait sec.

On y passait la soirée, on se faisait payer à boire par les cousins qui nous surveillaient du coin de l'œil et nous ramenaient à la fin de la nuit.

Bien sûr, l'après-midi suivant on racontait nos exploits nocturnes aux filles et on se proposait des rendez-vous là-bas. La plupart ne pouvaient pas sortir et, alors qu'elles nous demandaient de leur raconter encore une fois ce qu'il s'y passait, nous enjolivions sans cesse nos histoires de détails de plus en plus croustillants.

Marie-Hélène avait mon âge et nous avait assuré qu'elle s'y rendrait. Elle avait ainsi écarté d'une promesse toute compétition avec ses copines et, déjà, elle et moi fantasmions sur le slow que nous nous étions promis de danser ensemble.

Ce soir-là, Cédric et moi avons emprunté à nouveau le chemin que nous savions sans embûches et sommes arrivés devant la porte du Sénèque.

— On y va ? ai-je demandé à Cédric.

— Allez...

Et on est rentrés, une cigarette aux lèvres, comme des grands.

Un salut à droite, un à gauche, nous connaissions du monde. Moi je cherchais Marie-Hélène du regard et j'espérais qu'elle croie, et même constate, que j'étais un « habitué ».

Évidemment, feindre la surprise ! Presque blasé :

— Hey, tu es là ce soir ?

— Oui, je t'avais dit que je venais, non ?

— Ah oui, c'est vrai...

Paul Cianfarani, à l'orgue Hammond, attaquait un slow.

— Tu danses ?

— Oui.

Comme les grands, j'entourai la taille de Marie-Hélène de mes bras pendant qu'elle m'entourait le cou des siens. Génial ! Elle était tout contre moi et mon ventre touchait le sien. Sa poitrine était bien faite et frottait contre la mienne. Ma tête juste posée contre la sienne, je regardais les autres danser et certains qui s'embrassaient déjà, les têtes penchées et les bouches grandes ouvertes. Ils mettaient la langue, c'était sûr !

Je savais que Marie-Hélène les voyait aussi et, comme moi, elle devait étudier la situation. Elle devait se demander si j'allais déjà tenter quelque chose.

— Tu aimes danser ?

Oh, la question nulle... Perte de temps garantie.

— Oui.

— Tu es venue souvent ici ?

Guère mieux... Mais bon, c'est dur ! En plus, elle avait déjà dû me le dire sur la plage.

— Deux ou trois fois...

Et puis, d'un coup, je le vis : mon père !

Que faisait-il là ? Il saluait quelques personnes et papotait tranquillement. Était-ce un hasard ?

Non, impossible... Mais s'il me voyait... Mon Dieu !

D'un coup je vis aussi ma sœur ! Ma sœur Babette ici, au Sénèque ! Voilà la traîtresse ! Ma sœur Babette savait que je pouvais faire le mur et que je ne m'en privais pas. Mon père parla à un type qui me montra du doigt... J'étais pétrifié, sûr d'un scandale et de la fin programmée de l'attraction que j'exerçais sur Marie-Hélène. Aïe, aïe, aïe ! ça allait tomber.

Et rien. Juste un salut paternel, un sourire, et il continue sa conversation.

Ma sœur regardait partout. Elle en profitait. Elle n'avait que onze ans, elle était dans une boîte de nuit, des couples enlacés plein la piste, et n'en perdait pas une miette.

— Tiens, ai-je dit à Marie-Hélène, mon père est là.

— Ah bon ?

— Pas de problème. Il sait que je sors.

J'étais dans le pétrin mais je bluffai. Je profitai du calme avant une tempête certaine.

Fin du slow. Je lâche les hanches de Marie-Hélène et je vais vers mon père.

— Papa ?

— Tu veux boire quelque chose ? me demanda-t-il.

Je n'y croyais pas ! Il ne me passait même pas de savon, au contraire. Ma sœur était assise à côté de lui, un verre de sirop à la main et une paille à la bouche.

— Euh... Un Coca.

— Je ne le dirai pas à ta mère ! Ça lui ferait trop de peine, m'a-t-il simplement glissé à l'oreille.

Cédric s'est aussi fait payer un Coca. On a bu notre verre et mon père nous a ramenés sans un mot. Marie-Hélène a cru que la venue de mon père était programmée et elle en est restée impressionnée.

Ma sœur m'a expliqué le lendemain que mon père, qui s'inquiétait de voir la lumière de notre chambre éteinte, la porte fermée de l'intérieur, avait ouvert la petite fenêtre de l'escalier et regardé dans la pièce. Nous avions mis nos traversins dans nos lits. Il trouvait que nous étions trop couverts et que nous aurions du mal à respirer. Il a demandé à Babette de sauter dans la chambre et de nous découvrir un petit peu et, surtout, de vérifier si nous respirions.

Elle savait que nous étions certainement déjà partis et lui a dit que tout était normal. Il a insisté pour qu'elle nous découvre. Elle ne voulait pas. Il lui a ordonné de le faire. Il avait bien sûr tout compris.

Cet été-là, je ne suis plus jamais sorti...

Je ne sais pas qui a eu l'idée. Je crois que c'était Freddy. L'année où je travaillais au bar de mon oncle, il a ouvert le club de voile quelques nuits par semaine. Quelques bouteilles traînaient derrière le comptoir et Freddy mettait de la musique. Pas mal de jeunes y venaient. C'était bon enfant, et surtout ce n'était pas cher. J'y allais après mon service au bar et, franchement, on s'y amusait bien. Entre nous. Évidemment, on y amenait des copines qu'on embrassait et qui nous permettaient parfois de pousser plus loin nos recherches, sur la plage ou dans les champs alentour...

Des grands ont commencé à venir et certaines soirées ont été vraiment chaudes et arrosées. Elles ont aussi rapporté pas mal d'argent.

L'idée a germé l'hiver suivant entre mon frère Patrick, mon cousin Gérard et Freddy.

— Et moi ?

— Toi, tu feras DJ, m'a dit mon frère.

Ils m'ont berné. J'étais sûr de faire partie de l'équipe qui devait tenir la boîte, que l'on appellerait « le Club ». Ils m'ont fait comprendre qu'ils avaient pris un type qui les avait aidés à faire les travaux et qu'ainsi ils n'auraient pas à le payer. Je ne pouvais rien répondre à ça.

— OK, je ferai le DJ !

Derrière le bar, on avait installé deux platines Dual branchées sur un ampli et des haut-parleurs disséminés dans la boîte. J'avais posé tous les disques par terre, tout le monde avait apporté les siens et le choix était vaste. Il y avait du volume et je ne m'en privais pas.

Deux platines, comme sur le continent. À cette époque, dans les autres boîtes, il y avait encore des trous entre les morceaux. Seules les compilations rythm'n'blues « Terrible » ou « Formidable » enchaînaient les titres, une face rapide et l'autre lente. Certains DJ ne passaient pratiquement que ça.

Très rapidement, nous sommes devenus la boîte la plus courue du Cap et les autres ont coulé. Évidemment, on ne déclarait rien, nous achetions les bouteilles au supermarché et nous pratiquions des prix défiant toute concurrence. Et la musique était plus que branchée.

On a été les premiers surpris de notre succès. Ma tante Pauline n'en pouvait plus et coupait le courant en débranchant la rallonge de la prise. La boîte était alors plongée dans le noir et nous montions parlementer avec elle. Adorable, elle finissait toujours par la rebrancher. Le voisin, quant à lui, n'appréciait plus du tout et sortait régulièrement son fusil sur des soûlards qui pissaient contre sa porte. Les gendarmes venaient souvent, et on les coinçait à la porte, le temps de ranger les bouteilles d'alcool pendant que les clients patientaient. Ils savaient et jouaient le jeu. Il régnait comme une odeur de prohibition. Et les clients ne voulaient pas perdre leur paradis.

Au-dessus des platines trônait une photo de George Harrison, celle de l'album blanc. Tout le monde me demandait si c'était la mienne. Je m'étais laissé pousser la moustache... comme lui. J'avais aussi le distributeur de whisky juste à côté des platines. Je mettais un disque et je me faisais un baby-Coca. J'en buvais une bouteille et demie par soir. Catastrophique !

On avait les greniers en haut de la caserne et on commençait à coucher.

J'essayais parfois de rentrer chez moi après la fermeture de la boîte, en général vers cinq heures du matin, en bordée noire. Je me rappelle que ma mère entrait dans la chambre vers midi, me faisait avaler un bol de café au lait et que je me rendormais aussitôt. Le soir je prenais la voiture de mon père, la Ford Taurus bleue, et je descendais jusqu'à Santa. Je n'avais pas de permis et je me demande encore aujourd'hui comment il faisait pour fermer les yeux.

On avait vraiment une boîte géniale, à laquelle j'aimerais aller aujourd'hui. Lorsque, plus tard, j'ai rencontré Antoine de Caunes et qu'il a su que j'étais du cap Corse, il m'a dit que lui aussi enfant il passait chaque été dans un hôtel de Cagnano. Je me rappelais avoir vu son père qui promenait son chien sur la plage. Les gens en parlaient car Georges de Caunes était très connu à l'époque : il présentait le journal télévisé. Antoine m'a parlé d'une boîte absolument géniale où il allait avec ses amis : le Club...

Rock'n'roll

Voilà l'autre mot incontournable dans ma vie.

Si la musique est une sorte de quête de vie, le rock'n'roll est alors une religion. J'aime bien cette idée... Dans la musique et le rock'n'roll que je connais, que je vis, que je pratique, il y a de la bonté, de l'amour, de la solidarité et du partage.

J'encourage mes enfants, et tous les autres, à jouer de la musique, car je sais qu'ainsi ils ne seront jamais seuls, leur esprit étant tourné vers l'absolu et d'autres musiciens. D'ailleurs, peu importe ce qu'ils seront, ce qu'ils penseront, leur dieu, leur couleur et leur race, la musique les enlacera et les unira.

En arrivant à Londres, j'aimais la musique. En vivant ce que j'y ai vécu, j'ai adoré le rock'n'roll. Aujourd'hui, j'adore toujours le rock'n'roll et à nouveau j'aime la musique.

Mais, en adorant ce rock'n'roll, j'ai bien sûr failli me perdre. J'ai perdu beaucoup d'amis, morts d'avoir trop adoré ce rock'n'roll, et sa jouissance absolue. Et si le rock est une religion, je dirai alors que j'ai connu pas mal d'intégristes et de kamikazes !

Lorsque, en 1976, je me suis rendu, avec ma sœur Babette, dans cet amphithéâtre de la fac de lettres d'Aix-en-Provence, je n'avais aucune idée de ce que j'allais entendre.

Je portais la barbe, les cheveux longs et je m'habillais souvent en blanc, comme Carlos Santana. Je l'aimais et j'aimais le message qu'il transmettait. C'est ce qui me plaisait en lui et je pensais lui ressembler. J'aimais aussi Lou Reed et son rock'n'roll animal, Manfred Mann, Jimi Hendrix et toujours les Beatles. Pas mal de trucs comme ça...

En première partie du concert, se produisaient les Gorilla's, dont le chanteur aux pattes énormes avait un aspect simiesque. Dès que les Flamin' Groovies ont attaqué, nous nous sommes regardés, ma sœur et moi, incrédules. Nous avions assisté à pas mal de concerts, le plus souvent dans les grandes salles de Marseille et de Nice – Lou Reed, Rory Gallagher ou les Stones –, mais je ne crois pas avoir vu une telle qualité de son dans un endroit aussi petit. Tout était parfait. Trois guitaristes : Chris Wilson, Cyril Jordan et Mike Wilhelm qui était génial avec son énorme Gretsch. Ça sonnait parfaitement rock'n'roll, parfaitement sixties. Les gens étaient comme des fous. Chris Wilson chantait, les autres assuraient les chœurs. Ça avait l'air si simple.

Après le concert, je suis allé traîner près de la scène mater les amplis et le matériel. Mike est venu ranger le sien. Je lui ai parlé quelques instants, puis Gordon, le tour manager, nous a rejoints. Il arborait d'énormes moustaches. Je me débrouillais un peu en anglais et j'ai compris qu'ils cherchaient quelque chose à fumer. Je leur ai répondu que je pouvais leur en trouver et ils m'ont donné rendez-vous dans un bar, à côté de leur hôtel, juste derrière le cours Mirabeau. Bien sûr, on y a littéralement foncé et, après un petit détour, on les a retrouvés au comptoir. Nous avons bu plusieurs verres, puis nous sommes tous montés dans la chambre de Chris. Après avoir roulé quelques joints, ils ont sorti leurs guitares. Mike m'a tendu la sienne en me disant :

— Tu m'as dit que tu jouais. Tu veux ?

J'ai attrapé sa guitare sèche, une Martin, un vrai joyau, et je me suis lancé, tout simplement. On rigolait, on chantait... C'était le pied le plus total.

Quand ils ont compris que je pensais venir à Londres, Gordon m'a donné un *tour book* (le premier que j'avais jamais vu... et Dieu sait combien j'en ai vus depuis) à l'intérieur duquel tout était écrit. Ils m'ont promis qu'ils m'attendraient.

Je les ai appelés deux jours après, plus tard, trouvant leur numéro dans le fameux tour book, alors qu'ils jouaient à Lyon. Je me suis excusé de ne pas pouvoir être déjà avec eux, et Gordon m'a répondu : « *Don't worry, we'll see you in London.* »

Il ne m'en fallait pas plus. Après Jean-Pierre et Paul, voilà que d'autres personnes me disaient que je devais absolument me rendre à Londres. Je n'ai pas réfléchi.

J'ai annoncé à mes parents que je partais à Londres... pour quinze jours ! J'ai ensuite appelé Paul Mulligan, rencontré l'été précédent en Corse, qui a juste dit : « *Great* ! » J'ai entassé l'ampli et la Jacobacci dans ma R6 et je suis parti.

Un autre signe m'attendait sur la route de Londres : Santana jouait à Paris, à Balard. Je ne pouvais pas rater ça...

Tout semblait parfait. C'était la première fois que je faisais une si longue route tout seul, mais ça m'a laissé le temps de gamberger. Aujourd'hui encore, je préfère voyager seul, et j'aime me retrouver solitaire à l'étranger.

Je suis arrivé à Paris au petit matin, j'ai vu Santana le soir même, et, après le concert, je suis reparti directement vers Calais. Je profitais de cette liberté à fond. J'ai attendu le ferry et, en un rien de temps, les falaises blanches de Douvres me regardaient dans les yeux.

C'était le 16 décembre 1976. Je suis resté sept ans à Londres. Quand je suis rentré en France, disons plutôt quand je m'y suis réinstallé, en 1984, je n'avais plus de Jacobacci, de Twin Reverb et de R6, mais une Gibson 335 rouge de 1968 avec vibrato Bigsby, un Music Man HD212 et une Morris Traveller 71. J'avais un blouson à franges et des cheveux courts. J'avais joué avec Pete Townsend des Who et avec John Cale, j'avais rencontré Bruce Springsteen, et j'avais retrouvé Chris Wilson des Flamin' Groovies qui rejoignait souvent les Flying Padovani's sur scène pour des versions de « Stand by Me » à la John Lennon et de « L.A. Woman » des Doors. D'accord, je n'avais toujours pas rencontré Santana, mais je m'en moquais.

Franchement, j'avais affiné mon rock'n'roll.

L'arrivée à Londres

Tout ça ne s'est pas passé d'un seul coup. Déjà, ce 16 décembre 1976, j'ai dû mettre deux cents ans pour traverser Londres. Je n'y croyais pas. J'ai demandé mon chemin deux mille fois avant d'arriver chez Paul qui habitait à Islington, pas loin de King's Cross. J'avais acheté l'indispensable *A to Z* et je cherchais Thornhill Crescent, un square au centre duquel trônait une église entourée de maisons toutes identiques. Finalement, vers cinq heures du soir, six heures après avoir débarqué à Douvres, je me garais devant le 14a Thornhill Crescent, l'appartement du 14, sous la maison, en sous-sol. Tout était parfait.

Le long de la route, j'avais remarqué sur les murs des pubs des inscriptions qui disaient : « Take Courage. » Je croyais que c'était des messages de puritains qui dénonçaient ces lieux de perdition... J'ai su par la suite que « Courage » était le nom d'une brasserie, et que c'était une publicité qui, au contraire, encourageait les gens à boire cette bière !

Paul est arrivé vers huit heures du soir. Il s'est changé et m'a emmené directement au Dingwalls, un club de Camden Town, où on a dîné pendant qu'un groupe jouait sur une petite scène. Hallucinant ! J'ai avalé, sans rien dire, un camembert grillé à la confiture de groseille et j'ai « ordonné » un café – *to command*... Ah, les faux amis ! Le groupe *live* était compris dans le prix du repas ! Il s'appelait Meal Ticket – ticket repas ; et ça devait être un autre signe !

Ils jouaient de la musique country et ça sonnait bien. Ce soir-là, j'ai bien dormi et beaucoup rêvé dans cette petite chambre du *basement flat*. Petite chambre qui m'accueillit pendant trois ans. Par la suite, Paul, qui travaillait pour une compagnie aérienne, est parti s'installer à Aberdeen, en Écosse, et il m'a laissé l'appartement pour moi tout seul pendant deux ans.

Le lendemain, Paul est parti travailler. Je me suis retrouvé seul à Thornhill Crescent... à Londres !

J'ai donc décidé d'écrire quelques lettres. Une à mes parents, pour leur dire que tout allait bien. Une à ma petite amie, Marylène, pour lui dire qu'elle me manquait. Et une à mon frère et ma sœur, pour leur dire que je m'éclatais comme un fou !

Puis je suis allé au magasin pakistanais du coin qui vendait cigarettes, journaux et un peu de tout, version londonienne de l'Arabe du coin parisien, et j'ai ramené le *Melody Maker*.

J'ai ensuite appelé mes « amis » les Flamin' Groovies au numéro indiqué sur leur tour book.

— *Gordon* ? *It's Henry*... Je suis à Londres.

Je l'ai entendu hurler à la cantonade :

— Hey, les mecs... Henry est arrivé... Henry, le mec d'Aix-en-Provence.

Des hourras ont résonné dans le téléphone. Ces types étaient vraiment cool !

Gordon est revenu vers moi :

— Quand es-tu arrivé ?

Je lui ai raconté vite fait mon voyage.

— Où es-tu, là ?

— À Islington, près de King's Cross... la gare...

— Oui, je vois. Nous, on est à Paddington.

— J'ai une voiture.

— Alors, viens, ce n'est pas loin.

Et il m'a donné rendez-vous dans un pub, à Pread Street, à Paddington.

J'ai filé là-bas en voiture. Conduite à gauche et ville immense… J'ai mis deux heures pour y aller. Je me suis garé pas loin du pub, probablement très mal, et je suis entré. Tous les Groovies étaient là, avec Gordon. Ils m'ont accueilli à bras ouverts : « *Yeah, you made it* ! » Je n'ai jamais oublié ce moment.

Chris Wilson m'a présenté un gars qui portait des lunettes noires malgré l'obscurité du pub : « Marc… Marc Zermati. » Il me tend la main :

— Tu es français ?

— Oui.

Et il m'a oublié instantanément pour poursuivre sa conversation avec les Groovies.

Nous ne le savions pas encore, mais Marc et moi allions devenir frères de rock'n'roll.

On est partis chez les Groovies et Marc et moi avons parlé sur le chemin. Il était gentil, doux, et j'ai compris qu'il travaillait dans la musique. Il avait un sacré look, entièrement vêtu de noir, comme je l'ai toujours vu par la suite.

Les Groovies étaient en costume année 1960, des sortes de Mods, avec des bottines Beatles, et portaient tous des lunettes noires. Moi avec la barbe et les cheveux longs… Je trouvais leur look superbe et, sur le coup, le mien m'est apparu bidon. Il faudrait que j'y pense…

Les Groovies furent très accueillants. On est allés dans leur appartement, loué à la semaine, où ils vivaient tous ensemble, entourés de guitares. Après une tasse de thé, Cyril a mis leur nouvel album sur la platine, *Shake Some Action*. Ils venaient de l'enregistrer et Marc y était pour beaucoup. Comme l'album devait sortir prochainement, ils avaient beaucoup de concerts programmés à Londres. Bien sûr, j'étais invité.

Je suis reparti avec un « Henry Padovani + 1 » inscrit sur une liste d'invités. Pas mal du tout pour un nouvel arrivant. Je n'étais pas peu fier quand, ce soir-là, je l'ai appris à Paul. Il viendrait avec moi.

Je ne me souviens plus de l'endroit, mais je me rappelle que nous étions effectivement sur la liste, que la salle était pleine et que les gens étaient habillés comme les Groovies. J'ai alors compris qu'ils étaient des sortes de légendes pour le public. Le concert fut sublime.

Paul a adoré. Après le show, Gordon, qui semblait toujours hypercontent de me voir, nous a amenés backstage.

Des backstages, j'en ai vu beaucoup par la suite. Mais cette fois, avec les Flamin' Groovies, c'était spécial. Ils m'ont toujours accueilli tellement gentiment, simplement.

Je garde une place particulière dans mon cœur pour ce groupe qui, pour moi, est passé à côté d'une très grande carrière. Ce soir-là, j'étais persuadé que ça marchait à fond pour eux, et rien ne m'indiquait qu'il pouvait en être autrement. Ils sortaient des disques, tournaient partout, les journaux en parlaient, tout le monde venait les voir jouer...

Voilà une vie géniale. Voilà ce qu'on voulait tous ! Je compris plus tard que les Groovies ramaient. Oui, ils étaient géniaux, mais leur musique ne les faisait pas vivre. Ils ne s'en sortaient pas et, comme d'autres groupes, ils ont arrêté. Quelle injustice ! Le monde de la musique, et en particulier celui du rock, est cruel. Il faut toujours donner plus, et rien n'est jamais assez, rien n'est jamais acquis.

Mais, dans la loge, on ne pensait pas à tout ça. Le concert avait été génial, tout le monde avait la pêche, et il régnait dans ces backstages une sensation de travail bien fait.

Marc Zermati était là, à l'aise comme un poisson dans l'eau, ses lunettes noires sur le nez. Il connaissait tout le monde et tout le monde le connaissait. Paul et moi ne connaissions personne, mais c'était cool quand même. On a croisé toutes sortes de gens : des musiciens, des journalistes, des filles, des roadies... Une bière à la main, ils allaient et venaient, parlaient d'instruments, de groupes, de concerts, draguaient ou s'échangeaient des bons plans pour telle ou telle fête en faisant circuler les joints. Et puis, finalement, des videurs nous ont dit qu'il était temps de partir.

Les gens sont sortis en groupes, et les Groovies sont restés quelque temps avec Gordon. Paul et moi les avons quittés et nous sommes rentrés à Islington. Pas besoin de parler. J'avais entrevu le monde qui serait le mien pour le reste de ma vie.

Un jour, Barbara MacDonald, la chanteuse de Timbuk 3, m'a dit qu'elle avait lu sur le mur de la loge du Black Cat à Austin, Texas, la phrase suivante : « *If it's wet, drink it, if it's dry, smoke it, if it moves, fuck it and if it doesn't move, load it in the van.* » En d'autres termes : « Si c'est sec, fume-le, si c'est humide, bois-le, si ça bouge, baise-le et si ça ne bouge pas, range-le dans la camionnette. » Personne ne m'a aussi parfaitement décrit l'ambiance d'une loge après un concert.

Paul partait tous les matins en costume, revenait vers sept ou huit heures du soir, se changeait et partait en vrille jusqu'à des heures incroyables. Comment faisait-il ? Comment faisaient-ils tous, pour tenir ce rythme alcool et défonce ? Et le week-end, c'était bien pire !

Le premier week-end, il m'a amené voir Curved Air. Des amis à lui. Je ne connaissais pas ce groupe, mais la salle était bondée, le groupe se composait de Sonja Kristina, la chanteuse, genre Red Sonja, une femme serpent sexy et mystérieuse ; Stewart Copeland à la batterie, Darryl Way au violon, et un guitariste assez diabolique. Ils jouaient du rock teinté de classique, notamment d'interventions vivaldiennes au violon. Paul m'avait emmené backstage avant et on avait assisté au concert sur le côté de la scène. Là, un type à lunettes et aux cheveux blancs nous avait plus ou moins jetés. Paul avait parlementé : « *Come on, Miles, it's the last gig... Come on.* » Il s'appelait Miles, c'était le frère de Stewart et il était plutôt « chiant », comme disait Paul. Ce concert était le dernier de Curved Air, qui avait décidé de se séparer, et je venais de rencontrer Miles Copeland qui deviendrait un de mes meilleurs amis et aussi mon associé.

Après le set, nous sommes retournés backstage et j'ai papoté plus ou moins avec tout le monde. « Bravo ! » « Super ! » « *Thank you.* » Stewart m'a dit : « Hey, c'est cool de te rencontrer. Paul m'a dit que tu joues de la guitare. Viens chez moi. Paul te donnera l'adresse, on jamme tous les jours avec mon frère Ian. Amène ta gratte, tu es le bienvenu. »

Aussi simple que ça.

Et le lendemain, dimanche, je suis allé chez Stewart avec Paul.

La rencontre avec Stewart

Green Street. Pour s'y rendre, il fallait passer par Marble Arch. Dimanche après-midi, ça roulait plutôt bien. Au coin de Hyde Park, du monde s'était rassemblé autour d'un type debout sur une caisse en bois.

— Ça, c'est Speaker's Corner, m'a dit Paul. Les types viennent et parlent à la foule de ce qu'ils veulent, de tout et n'importe quoi.

On a tourné à gauche en descendant.

— Le quartier s'appelle Mayfair. C'est le plus huppé de Londres, continua Paul. Jimi Hendrix a habité dans cette rue... et est mort dans cette rue.

Je n'ai jamais vérifié l'information. De toute façon, je ne demandais qu'à le croire. Et lui me regardait tout fier, sûr de l'effet que cette anecdote avait eu sur moi.

La rue était une succession de maisons géorgiennes, « *Giorgian terraced houses* », avec des porches imposants, certainement pour abriter le visiteur de la pluie qui tombait doucement et continuellement depuis mon arrivée en Angleterre.

Paul a sonné au 26. Quelqu'un a répondu, la porte s'est ouverte, nous avons pénétré dans un hall à peine éclairé par la lumière du jour qui passait par la porte vitrée de l'entrée, puis nous avons emprunté l'escalier jusqu'au quatrième étage, nos pas étouffés par l'épais tapis qui recouvrait les marches. Tout ceci avait l'air normal. Le quartier, la maison, la classe du hall... Stewart était un musicien qui jouait dans un groupe connu. Il devait avoir de l'argent.

En réalité, Stewart habitait un squat. Comme je ne savais pas ce qu'était un squat, Paul avait dû me l'expliquer, mais je n'avais pas bien compris... Tout ce que je savais, c'est que Stewart n'était pas chez lui. Il occupait avec Sonja et son frère Ian un incroyable appartement au dernier étage d'un immeuble superbe. C'est d'ailleurs sur le toit de cet immeuble que nous avons pris les premières photos de presse de Police, Stewart, Sting et moi. Le jour de la session avec un ami photographe de Stewart, j'avais une rage de dents et je tirais une tronche pas possible mais la photo était réussie et j'avais le look qu'il fallait...

Cela avait d'ailleurs conforté Stewart qui, je l'ai toujours compris, avait besoin de moi pour crédibiliser le groupe punk que nous voulions être à l'époque. Alors que par la suite Police essayait en vain de se faire une place sur la scène londonienne, la photo avait trouvé la sienne. Et cet été-là, au festival de Mont-de-Marsan, le premier et unique véritable festival punk, le *backstage pass* arborait trois tronches, celle de Joe Strummer et de Paul Simenon des Clash et la mienne, Henry Padovani de Police, pour la plus grande fierté de Stewart.

La porte de l'appartement était ouverte, nous sommes entrés. À l'intérieur, c'était un véritable capharnaüm, plutôt sombre, et surchargé de décorations et de bric-à-brac : des narguilés, des guitares, des livres, des amplis, des divans, une table basse envahie de cigarettes ouvertes, de petits tas de tabac, de bouts de shit et de tasses de café ou de thé... Et partout une odeur de joint.

Sting a écrit un livre, *Broken Music*, et, franchement, la description qu'il fait de l'appartement de Stewart est parfaite. En plus, lui avait exactement compris qui faisait quoi et quel était le rôle de la famille Copeland. Je pense, avec le recul, que mon anglais rudimentaire ne me permettait pas de comprendre les subtilités de la situation. Et puis, je crois que ça ne m'intéressait pas. Mon esprit a toujours été ailleurs. Je rentrais à corps perdu dans les situations, et je ne me posais jamais de questions ni n'en posais aux autres.

Dans l'appartement, un escalier et un bruit infernal venaient de la mezzanine. Paul et moi sommes montés. Stewart tapait comme un sourd sur une batterie énorme, un barbu tirait sur les cordes d'une basse en plastique transparente, une Danelectro branchée sur un petit ampli Pignose à fond et qui saturait, et la rousse que j'avais vue au concert de Curved Air, Sonja, jouait sur une Gibson SG et chantait. Que demandait le peuple ? Lorsque nous sommes entrés dans la pièce, en faisant des saluts de la main et des signes avec le pouce levé, ils ont redoublé d'efforts et de puissance. Stewart y allait gaiement. Quel batteur ! Bien sûr, j'essayais d'écouter, de comprendre, de suivre... Mais il n'y avait rien à comprendre. Il y avait juste une puissance brute, et du pur bonheur.

Ils finirent le morceau exténués, heureux, et Stewart, d'un coup, le premier, a surgi de derrière son kit de batterie pour venir nous saluer.

Stewart est, depuis toujours, un type direct et optimiste. Grand et fin, il sourit tout le temps, et secoue énergiquement votre main avec ses énormes paluches. Chaque fois que je l'ai rencontré ou retrouvé, au téléphone ou ailleurs, il m'a toujours donné l'impression d'être content de me voir ou de me parler : « *How are ya ? How is it going* ? », attendant toujours un plan ou de bonnes nouvelles. Et son expression favorite est : « *Life's a bitch and then you die* – La vie est une chienne et après tu meurs. » Tout est là.

Stewart avait la pêche et n'a pas perdu de temps : « Viens, prends une guitare... branche-toi... » J'étais arrivé depuis deux secondes et déjà on devait jouer. C'est lui qui avait raison. Car la vie est comme ça.

Le barbu s'est présenté, c'était le frère de Stewart :

— Ian, Ian Copeland.

— Henry est le frère de Babette, a ajouté Paul.

Ian m'a serré la main plus fort.

— Yeah, Babette et Jean Temir ! Cool, man !

Il m'a dit qu'il connaissait ma sœur et Jean Temir, son copain, qu'il avait passé des soirées avec eux. Babette et Jean étaient venus passer quelques jours chez Paul Mulligan et ils se sont rencontrés à cette occasion... Ian était charmant. Il buvait, il fumait et peu de choses l'inquiétaient. On sentait tout de suite qu'il y avait du vécu en lui. J'ai appris par la suite que c'était un vétéran du Vietnam et qu'il avait eu de la chance de s'en sortir. Puis Sonja, très belle et sensuelle, a essayé de me parler en français. Elle a évoqué Édith Piaf, qu'elle adorait, mais Stewart nous pressait déjà :

— *Come on, guys*... Sonja, passe ta guitare à Henry !

Sonja m'a donné sa guitare, résignée, et Ian, Stewart et moi nous avons entamé un blues plutôt rapide.

Paul, qui roulait un joint, a souri de toutes ses dents en me faisant des signes, du genre : « Vas-y mon gars ! »

On a jammé deux ou trois heures. Stewart nous montrait des morceaux qu'il avait écrits.

— Henry, écoute... C'est en A (en la, selon la notation anglaise).

Il a pris la guitare et m'a montré une suite harmonique en la, fa et sol.

— Ian, tu connais le morceau ! Allez, vas-y, chante ! Henry, c'est un morceau que je viens d'écrire. Ça s'appelle « Fall Out ». Allez !

Et c'était reparti. Stewart nous entraînait en martelant les fûts de sa batterie, Ian chantait en faisant claquer les cordes de sa basse et Paul, tel un magicien, avait sorti un harmonica de sa poche et s'emparait de temps à autre du micro de Ian pour se lancer dans un solo.

On jouait ensuite à nouveau du blues, accompagnés par la superbe voix de Sonja. Bref, on s'éclatait, et seuls les breaks thé, café ou joints que Paul nous proposait sans cesse brisaient notre concentration.

En fin d'après-midi, on est allés discuter en bas. Stewart voulait tout savoir : d'où je venais, ce que je faisais, la musique que j'écoutais, combien de temps j'allais rester à Londres, etc. Il m'a parlé de Jimi Hendrix, du groupe qu'il voulait monter, du nom qu'il avait pour le groupe, The Police, de ce qui se passait en Angleterre, de cette urgence et cette puissance qu'il sentait dans les groupes qui naissaient partout et qui balayaient tout sur leur passage, de la fin programmée des groupes comme Curved Air... En résumé, il se passait quelque chose en Angleterre et celui qui ne le voyait pas était aveugle. Bien sûr, je l'écoutais et essayais de comprendre le flot de ses paroles. Ian entrait aussi dans la conversation : il avait vu ces groupes, l'ambiance, le monde qui venait, la tronche et la dégaine de ces types, les punks. Une faune incroyable... Il fallait s'y mettre ou passer à côté. Tout était en train de changer. Pour le meilleur !

Stewart m'a conseillé de jeter un coup d'œil au Roxy. On a attrapé le *Melody Maker* et on a repéré un groupe du nom de The Damned qui jouait là-bas.

— On va aller voir ça, m'a dit Stewart. C'est un super groupe !

Et on a pris rendez-vous, pour la semaine suivante. Paul, Ian, Sonja, Stewart et moi irions au Roxy.

Le Roxy club

Il faisait froid et il pleuvait. À Londres, j'aurai au moins appris à aimer la pluie. Paul a garé sa Mini dans une petite rue au coin de Covent Garden. On s'est dirigés vers le club en empruntant Neal Street, puis on a tourné dans Shaking Street (ça me rappelle le nom d'un groupe...) et, d'un coup, nous nous sommes retrouvés face à des zombies qui attendaient devant un néon : The Roxy.

Des jeunes, garçons et filles, en file indienne bien ordonnée, habillés de blousons de cuir tagués et constellés des badge et de chaînes, de pantalons rouges écossais, de bottines ou de creepers, les yeux maquillés de noir ou de violet, les cheveux courts teints de toutes les couleurs et hérissés au gel – ou à la bière –, des épingles à nourrice dans les blousons, dans les pulls, dans les sourcils... J'étais stupéfait. D'où sortaient-ils ?

Paul et moi ne passions pas inaperçus au milieu de cette foule, lui bien sapé, comme d'habitude, et moi avec les cheveux longs et la barbe. Mais, pas de soucis, pas de regards, pas d'animosité. Plutôt sympas, tous ces gens !

Il y avait deux files : une pour la *guest list*, la « liste des invités », et l'autre. On entre. Le prix du billet était ridicule, quelque chose comme deux livres, soit trois euros. Normal qu'en Angleterre les concerts attirent, vu les prix des billets. Et, à l'intérieur, la pinte de bière était à dix balles, le même prix que dans les pubs. D'ailleurs, la première chose que Paul et moi avons faite en entrant dans le club a été de descendre, de trouver le bar et de commander deux pintes.

En général, c'est ce que je fais depuis mon séjour en Angleterre. J'ai appris à aimer voir les groupes dans des clubs, une bière à la main. Peut-être est-ce par nostalgie, ou bien parce que je cherche simplement à retrouver les sensations que j'ai éprouvées à Londres durant toutes ces années. Je garde toujours l'espoir de revivre ces moments sublimes et je dois dire honnêtement qu'il n'y a plus guère que les clubs de jazz qui me le permettent. Sûrement à cause de ces caves enfumées et habitées de vibrations exactes, mais aussi à cause de l'intégrité des groupes de jazz. Je parle de la France, évidemment. J'ai toujours trouvé inadmissible d'avoir les poches pleines pour pouvoir vibrer dans un club. Comment font nos gamins ? Sortir en club ou en pub pour entendre des groupes n'a jamais été un problème d'argent à Londres. Et Dieu sait si nous n'en avions pas. Ça ne nous a pas empêchés de voir deux à trois groupes *live* tous les soirs de la semaine et de nous enfiler nos deux ou trois pintes de bière, minimum obligatoire à chaque soirée !

De toute façon, et c'est une évidence, la France n'a jamais été un pays de musique et moins encore de rock'n'roll. En Angleterre, la musique est partout. Dans les pubs d'abord. Quand ils veulent attirer des clients, ils engagent des groupes qui reprennent des standards ou qui jouent leur propre répertoire. Si le groupe attire du monde, le pub fait ensuite payer l'entrée pour le rémunérer avec le surplus gagné. C'est simple, plein de bon sens, et le prix de la bière ne change pas. Si le groupe attire beaucoup de monde, le prix du billet augmente, mais il y a tellement d'endroits où jouer, tellement de groupes et tellement de qualité et d'originalité que la compétition est énorme. Qui dit compétition dit prix resserrés et le public en profite. Du coup, la musique est présente partout, et les journaux en parlent.

Lorsque j'y vivais, on lisait trois journaux principaux : le *Melody Maker*, le *New Musical Express* – ou *NME* –, et le

Record Mirror. Ils étaient hebdomadaires et nous donnaient toutes les informations nécessaires : sorties d'album, de singles, tournées, concerts et bien sûr articles de fond. Le *Melody Maker* était axé sur les musiciens, avec des annonces de ventes et d'achats d'instruments ou de formation de groupes, le *New Musical Express* était plutôt intello et le *Record Mirror* plus pop. On lisait aussi *Time Out*, une sorte d'officiel du spectacle. Et puis les quotidiens, comme le *Sun* et le *Mirror*, le genre de journaux qui vendent deux millions d'exemplaires chacun par jour, se sont eux aussi mis à parler musique. Les *play lists* en radio basées sur les hit-parades des ventes officielles et sur les sorties incessantes changeaient toutes les semaines. Enfin, un hit-parade hebdomadaire télévisé était programmé le jeudi avant les news, le fameux *Top of the Pops*.

En deux mots, vous pouviez jouer dans un pub et, la semaine suivante, vous retrouver dans les charts et à la télé. Puis jouer toujours dans le même pub... mais en couverture des hebdomadaires et en affichant complet ! Voilà le challenge et la beauté du geste. Imaginez la France ainsi ! Non, n'essayez pas, c'est impossible. Et ce qu'il y avait de plus beau, c'était que jouer dans un groupe de musique n'a jamais été une tare. Au contraire, on souhaitait bonne chance à tous ceux qui jouaient le jeu.

On pouvait travailler dans une banque pendant la journée et être sur scène le soir. Croyez-moi, vos collègues de bureau étaient fiers de vous et la première chose qu'ils vous demandaient le matin, c'était : « Comment ça s'est passé hier soir ? »

Du coup, beaucoup de gens voulaient tenter leur chance, et beaucoup de groupes se formaient. Avoir un musicien dans la famille était une bonne nouvelle. C'était fun et ça pouvait rapporter gros.

Ce soir-là, au Roxy, j'en ai pris plein la gueule. J'avais retrouvé Stewart, Ian et Sonja et on s'est approché de la scène. Les Damned sont montés, et le public leur crachait dessus...

Dave Vanian, le chanteur, avait le look d'un vampire, les yeux et les lèvres maquillés en noir, les cheveux teints en noir aussi, bien sapé avec une cape à la doublure mauve sur le dos. Rat Scabies jouait de la batterie comme Keith Moon et avait un look punk, comme ceux qui étaient dans le club. Captain Sensible tapait sur sa basse et avait l'air d'un marin, en polo à rayures et avec ses cheveux frisés blonds. Brian James, le guitariste, semblait échappé d'un asile, vêtu de noir, la mâchoire ouverte et figée ; il plaquait des accords à une vitesse incroyable. Quand ils ont entamé « New Rose », leur premier single, toute la salle s'est déchaînée... Les spectateurs sautaient partout, les uns sur les autres, se crachaient dessus, nous rentraient dedans et, bizarrement, il n'y avait pas de bagarres.

Stewart me poussait du coude – « Alors ?... » –, Ian me montrait la scène – « Trop cool, non ? » –, Sonja adorait elle aussi et Paul buvait sa bière à toute vitesse en me tapant dans le dos. Je trouvais le groupe bruyant et brouillon, mais j'étais tellement ahuri par toute l'énergie dépensée dans ce club que j'ai compris que je voulais faire cela !

Pas une fille ne m'a regardé ce soir-là. Dans le Sud, à Aix, j'avais pourtant pas mal de succès avec les femmes. Mais là... personne. Lorsque nous sommes rentrés chez Paul et que je me suis vu dans la glace, avec mes cheveux et ma barbe, j'ai réalisé que j'avais l'air d'un vieux. Je savais ce que je devais faire le lendemain.

Paul m'avait dit de me balader vers King's Road.

— Tu verras, il y a des boutiques de fringues, de chaussures, des coiffeurs, c'est Chelsea, quoi ! Tout se passe là-bas... Enfin, vas-y et tu comprendras.

Dans ma R6, je suis passé devant King's Cross, puis j'ai emprunté Marylebone Road, j'ai coupé et je suis arrivé à Marble Arch. Jusque-là, je connaissais le trajet car Stewart habitait au coin. Ensuite, j'ai descendu Park Lane vers Hyde

Park Corner. Là, je ne connaissais plus. Désorienté, je me suis engagé dans Knightsbride jusqu'à Kensington High Street, et je me suis perdu.

Plus tard, j'habiterai vers Kensington High Street – j'aurai même une boutique attitrée dans le Kensington Market, le Ken Market étant notre visite obligatoire le samedi. En attendant, j'ai longé cette avenue inconnue jusqu'au bout, j'ai coupé à nouveau et... Bref, après une belle galère dans Earl's Court et maints détours, j'ai atterri dans King's Road. Je l'avais emprunté par le bas, c'est-à-dire que j'avais longé le stade du Chelsea Football Club.

Ah, Chelsea Football Club... Un jour, mon ami Philippe, celui qui avait tous les disques lorsque nous étions au lycée, m'avait donné un tee-shirt qu'il avait ramené de Londres. Un trésor sur lequel on lisait « Up the blues », écrit de façon psychédélique. Je croyais bien évidemment que c'était un tee-shirt de musique sur le blues. Et je crois l'avoir porté pendant toutes les dernières années de ma scolarité. J'ai compris plus tard que c'était en fait un tee-shirt de supporter de Chelsea, « Allez les bleus », le bleu étant la couleur du club, comme le rouge est celle de Manchester United, les Reds.

Le matin avant de partir en vadrouille, je m'étais rasé la barbe – pas évident quand elle avait poussé pendant longtemps –, et le rasoir ayant laissé des marques, c'est avec un visage ravagé que je me suis présenté chez un coiffeur. Je lui ai demandé de tout couper. Il s'est régalé et m'a laissé dépouillé, j'avais l'air d'avoir seize ans. Mais pas de soucis : c'était l'idée et je me sentais mieux.

Ensuite, j'ai traîné dans King's Road. Je matais les godasses : les winkle pickers et leurs bouts pointus, les creepers à semelles compensées des Teddy boys, les *engineer boots* des motards, les Dr Martins des skinheads. Je flânais devant les boutiques de fringues comme Johnson & Johnsons, destinée aux rockers, Sex, créée par Malcolm MacLaren et Vivienne Westwood avec sa fameuse horloge qui tourne à l'envers dans la vitrine, et tous les magasins pour les Mods et pour les Teddy boys... Tout ça me plaisait. Les dégaines se mélangeaient et les passants se dévisageaient. Une faune incroyable et hallucinante se baladait sur Kings Road. Et toujours ces épingles à nourrice accrochées partout... Je me rappelle qu'un jour, alors que ma sœur Babette était venue passer quelques jours avec moi, nous étions allés voir un concert de X-Ray Spex à l'Hammersmith Odeon. Poly Styrene, la chanteuse, était géniale. Ce soir-là, une fille était venue nue sous d'un imperméable transparent sur lequel des épingles à nourrice retenaient des tranches de bacon aux endroits stratégiques. Ma sœur et moi en rions encore aujourd'hui.

Les Anglais adorent s'habiller et ils savent le faire. La folie, l'originalité et une petite envie de choquer sont leur motivation. Le problème est que, dans la rue, les gens ne se retournent même plus. On pourrait se promener avec une plume dans le derrière, personne n'y ferait attention.

J'ai passé cette journée à déambuler et à regarder les gens. Le soir, Paul était en forme et nous sommes sortis avec des copines à lui écouter un autre groupe. Je me sentais mieux. J'étais plus à l'aise. Je parlais beaucoup et lorsqu'on me demandait combien de temps j'allais rester, je répondais que je ne savais pas. J'étais libre et je crois que ça se sentait.

Après le concert, nous sommes rentrés avec les deux filles, une chacun. Le nouveau look faisait déjà effet.

Paul m'a proposé de rester et de passer les fêtes de fin d'année à Londres, avec lui. Il serait en vacances, on sortirait partout, on irait chez ses parents le jour de Noël et du Boxing Day pour manger une dinde et du pudding – je me rappelle ne pas en avoir mangé une seule miette – et on ferait l'enfer pour le jour de l'an... Ça m'allait parfaitement car je n'avais pas envie de rentrer en France

Docteur Mulligan

Paul Mulligan était vraiment cool. Issue d'une famille fortunée qui possédait une petite flotte d'avions de tourisme et qui faisait du business aéronautique, il était bien éduqué et savait s'exprimer. C'était un type brillant. Il avait vécu au Liban et parlait l'arabe. C'est d'ailleurs là-bas qu'il avait rencontré Stewart, et souvent ils s'injuriaient en arabe. Et puis, avec ses cheveux châtains frisés, ses yeux bleus et sa barbe toujours naissante, on lui aurait donné le Bon Dieu sans confession.

Il ne fumait pas beaucoup de cigarettes mais énormément de shit, et consommait tout ce qui passait : de la cocaïne, de l'acide, des cachets, le tout arrosé de whiskey et de bière... Mais il assurait toujours. En Corse, ils l'appelaient Docteur Mulligan et je comprenais pourquoi.

Il avait une petite amie attitrée, Kim, un ancien mannequin, blonde, mince et jolie, mais il vivait seul. Elle venait souvent le voir le week-end. Elle l'aimait, de toute évidence. Elle aurait certainement voulu s'installer avec lui, mais Paul avait plutôt envie de s'éclater. Beaucoup de filles, des copines à lui, passaient nous voir et il ne pensait qu'à s'en faire un maximum. Moi, je jouais le jeu. Quand il y en avait plus d'une, je traînais. Sinon, je le laissais tout seul.

On s'est bien éclatés tout le temps où je suis resté chez lui. Je crois bien que Paul se savait en pleine descente aux enfers, et il ne voulait pas descendre seul. Par la suite, avec son père et son frère, ils ont tout de même fini par monter Air Écosse, une assez grosse compagnie qui desservait le nord du pays et qui avait un terminal à l'aéroport d'Heatrow. Tout ça était parti d'un service postal. Lorsque Paul s'est installé en Écosse, à Aberdeen, je prenais souvent l'avion de nuit qui faisait London Luton-Glasgow-Aberdeen. Je partais seul avec le pilote et on arrivait au petit matin. Paul m'attendait à l'aéroport et il comptait sur moi pour lui amener des *goodies*, des bonnes choses... Il s'ennuyait ferme là-haut. Il avait un métier intéressant, du blé et une copine, mais il avait trop donné dans la dépravation pour tenir le coup. Il attendait de moi que j'égaye ses week-ends. J'étais son ami exotique, le Corse qui venait du bout du monde lui rendre visite. Un musicien de rock en plus. Et mes fringues et mon look plaisaient aux Écossaises.

Joueur d'harmonica et de piano, Paul avait une énorme collection de disques, surtout du blues, dans son appartement londonien. Il avait aussi un lecteur de cassettes huit pistes et, pendant mon séjour chez lui, j'ai pu découvrir beaucoup de musiques différentes. Le pied.

Les premières notes de Police

Après les fêtes, qui nous avaient explosés, Paul et moi, j'ai décidé de passer une audition. Comme ça. Je ne savais toujours pas si j'allais rester ou pas. En fait, je me laissais vivre.

Je jouais souvent avec Stewart et Ian, et je les aimais bien. On sortait ensemble voir des groupes. Stewart parlait souvent de celui qu'il voulait monter. On voyait Miles qui organisait des concerts. Je me rappelle avoir entendu Squeeze, le nouveau groupe qu'il venait de signer, en première partie de Generation X dans un collège, le public assis derrière des pupitres d'étudiants.

Et puis, peut-être pour me prouver quelque chose, j'ai décidé de répondre à une annonce.

Je feuilletais le *Melody Maker* et je suis tombé sur : « *London, punk group is looking for a guitarist* – Londres, groupe punk cherche guitariste. » Pourquoi pas ? J'ai appelé. On me dit de passer à une adresse, dans le nord de Londres. Paul m'a déposé. J'ai rencontré deux mecs, un chanteur, Riff Reegan, et un batteur, John Moss, qui plus tard montera Culture Club avec Boy George. Très cool, ils m'ont passé une guitare. J'ai joué un rock, douze mesures pendant que l'autre chantait.

— Tu veux jouer avec nous ?

Direct.

J'ai dit au chanteur que j'y penserais, que je rappellerais, et je suis reparti, hypercontent. C'était ma première audition et ils m'avaient accepté. J'avais quand même stressé un peu. Pas évident de se vendre en si peu de temps.

Je suis rentré chez Paul et, dans la soirée, j'ai appelé Stewart. Je lui ai raconté l'audition. Il avait l'air assez surpris que je sois allé faire ça, et il m'a demandé :

— Mais, tu vas rester à Londres, alors ?

— Peut-être bien... En tout cas, je leur ai dit que j'allais réfléchir.

— Alors, tu es prêt à rester ?

— Ouais, lui ai-je répondu, un peu perdu. Je ne sais pas... Je n'ai pas vraiment l'intention de repartir tout de suite. Pourquoi ?

— Écoute, si tu restes à Londres, pourquoi ne veux-tu pas rentrer dans mon groupe ?

— Tu ne me l'as jamais demandé.

— OK, je croyais que tu avais compris. Et puis, le bassiste dont je t'ai parlé va arriver de Newcastle.

— Ah bon ? Le Sting ou un nom comme ça ?

— Oui, lui !... Qu'est-ce que tu fais, là ?

— Pas grand-chose, je viens de rentrer chez Paul.

— Tu passes ? Comme ça, on discute un peu...

Je planais... Il continua :

— Et j'ai une nouvelle chanson.

— J'arrive !

Stewart semblait avoir eu peur que je rejoigne un autre groupe. J'étais surpris. J'étais content. Je ne sais pas. C'était simple et ça me convenait. Je ne me posais toujours pas de questions, tout prenait place, tranquillement.

Toute ma vie, je ne me suis jamais posé trop de questions. Je marche beaucoup à l'instinct, et soit j'ai eu beaucoup de chance, soit c'est la bonne façon de faire des choix. Jusqu'à présent, je pense avoir eu raison de faire comme ça. Et quand on me pose la question, je réponds que je ne regrette pas grand-chose, que je dors bien et que je rêve beaucoup, pas spécialement en dormant, d'ailleurs.

J'ai des idées assez folles aussi, comme tout le monde, mais ne fais pas de plans sur la comète.

J'étais à Londres depuis environ un mois. Je voulais être musicien. Je l'étais. Je voulais être guitariste dans un groupe. On m'avait fait deux propositions en une journée et j'avais choisi. Tout allait bien.

Lorsque le groupe que j'allais rejoindre est devenu célèbre – je n'en faisais alors déjà plus partie – beaucoup de personnes en France m'ont demandé si je n'étais pas dégoûté, jaloux, amer ou même aigri... Jamais je n'ai éprouvé autre chose que de la joie pour mes amis, pour leur succès qui était vraiment mérité. Peut-être que si j'avais vécu la même chose en France, je l'aurais été, mais, en Angleterre, nous travaillions tous dans le même sens, et si un groupe avait du succès, alors nous conservions tous une chance d'en avoir un jour. Je n'ai jamais fait de la musique en me disant que je voulais être numéro un, et aucun groupe avec lequel j'ai joué en Angleterre ne l'a fait pour ça. Bien sûr, on voulait que notre musique soit entendue, on voulait réussir, on voulait jouer devant de plus en plus de public. Et, malgré l'énorme compétition, nous savions tous que nous aurions notre chance, et nous faisions tout pour l'avoir. En Angleterre, personne ne m'a jamais demandé si j'étais jaloux du succès de Police. Mes amis sont fiers de savoir que j'ai monté avec deux amis le groupe qui deviendrait le plus grand groupe pop du monde.

Le bassiste dont il m'avait parlé devait passer le voir.

Il venait de Newcastle. Stewart l'avait découvert dans un groupe de jazz-rock. Un journaliste l'avait emmené après un concert de Curved Air entendre la gloire de Newcastle, Last Exit. Le groupe ne lui avait pas plu mais le bassiste, oui. Il avait « le » truc. Il chantait et jouait en même temps, ce qui était parfait car Stewart voulait monter un trio. Jimi Hendrix était son modèle. C'est vrai que n'être que trois a beaucoup d'avantages. Ça ne coûte pas cher, c'est facile à déplacer et on peut jouer partout avec peu de matériel. L'idée était d'abord de pouvoir tenir et de gagner quelque chose, et à trois ce serait plus facile. Lorsque je vois des groupes qui se montent à six, sept et plus, je m'inquiète pour eux. Ce sera dur, ils ne gagneront pas beaucoup d'argent, ils ne tiendront pas le coup et abandonneront vite. À moins que le succès frappe à la porte rapidement. Lorsque, après Police et les Electric Chairs, j'ai monté les Flying Padovani's, on était trois. Et c'est vrai qu'on a eu nos moments de gloire, on a bien tenu, et on faisait beaucoup de bruit... à trois.

— Il est à Londres, m'a annoncé Stewart.

— Ça y est, il est arrivé ?

— Il est venu l'autre jour et on a joué ensemble.

— Et alors ?

— Ah, il joue plutôt bien !

Il souriait, en ayant l'air de dire : « C'est une bête. » Il a rajouté :

— Beau gosse, blond... Tu verras. Bon, il est provincial, et il jouait du jazz-rock avant... Tu connais ces mecs-là, pas trop branchés « look », mais on va arranger ça !

Stewart avait préparé un coup :

— Il doit arriver vers trois heures. On va la jouer cool !

Stewart est parti se changer et quand il est redescendu, il avait son blouson de policier américain et des lunettes noires.

— Qu'est-ce que tu en penses ?

— Plutôt bien.

J'avais compris qu'il voulait qu'on lui fasse un peu de cinéma. On s'est préparés. Moi aussi j'avais mes lunettes noires, et quand Sting est arrivé avec son bébé dans un couffin, on avait adopté la pose dangereuse des rockers. J'avais un pantalon de cuir noir, qu'en fait je ne quittais plus depuis que j'étais à Londres, et je restais silencieux. Sting portait une salopette. Il a vraiment dû nous prendre pour des cons.

Mais, peu après, nous jouions les chansons de Stewart. Ça s'est bien passé et Sting a rejoint le groupe. On était le 12 janvier 1977.

Du coup, le groupe existait bel et bien. Si Stewart et moi sortions tout le temps, il était clair que Sting avait d'autres soucis. Il était venu tenter la grande aventure à Londres avec sa femme, Frances Tomelty, et leur bébé, Joe. Ils n'avaient pas un sou, et habitaient chez une copine de Frances à Bayswater. L'appartement était bien mais ils campaient. Avec le bébé, pas simple !

Tout le temps où j'ai côtoyé Sting à Londres, il flippait sur la question de l'argent. C'était son angoisse principale. Alors, il ne sortait pas, et puis les concerts où Stewart et moi voulions l'emmener ne lui plaisaient pas. Il le disait clairement :

— C'est de la merde !

Il avait bien essayé de nous faire écouter quelques-unes des chansons qu'il avait écrites mais Stewart l'arrêtait net chaque fois :

— Sting, on ne peut pas chanter une chanson qui a pour titre : « Ne laisse pas tomber ton boulot ! » Tu ne comprends toujours pas... Écris-nous plutôt un truc du genre : « Mon boulot est une merde et je vais tout casser ! » Là, ça peut le faire.

Et il me jetait un coup d'œil pour me prendre à témoin.

Sting nous regardait tous les deux et je sentais qu'il bouillait intérieurement. Là, en général, il reprenait la basse et comme la petite confrontation qu'il venait d'avoir avec Stewart le gonflait, il jouait trois fois plus vite que d'habitude. Il venait vers moi qui m'escrimais sur ma guitare et me charriait, me donnait des coups d'épaule. Stewart adorait. Il savait qu'en rejetant Sting chaque fois qu'il amenait une chanson il le mettait en colère et qu'il en ressortait plus fort. Derrière son énorme batterie, la Tama, Stewart tapait de plus en plus vite en tirant la langue, et les morceaux n'en étaient que meilleurs. Nous finissions en sueur à chaque répétition, lessivés !

On avait bien réussi à amener Sting voir Generation X au Roxy et je crois qu'il avait halluciné. C'était trois jours après notre première répétition. Ian était venu avec nous et Miles nous avait tous mis sur la liste d'invités, non sans rechigner. Sting, qui cherchait sans cesse à progresser dans la musique et qui avait travaillé dur pour améliorer son jeu de basse, lui qui, avec son groupe, avait tenté d'avoir du succès en proposant des morceaux de plus en plus sophistiqués, ne comprenait plus.

Tout ça pour en arriver là. Il se demandait même sûrement comment il pourrait l'expliquer aux amis qu'il avait laissés à Newcastle. Il avait honte et nous le savions. Mais il voulait travailler et gagner sa vie. Il n'était pas stupide, loin de là. Il avait compris qu'à Londres se tramait quelque chose qui le dépassait, lui et ses potes jazz-rockeux de Last Exit. La salle était pleine et Miles jubilait.

Entre-temps, j'avais explosé ma voiture. J'allais rendre visite à deux copines françaises qui habitaient dans le nord de Londres. Je roulais à gauche, bien évidemment, et arrivé devant leur adresse, je devais tourner sur la droite, donc traverser la route. Une voiture m'est arrivée droit dessus. Je n'ai pas réussi à réagir.

J'aurais dû retourner sur ma gauche, mais sentant le danger, mon instinct me disait de serrer sur la droite. Choc inévitable.

Le conducteur qui m'a percuté était un rabbin. Il avait bu, il était en tort, mais c'était un rabbin. Quand les policiers sont arrivés, le punk que j'étais n'avait aucune chance. J'ai perdu la voiture. C'était ma première vraie galère à Londres.

Mais je restais Zen.

Ensuite, un ami musicien d'Aix-en-Provence, Fred, était venu passer un week-end avec moi. J'avais pris des billets pour aller au Ronnie Scott voir Dexter Gordon, le saxophoniste.

C'était géant. Moi aussi j'avais besoin d'entendre quelque chose de sensé. Nous avions pris une table devant la scène et nous avons bu de nombreuses pintes de bière en écoutant les deux sets de Gordon. Après le concert, j'ai conduit la Mini de Paul vers Caledonian Road pour rentrer ; mais, arrivé avant Kings Cross sur Marylebone, j'ai pris la première à droite pour montrer la rue des prostituées à mon ami. Évidemment, tout ça n'était pas brillant et j'étais bien éméché. On s'est arrêtés devant une fille pour la regarder et, à ce moment-là, on a frappé sur la vitre arrière. Je croyais que quelqu'un voulait plaisanter et j'ai démarré aussi sec. Une rue plus tard, deux voitures de police nous ont barré le passage pendant qu'une troisième fermait nos arrières. Un flic m'a tiré de la voiture et allongé sur le capot.

Un truc de fous... Nous étions en janvier 1977, on parlait beaucoup de l'IRA et des attentats éclataient un peu partout à Londres. Bien sûr, je ne l'ai compris qu'après. Les flics m'avaient repéré, peut-être parce qu'ils étaient plus vigilants que d'habitude, ou tout simplement parce que la Mini devait louvoyer. Lorsque j'ai traversé Marylebone pour prendre la rue, les flics m'avaient suivi. Et ce sont eux qui avaient frappé sur la vitre arrière de la Mini. Alors, lorsque j'ai redémarré, ils ont tout simplement cru que j'essayais de m'enfuir et ils ont demandé du renfort, celui-là même qui nous a coincés deux rues plus loin. Cette histoire aurait pu mal tourner. Mais heureusement, ils n'ont pas mis longtemps à comprendre que nous n'étions que deux Français en goguette. Ils m'ont emmené au poste où j'ai passé la nuit. Paul est revenu le lendemain matin et je suis passé directement en procès. J'avais le choix entre de la prison ou passer chaque jour signer un registre. Nous avions des répètes prévues avec Police. Alors j'ai choisi de signer : pendant un mois, je suis allé tous les jours à Clerkenwell Police Station emarger un registre de présence.

C'était peut-être un autre signe, mais alors que Police répétait et se préparait à enregistrer son premier titre, moi je passais tous les jours, vers huit heures du soir, rendre visite à de vrais policiers. Je le leur avais expliqué et ça les faisait beaucoup fait rire.

Et ils étaient cool, finalement, car, avec leur permission, j'ai pu signer le registre un peu plus tard le jour où, avec Police, nous avons enregistré « Fall Out » et « Nothing Achieving ».

Le dimanche 23 janvier, alors que nous répétions depuis dix jours, Stewart nous a invités dans son appartement pour prendre des photos sur le toit avec un pote à lui, Lawrence Impey. Il faisait beau, j'avais une rage de dents monumentale et une gueule de bois conséquente... Mais fallait le faire.

Nous nous étions habillés pour l'occasion. Stewart a essayé pas mal de poses avec sa guitare, un fusil, une casquette de police, toutes sortes de choses... Sting avait mis sa veste grise à rayures en flanelle. Et moi j'avais mal aux dents ! Je tirais une tronche pas possible mais la photo fut réussie et j'avais le look qu'il fallait.

On a continué à répéter et, trois semaines plus tard, on était prêts à enregistrer. De toute évidence, les meilleurs morceaux – enfin, ceux qui semblaient les mieux adaptés au marché punk qu'on allait essayer de pénétrer – étaient : « Fall Out » et « Nothing Achieving ». Paul Mulligan nous avait prêté un peu d'argent et on avait booké le huit pistes de Bazza – un type avec des cheveux longs et frisés qui lui donnaient l'air d'un hippie – au Pathway Recording Studios. Un tout petit studio avec une bonne salle de prise, enfin assez grande pour y mettre la batterie.

Le 12 février on a notre premier single. Stewart a tenu à jouer pas mal de parties de guitare rythmique sur sa SG et moi j'ai fait les solos sur la Jacobacci. J'en étais assez content et, sur le disque, on entend Sting lâcher un retentissant « Henryyyyyy ! » juste avant celui de « Fall Out » avec l'accent français, en roulant les « r ».

Pour notre promo, malgré des critiques plutôt minables, nous avons, Stewart et moi, passé plusieurs nuits à coller des affiches et à tagger les murs de Londres. Faut dire qu'on avait un super logo, que mon frère Patrick avait dessiné pendant une de ses visites. Il était basé sur le badge de la police new-yorkaise que Stewart portait. Il était tellement réussi que le groupe l'a gardé.

Je commençais à me débrouiller pas mal en anglais. Je me rendais compte que, même si au lycée j'avais été un bon élève, le jour où je suis arrivé à Londres je n'en savais pas suffisamment pour me débrouiller correctement. Seule la pratique au quotidien m'avait permis d'apprendre à parler correctement. N'empêche que les énormités que je pouvais sortir, les faux amis comme on dit, ont beaucoup fait rire Stewart et Sting pendant les répétitions.

Police est prêt

Nous étions prêts. Tous les jours nous nous retrouvions chez Stewart, avec ou sans le fils de Sting. Quoi qu'il puisse arriver, on attendait le premier concert avec impatience. C'est Miles, le frère de Stewart, qui nous a donné la première occasion. Miles avait des bureaux à Dryden Chambers, juste à côté d'Oxford Street. Je me souviens de Miles travaillant dans son bureau avec des mitaines car il y faisait très froid. Il avait déjà pris sous son aile des groupes comme les Cortinas, Chelsea, et venait de signer Squeeze. Dans le même building, il y avait aussi des bureaux de *Sniffing Glue*, un fanzine punk dont Mark P. s'occupait (P pour Perry), qui contenait toutes les news qui nous intéressaient. Mark était en train de monter son propre groupe, Alternative TV. Il n'avait rien à faire de nous. Miles, idem. Il était déjà en business avec de vrais punks et nous regardait comme des imposteurs. En tout cas, il voyait Sting et Stewart de cette façon. Le fait qu'on ait réussi tout seuls, comme des grands, notre propre single lui avait plu. On ne peut pas dire que ça l'avait impressionné mais je crois qu'il avait apprécié l'effort et la niaque. Avec Miles, et je connais bien Miles, la niaque et le moindre coût ont toujours été des facteurs importants dans la réussite d'un groupe. Je suis persuadé qu'il n'a pas tort, et il a toujours montré lui-même l'exemple. Cette façon d'approcher le business a permis à

Police de signer un contrat très lucratif avec A&M lorsqu'ils ont signé pour la première fois, en choisissant plus de points plutôt qu'une grosse avance, Miles les a ainsi rendus riches très rapidement.

Miles avait eu l'idée de faire venir des groupes américains en Angleterre. C'était son job, après tout. Conseillé par Mark P., il réalise que la New York New Wave jouit d'une grande aura et qu'il peut monter facilement une tournée. Tous les punks écoutent la compilation du Max Kansas City où on découvre Wayne County and the Back Street Boys, The Fast, Harry Toledo, Pere Ubu, Cherry Vanilla and her Staten Island Band, The John Collins Band, Suicide. Et on connait les autres : Richard Hell, Television, Johnny Thunders and the Heartbreakers, Blondie, etc. En plus, il se dit qu'il pourrait sortir certains de ces groupes sur son label, Illegal Records.

Cherry Vanilla était une fille branchée de la scène d'Andy Warhol dans les années 1960 ; elle avait été l'attachée de presse de David Bowie. Miles avait réussi à la convaincre de venir sans section rythmique (basse et batterie) car elle pouvait facilement s'en procurer une ici. Il pensait à Stewart et Sting. De cette façon, il économisait des billets d'avion et d'hôtel pour deux personnes et il refilait la première partie de Cherry Vanilla à Police. Idée géniale, comme souvent avec Miles. Il a toujours aimé cette idée. Combien de fois, dans le futur, avec IRS ou Zucchero, je l'ai vu essayer de vendre cette idée aux groupes. Pas évident mais les économies le sont. Et, lorsqu'il n'y a pas de choix, il faut le faire. Pour nous, c'était l'aubaine. Sting et Stewart prenaient de l'argent pour accompagner Cherry, et nous, on récupérait l'opportunité de jouer. Je ne me rappelle pas si Police était rémunéré pour le set à cette époque. Quoi qu'il en soit, le peu d'argent que j'aurais pu gagner à l'époque aurait invariablement fini en bière.

Cherry est arrivée avec un guitariste, Louis, et un pianiste, Zecca. De formidables musiciens. Louis sortait avec Cherry qui devait avoir dix ans de plus que lui. Elle était plutôt pas mal et sexy. Elle avait dû être un canon sublime. En tout cas, ça économisait une chambre et Miles était content. Zecca était gay, portoricain. Le set de Cherry était peut-être plus théâtral que rock pour le punk-rocker que j'étais. Elle mettait le paquet sur la provocation sexy. Tout bien considéré, c'était une personne extrêmement agréable et j'ai apprécié chaque moment de notre courte rencontre (nous sommes toujours en contact aujourd'hui). C'était plutôt dur pour Stewart et Sting de faire deux shows par soirée, mais ils comprenaient l'enjeu et ils étaient d'accord. Commença alors une série de répétitions pour Cherry et sa nouvelle section rythmique.

Nous, on avait dix chansons et on les a jouées en exactement dix-sept minutes. Le genre de concert où chaque morceau s'imbrique dans le suivant, ne laissant au public le temps ni d'applaudir ni de nous huer. C'était d'ailleurs la bonne attitude à avoir. Tous les groupes punk faisaient de même. Jouer et provoquer, c'était important. Attendre les applaudissements, c'était nul et vieux jeu... Bien au contraire, si on vous appréciait, on vous crachait dessus. J'embrassais cette philosophie. J'avais changé.

Avoir vingt-quatre ans et vivre cette aventure était un cadeau des dieux. Je n'avais peur de rien.

Je connaissais tout Londres et tout Londres me connaissait. J'étais le Corse. Le guitariste corse. Je n'avais plus besoin que quelqu'un m'accompagne pour sortir. Je n'attendais plus Stewart.

London 1977

J'allais tout seul partout, comme un grand. J'entrais dans tous les clubs et finissais rarement la nuit seul. À la fin de cette année-là, *City Limits* avait désigné le ligger de l'année. Le ligger est celui qui connaît tous les bons plans, surtout les gratuits, et ne paye jamais pour entrer, ni pour boire. J'étais arrivé en tête avec Phil Lynnot, bassiste et chanteur de Thin Lizzy, juste devant Steve Jones, le guitariste des Sex Pistols. Pas vraiment de quoi s'accrocher une médaille, mais ça résume bien ma vie londonienne. Jamais de bordel avec moi, que du fun. Je buvais bien mais ne me droguais pas beaucoup. Je connaissais toutes les filles, qui adoraient mon accent français et ma grosse voix, et bien souvent elles venaient voir où j'habitais. Je n'avais aucun mal pour avoir mon nom sur une *guest list*. Souvent, j'allais aux concerts sans l'avoir demandé ou sur un coup de tête, je donnais alors mon nom à l'entrée et on me laissait passer.

J'ai vu deux ou trois groupes par soir pendant tout mon séjour à Londres. Et franchement, c'est le seul moyen de progresser et d'apprécier le rock'n'roll. Quelle création et que d'efforts d'originalité ! La durée moyenne d'un set était d'environ quarante-cinq minutes. C'est la longueur que je préfère. Ni trop court, ni trop long. Parfait. Le temps de rentrer dans l'ambiance, on aime, on accroche et si on est en manque, on rappelle. Sinon, au suivant. Break d'une demi-heure, le temps de changer le matériel sur scène, de discuter et de boire une autre bière, et c'était reparti. Le groupe principal jouait en dernier, bien sûr. C'est le seul qui est payé aussi. La première partie ne touche rien mais bénéficie de la sono du groupe principal et de son public. Tout le monde s'occupe de tout le monde. Les groupes sont amis, mais aussi des concurrents et l'affiche peut changer très rapidement. Mais la chose qui m'a le plus frappé dans cette scène anglaise, c'est le respect qu'il y a toujours eu entre tous les musiciens. Moi qui ai travaillé ensuite avec des groupes français et italiens, et qui ai essayé de leur communiquer ce respect de la musique d'autrui et ce respect du travail créatif, en espérant les faire progresser et leur faire aimer véritablement le rock'n'roll, j'ai été très déçu et j'en ai souffert terriblement. C'était tout simplement impossible. En France et en Italie, tout le monde était jaloux de tout le monde.

À Londres, tous les musiciens se connaissaient et les formations bougeaient pas mal. Tel guitariste quittait tel groupe pour aller dans tel autre, etc. Jusqu'à ce qu'il se retrouve dans la bonne formation. L'autre chose qui m'a étonné, peu de temps après mon arrivée, c'est l'absence de complexe de supériorité de leur part et, du coup, d'infériorité de la mienne. J'y avais pensé avant d'arriver mais rien de tel ne s'est produit. Chacun avait sa place et elle lui était gardée au chaud.

À lui de la trouver !

Nous allions voir tous les genres. Faut dire que cette scène musicale explosait et, tous les jours, un nouveau groupe et un nouveau son apparaissaient. On allait aussi bien voir un groupe de teddy boys qu'un groupe mods, un groupe de reggae qu'un groupe de skinheads, un groupe punks qu'un groupe de ska... Bref, tant qu'il y avait ce « quelque chose » d'intègre et d'honnête, ce « quelque chose » que l'on ne peut définir. Nous, nous aimions tous ces genres et tous ces groupes, dès lors qu'ils l'avaient. Je crois que c'est cela que l'on appelle le rock'n'roll.

En général, les concerts avaient lieu de bonne heure. Comme la plupart des endroits étaient en fait des pubs soumis à des horaires stricts, le premier groupe commençait à jouer vers huit heures et la soirée était finie à onze.

C'était cool : il y avait encore des métros et des bus pour rentrer chez soi.

En général, ensuite, on filait au Music Machine à Camden, qui lui fermait vers deux heures du matin. Un groupe jouait encore parfois quand on arrivait après les fermetures des pubs, et on se retrouvait tous au bar du haut ou à celui juste à côté de la scène. Le Music Machine était immense. Il avait plusieurs étages ouverts sur une scène, avec des loges sur les côtés. Dieu sait si j'en ai fait dans ces loges ! Si on s'allongeait, personne ne pouvait nous voir, et puis personne ne faisait attention. Si quelqu'un entrait, c'était : « *Oops, sorry about this.* » Et ça en restait là.

Dans la rue derrière le Music Machine, se trouvait un bureau de mini cabs. Le mini-cab est un taxi moins cher que le black cab, le fameux taxi noir londonien. On pouvait discuter les prix, car les chauffeurs n'ont pas de compteur, juste un service radio, dont il loue l'émetteur-récepteur, et qui le tient en contact avec un standard qui lui envoie des clients pendant qu'il tourne en ville. Sinon, retour à la base et attente dans la queue. Topper a fait le mini-cab, après son passage avec les Clash ! Quand je me suis retrouvé sans un sou, moi aussi j'ai failli faire le mini-cab. En fait, pas mal de mes amis y ont été contraints. Ce n'est pas compliqué si tu connais un peu Londres et puis le *A to Z* est d'une grande aide. En général, quand on donnait notre adresse, on ajoutait : « Page tant dans le *A to Z.* » Tout le monde en avait un. Imaginez être pris par Topper en mini-cab... Avec tout l'amour que j'ai pour lui, je ne serais pas monté dans son taxi.

Et toutes les nuits, vers deux heures du matin, c'était la quête du taxi en remontant vers Camden ; et si on n'avait pas trouvé de black cab, on allait jusqu'au bureau du mini-cab.

« *Can you take me to Islington* ? »

Une journée et une soirée bien remplies. On avait des plans pour le lendemain : répétitions l'après-midi et rendez-vous au Nashville ou au Marquee vers huit heures du soir. Il était rare qu'on soit fatigués ou qu'on n'ait pas envie de remettre ça.

On était donc sûrs de se revoir...

L'Europe

Je reprends le ferry. Pour la première fois depuis mon arrivée en Angleterre. Mais, ce coup-ci, je ne suis pas seul.

Je suis avec Sting, Stewart, Cherry Vanilla, Zecca et Louis.

On a un van, avec du matériel dedans, et on part jouer à Paris, au Palais des Glaces et au Gibus.

Encore une idée de Zermati. Il avait déjà organisé le festival de Mont-de-Marsan, l'été dernier. Il m'explique tout ce qui se passe en France. Il travaille, il y croit. Avec son acolyte, Pierre Thiollay, ils me font découvrir le journal *Gig* et ses dessins de Bazooka. Tout est beau. Tout est parfait. Il y a Torrent, Bernard, qui promet des concerts au Gibus ; il y a Alain Pacadis, le dandy « pas lavé », qui écrit ; il y a Octavio, super classe ; il y a Lenny Kaye, guitariste de Patti Smith qui est là avec Marc... Lenny Kaye passe le concert devant la scène en face de moi. Il prend quelques photos. Il est cool.

Je suis content d'être revenu en France. Après le concert du Palais des Glaces, Stewart et moi allons à une soirée à laquelle Marc nous a invités. Tous les groupes sont présents. Ça boit sec, ça se drogue, ça baise... On a la cote. On vient d'Angleterre et on fait du rock'n'roll. On assure. On plaît.

Stewart et moi entourons une jolie minette. Cheveux longs, elle nous cherche depuis le début de la soirée.

Stewart et moi sommes acolytes et, sans rien se dire, on se rapproche. La soirée a disjoncté et tout le monde est déchaîné.

La fille se laisse faire. Stewart me regarde :

— Henry, je crois qu'on a un problème...

— Pourquoi ? Parce qu'on est deux ? Si tu veux, on tire à la courte paille...

Je l'aurais dit en français, j'aurais bien ri de ma blague, parce que là, si on tirait, ce n'était pas à la courte paille, mais plutôt à la longue...

— Non...

— C'est quoi le problème ?

— Regarde en bas !

Je mets la main directement vers la culotte de la fille qui se laissait faire. C'est un mec ! Avec des seins... mais c'est un mec...

Stewart se lève :

— C'était un plaisir ! D'habitude, je n'oublie jamais un visage, mais dans ton cas, je ferai une exception.

Et il se tire. Du pur Groucho Marx.

— J'y vais aussi. Tu es un super canon et je voudrais bien rester, mais un guitariste doit toujours suivre son batteur !

Je rejoins Stewart et on explose de rire. Marc vient nous voir. On lui raconte l'histoire :

— Tu sais ce qu'elle a au milieu des jambes ? lui a demandé Stewart.

— Oui, bien sûr, a répondu Marc, des genoux !

On rigole de plus belle. Il nous dit qu'il nous avait vus et qu'il savait mais... ça le faisait marrer. De toute façon, il avait autre chose à faire que de s'inquiéter de nos découvertes.

Les tournées en Europe, finalement, c'est toujours comme ça. Je ne parle pas des travelos – heureusement il y a aussi des filles –, mais des soirées d'après-concert.

Il faut choisir, mais ce n'est pas évident. Tous nous réclament. Tu joues et, ensuite, il y a tout le temps quelqu'un pour t'emmener en vadrouille. Normal que les mecs finissent par se droguer. Ce n'est pas tant pour faire la fête que pour tenir le coup. Tu bois et tu te charges ; ensuite, pour dormir, tu te charges encore. Et, le lendemain, tu te charges pour te lever et recommencer. Un cercle vicieux.

Moi, j'ai toujours préféré boire et ça a sûrement été ma chance. Après la soirée, je m'endormais comme un bébé... en bordée !

Enfin, quelquefois, c'était quand même chaud.

La tournée suivante, on est partis avec Wayne County and the Electric Chairs. Direction le Paradiso, à Amsterdam.

Ces soirs-là, tout le monde s'épiait. On s'était cachés pour essayer de voir Wayne se changer, et Wayne avait fait de même pour voir Sting à poil. Nous, évidemment, on se demandait si Wayne en avait toujours une ou pas. On s'est fait gauler par le manager, Peter Crowley, et on ne l'a jamais su.

Finalement, on jouait en Europe. Le continent était friand de punk-rock et de la scène anglaise. On en profitait.

À notre retour de Hollande, la douane anglaise nous a arrêtés. Un groupe de rock qui rentre de Hollande, c'est une aubaine pour les douaniers.

L'un d'eux se penche à la fenêtre du van et pose deux ou trois questions à Sting, qui conduisait :

— Vous venez d'où ?

Sting, très poli :

— D'Amsterdam, monsieur.

— Avez-vous quelque chose à déclarer ?

— Non, monsieur.

— Combien de temps êtes-vous restés ?

— Une semaine, monsieur.

— Vous êtes un groupe ?

— Oui, monsieur.

— Quel est le nom du groupe ?
— J'ai bien peur que vous n'aimiez pas, monsieur.
— Ah bon, dites toujours.
— On s'appelle La Police, monsieur.
— La Police ? La Police ! Vous vous foutez de moi ?
— Je ne me permettrais pas, monsieur.
— OK, descendez du véhicule ! On va regarder ce que vous transportez !

Le type nous fait tous descendre du van, ouvrir la porte arrière, et demande à tout inspecter. On sort les amplis, les guitares, les fûts de la batterie. Il veut voir à l'intérieur de chaque instrument, et on va jusqu'à démonter chaque baffle... Évidemment, il ne trouve rien.

Il nous fait ensuite entrer dans un bureau et nous demande de nous déshabiller. On se met nus puis il nous demande de nous pencher en avant et vérifie le rectum de chacun d'entre nous. On hallucine, mais on le fait... Obligé.

Puis il nous a laissés partir. On a tout remonté, sans dire un mot, et on a filé vers Londres.

Avec Wayne, on a beaucoup tourné en Allemagne. La seconde fois, Crystal, notre compagnie de disques allemande, croyait en « I Had Too Much to Dream (Last Night) », une reprise d'un morceau des Electric Prunes. On détenait un tube. Du coup, on enchaînait les télévisions et les concerts. Ça faisait un bout de temps que les Allemands nous tendaient les bras.

Hambourg était une de nos villes favorites. Le promoteur y habitait. Sa femme était vraiment belle et elle s'est fait chaque membre du groupe. Un jour, la maison de disques a organisé une fête pour célébrer le succès de « I Had Too Much to Dream (Last Night) » dans les charts allemands. Ils avaient loué un bar et tout était gratuit pour nous. On sortait d'une télévision. C'était le jour où on a découvert l'appfelkorn, un genre d'alcool de pomme, hyperfort, qui ressemblait à du jus de fruit et qu'on buvait comme du petit-lait. J'étais avec deux filles de la promo et j'avais remarqué des vieux qui buvaient dans des petits verres. J'ai voulu essayer. Le barman nous a servi trois petits verres identiques. J'ai avalé le mien d'un trait. Les filles aussi. Puis on a commandé une autre tournée, puis une autre, puis de plus grands verres, puis la bouteille... Au bout d'une demi-heure, on était gravement allumés. Je ne sais pas ce qui s'est passé mais on s'est retrouvés tous les trois dans les toilettes et on a commencé à se faire plein de choses... C'était très inconfortable mais on s'en sortait. Au bout de vingt minutes, une des filles a voulu retourner dans le bar, l'autre ne voulait pas et on s'est mis à s'engueuler. On était vraiment bourrés... On est sortis des toilettes tous les trois en se traitant de tous les noms. Quel spectacle ! Wayne, assis avec des types de la maison de disques, était cramoisi. Il (Elle ?) ne supportait pas ce genre de spectacle. J'ai laissé les filles continuer à s'insulter. Il fallait que j'aille gonfler quelqu'un d'autre. Je me suis dirigé vers Val qui draguait au bar. Il m'a vu arriver, l'air inquiet. Je suis passé derrière lui, comme pour commander à boire, et je lui ai retiré sa chaise. Il est tombé !

— Henry ! Tu es complètement saoul... Tu ne pouvais pas emmerder quelqu'un d'autre ?

Je me retourne et, derrière moi, j'aperçois un énorme Black américain qui boit une bière.

— OK !

Et je retire la chaise du gros Black. Il se retourne et, sans même réfléchir, balance son poing qui touche Val à l'épaule. Je me jette à terre et je vois Val qui s'empoigne avec le Black qui en faisait deux comme lui. Des mecs accourent et les coups pleuvent de partout. Je reste par terre et commence à ramper, direction la sortie. Autour de moi, comme dans un western, toute la salle se bat. Quatre bras m'empoignent, me traînent, je sens l'air frais et je vole. J'atterris en pleine rue, le nez dans la neige. Les quatre bras me soulèvent à nouveau, je reconnais la voix de John, et je sombre.

Quand je me réveille, il fait jour. C'est le lendemain. Ma tête a l'air en plomb. Wayne, John, Val, Elliot et Peter Crowley entourent mon lit et me traitent de tous les noms.

On a vite oublié... Les journalistes avaient adoré et on avait eu droit aux bons articles, ceux qui construisent la légende des groupes de rock. La maison de disques a payé la casse, et en avait eu pour son argent en promo.

Le soir, on faisait une autre télé, les deux filles sont revenues et on a tous pris du speed pour assurer.

On passait aussi régulièrement par Berlin. Au début, on y allait en van et ensuite, quand « I Had Too Much to Dream » a grimpé dans les charts, en avion.

Berlin, c'était onze heures de van à travers toute l'Allemagne de l'Est. C'était bien avant la chute du mur. Dès qu'on pénétrait en RDA, tout changeait. C'était flippant. On suivait une sorte de route nationale décorée de barbelés. On ne devait pas s'arrêter. Évidemment, onze heures, c'est long. Pour passer le temps, on avait des bières et le fameux appfelkorn mais, au bout d'un moment, il fallait bien qu'on s'arrête pour se soulager. Chaque fois qu'on se garait sur le bas-côté pour filer dans les bois qui longeaient la route, on voyait une ou deux bagnoles de flics faire de même. L'ambiance était tendue. Une fois, on s'est arrêtés dans une station-service pour faire le plein et boire un café. Avant d'entrer dans la cafétéria, on distinguait le bruit des conversations à l'intérieur mais à peine avions-nous franchi le seuil qu'un silence de mort s'est abattu. D'un coup ! Tout le monde nous regardait. Entre les musiciens en bordée et le travesti, on devait faire une sacrée équipe. Nous, bien sûr, on riait. Une fois assis, on a commencé à délirer, toujours dans un grand silence... Avec la salière et la poivrière, John et moi nous amusions à faire semblant de tester des micros, comme à la balance :

— *One, Two... Testing... One, Two... Testing...*

Genre « il y a des espions et des micros partout » ! Wayne angoissait comme une bête et nous suppliait de nous arrêter. Après avoir bu nos cafés, une fois la porte fermée, on a entendu le bruit des conversations reprendre. On est montés dans le van et, dès que l'on a repris la route, on a aperçu les deux bagnoles de police reprendre leur filature. Flippant.

Avant d'arriver à Berlin-Ouest, il fallait passer par un bureau de douane. Là, entouré de soldats armés de kalachnikovs, on n'était pas fiers, d'autant plus que les types nous ont pris nos passeports et qu'on savait qu'ils ne nous les rendraient que bien plus tard, à la fin de tous les contrôles. On était encore en Allemagne de l'Est, au milieu de soldats armés, sans pièce d'identité, et on ne rigolait plus du tout. Ils ont tout inspecté, minutieusement. Wayne, le pauvre, en prenait toujours pour son grade. Les douaniers lisaient « Homme » sur son passeport et, dans le van, voyaient quelqu'un qui ressemblait à une femme. Alors, ils l'emmenaient dans les bureaux où devait s'ensuivre une fouille approfondie. Wayne revenait toujours dans un état pas possible. Une fois, je suis allé aux W.-C. avec Elliot et deux soldats nous ont emboîté le pas, leur fusil à l'épaule, et sont restés là à nous regarder, pour nous surveiller... Allez, suite des contrôles : le matériel, le carnet de route, les contrats de travail... la totale. Ça durait des heures. Puis ils nous rendaient enfin nos passeports, ça allait franchement mieux et on se précipitait vers le bureau de douane de Berlin-Ouest. Là, un type en pull, chemise ouverte, relax, nous souhaitait la bienvenue, sans rien nous demander. Vu les contrôles qu'on venait de subir, il ne pouvait rien rester à vérifier. Clean de chez clean.

La première chose qu'on trouvait sur la route, c'était une station-service qui ressemblait à la tour Eiffel illuminée pour le millénaire. Tout le défi de l'Ouest était là, dans cette station-service. On soufflait enfin et on filait direct à l'hôtel où nous attendait le promoteur, puis on ressortait boire des bières. La ville était grande ouverte. Elle n'a jamais eu l'air de fermer. Le genre d'endroit où tu as toujours l'impression de vivre tes dernières vingt-quatre heures, où tout est permis, où tout peut arriver, où tout arrive sûrement.

On jouait au Kant Kino, un cinéma transformé en salle de concerts. Après la balance, Elliot et moi allions tester nos pièces anglaises de dix pence. Elles avaient la taille des pièces de un mark. Dans les distributeurs de cigarettes dans les rues situés à l'extérieur des bureaux de tabac, avec une ou deux pièces, on pouvait récupérer un paquet de clopes. On ne se gênait pas. L'un de nous faisait le guet pendant que l'autre se servait. Invariablement, au bout de quelques paquets, le propriétaire du tabac sortait comme un fou et on partait en courant, à la recherche d'un autre tabac. On ne s'est jamais fait prendre. On avait toujours des sacs remplis de pièces lorsqu'on partait en Allemagne, et on ramenait à Londres tout ce qui pouvait s'acheter en distributeurs... Elliot Michaels, l'autre guitariste de Wayne, était champion du monde pour ce genre de truc. Il avait grandi à Brooklyn et il connaissait toutes les ficelles. Quand, à Londres, on avait plus d'argent, il nous proposait d'aller dîner et de faire un *runner*, une course. Alors, au lieu de crever de faim, on allait au resto et on s'installait à une table près de l'entrée. On mangeait bien et, à la fin du repas, on se levait en déclarant haut et fort à l'un d'entre nous, en faisant bien attention que tout le monde nous entende : « Tu nous rejoins ? » Le dernier nous répondait invariablement : « OK, je paye et je vous rejoins. » Il demandait la note pendant nous sortions, et le temps que le serveur aille chercher la note, il partait en courant lui aussi. Évidemment, le système ne marche que si vous changez souvent d'endroit...

On faisait ça, chacun son tour. Eh oui, quand il faut, il faut.

Le soir du concert au Kant Kino, tous les potes de Wayne ont déboulé. Beaucoup de travestis, de gays, de filles, de transsexuels... Une faune qui avait l'air de vivre en bordure de la vie, à sa frontière. Tous ces gens étaient adorables et, après le concert, on partait avec eux chez Romy Haag, le plus fameux cabaret de transsexuels du monde, là où Roxy Music choisissait les filles de ses pochettes. Moi, j'étais toujours serré de près par Sugar, une sublime blonde qui voulait inlassablement finir la nuit avec moi. Je n'ai jamais cédé. J'aurais peut-être dû. Elle était franchement magnifique, douce et intelligente. Mais je savais que c'était un homme et je n'y arrivais pas. Peut-être qu'elle hésitait trop... Si elle m'avait sauté dessus, qui sait ?

En tout cas, on allait partout. Berlin était une sorte de ville lumière.

Comme la fois où j'avais rencontré les deux sœurs, deux Françaises que John et moi avions branchées backstage.

— Restez avec nous !

— Non, pas là, on doit partir travailler.

— Et on vous voit quand ?

— Tout à l'heure.

— Je croyais que vous alliez travailler...

— Oui, venez nous voir au travail !

— OK... On peut ?

— Oui. Tiens, voilà l'adresse. Vous pouvez tous venir.

Elle me tend une carte. C'était l'adresse d'un peep-show, une boîte de strip-tease où tu mates les filles derrière une glace, seule ou avec un homme. On n'y est pas allés, ça nous semblait vraiment une perte de temps. Ah... Berlin était too much.

Henry Padovani

Le plus difficile à gérer quand on a commencé à entrer dans les hit-parades allemands, c'est le retour en Angleterre : comme la maison de disques ne regardait pas à la dépense question bouffe et hôtels, retourner à Londres et retrouver nos squats, avec toujours rien dans nos poches, c'était rude. Alors, évidemment, on en profitait un maximum. Très souvent, les derniers jours, il nous est arrivé de repartir du Hilton avec une couette de plumes d'oie cachée dans un sac de voyage, qui avait doublé de volume entre l'arrivée et le départ. On ramenait ça à nos copines, comme des trésors de guerre.

Londres : les Français parlent aux Français

Le seul groupe français qui ait vraiment marqué les Anglais à l'époque fut Little Bob Story. Je les ai vus pour la première fois dans la salle bondée du Dingwalls, un club de Camden Town.

On était en 1977 et à Londres le rock vibrait partout. Les punks, souvent, ne jouaient pas très bien. Leur but était bien sûr de sonner le mieux possible et d'être les meilleurs, mais seuls quelques groupes tiraient leur épingle du jeu. Or ce n'était pas souvent le cas et seule leur énergie rattrapait le coup. Et ceux qui jouaient bien ont vite émergé du lot.

Il restait aussi toute une flopée de groupes qui jouaient du « pub-rock ». La plupart étaient plus âgés. Ils avaient déjà une longue expérience de la scène et incorporaient les grands classiques du rock dans leur set. Nous aimions descendre quelques bières dans un club et écouter des combos comme Docteur Feelgood, Eddie and the Hot Rods, Ian Dury et Little Bob Story. Ils avaient beaucoup d'énergie et étaient vraiment d'excellents groupes de rock qui ne pouvaient que plaire aux punks que nous étions.

Quand Little Bob Story a commencé à jouer, je me suis approché de la scène et j'y suis resté jusqu'au bout du concert. Bob, un petit gros, une boule sur de petites guibolles, hurlait tout ce qu'il savait. On aurait dit un jeune Rod Stewart. Sa voix était géniale. Il chantait juste et bien. Derrière lui, un jeune Asiatique talentueux martyrisait une Gibson Les Paul noire, pendant qu'un mec plutôt punk plaquait des accords avec une énergie inouïe. Je suis resté bouche bée à regarder le Chinois qui nous envoyait non-stop des riffs de pur rock'n'roll. Il était extraordinaire. Le Dingwalls a dansé toute la soirée et, finalement, Little Bob a joué le morceau que tout le monde attendait : « All or Nothing ». On s'y croyait. On fermait les yeux et on avait les Small Faces devant nous.

À la fin, je me suis débrouillé pour discuter avec le groupe. Depuis ce jour-là, je suis resté ami avec Bob et Ginger qui, plus tard, s'est suicidé d'un coup de fusil dans la tête, nous laissant très malheureux.

Dès que Little Bob Story revenait à Londres, j'accourais pour prendre ma dose de rock'n'roll. Ils restent un des meilleurs groupes que j'ai vus sur une scène. Et je n'étais pas le seul à le penser. Mes amis anglais aussi. Et à part Métal Urbain aussi, qui a sorti un single sur Rough Trade, aucun groupe Français n'a pu se faire une place dans le cœur du public londonien.

Évidemment, lorsque tu habites une ville comme Londres, tu rencontres et te lies d'amitié avec pas mal de Français qui viennent s'imprégner de la folie musicale ambiante.

Ils venaient aux concerts et dévalisaient les magasins de disques et de fringues. Puis ils retournaient à Paris, où ils étaient branchés et jouaient les punks-rockers.

J'ai toujours pensé que les Français de passage avaient le look. Beaucoup plus que nous. Nous, on n'avait pas les moyens de s'acheter des fringues neuves. Alors, on s'habillait dans les magasins de deuxième main et on créait notre mode. En fait, le système était assez simple : les groupes et le public créaient leur propre mode, les magasins copiaient et fabriquaient des vêtements que les touristes achetaient et ramenaient chez eux. La mode qui s'installait peu à peu à Londres était immédiatement récupérée partout ailleurs.

De temps en temps, on apprenait qu'un groupe français venait jouer à Londres. Comme Téléphone, par exemple. Je suis allé les voir au Marquee, en première partie des Modettes, un groupe de filles que je connaissais bien puisqu'elles faisaient notre propre première partie. C'était particulier car, quand le groupe arrivait, la ville était envahie par une horde de Frenchies qui assistaient au concert et repartaient aussi vite qu'ils étaient venus. En revanche, jamais aucun Anglais n'avait vu le show. Mais c'était bien pensé de la part des maisons de disques françaises qui créaient ainsi le mythe de leur groupe. Quand je manageais Zucchero, on opérait de la même façon. On louait une grande salle à Londres ou à New York, et on lançait la vente de billets. On ciblait le public et, en quelques jours, on touchait tous les Italiens de la ville. On distribuait aussi des places gratuites, pour remplir à ras bord, et surtout on invitait tous les médias italiens. Au bercail, tout le monde hallucinait : « Waouh, les English – ou les Amerloques – aiment aussi Zucchero. »

Little Bob n'avait pas ce genre de soutien. Il s'est débrouillé tout seul. Il jouait bien, les Anglais venaient le voir jouer et il avait donc été signé par un label anglais. C'est le seul groupe français qui avait du succès outre-Manche.

Quelques personnalités françaises ont aussi fait leur place sur la scène londonienne.

Marc Zermati en faisait partie. Depuis quelques années, il posait déjà les pierres qui construisaient la révolution punk-rock. Depuis son *open market* à Paris, il contaminait tout. Les Anglais l'adoraient. C'est lui qui a monté le premier festival punk en 1976. C'est aussi lui qui a créé une des premières maisons de distribution indépendantes en Angleterre, Bizarre Records. Enfin, c'est lui qui importait tous les singles des groupes de punk-rock américains, qui explosaient depuis 1975.

Marc venait très souvent à Londres. Passionné de musique, il connaissait aussi bien le jazz que le rock, et il assistait à tous les concerts. Tous les groupes l'invitaient, conscients de l'aide qu'il pouvait apporter pour envahir le marché français. Plus tard, à force d'être dans le circuit et de signer directement des groupes anglais ou américains sur son label Skydog – en hommage à Duane Allman, le guitariste mythique des Allman Brothers, spécialiste de la guitare slide, mort dans un accident de moto –, il est devenu un de leurs partenaires privilégiés sur le marché européen, et même jusqu'au Japon. Marc a tout de même sorti des disques incontournables comme *Metallic KO* des Stooges. Ce n'est pas rien.

Il y avait bien Yves de Vinyl Solution, l'encyclopédie vivante du disque, et Frenchie, gros vendeur de « blues », petites pastilles bleues, qui a ensuite monté son propre label, Flicknife, sur lequel des groupes comme Hawkwind sortaient des disques. Mais Yves et Frenchie, qui vivaient à Londres depuis longtemps, étaient devenus des Anglais. Marc, lui, vivait en France et y faisait son business. Il fallait le faire ! Lorsqu'il a eu des emmerdes et qu'il a passé du temps en taule, les groupes anglais ont organisé spontanément un concert de charité pour l'aider. Les Français l'ont fait aussi, mais bien plus tard.

Quoi qu'il en soit, Marc est un des rares Français à avoir vécu l'époque de l'intérieur. Il a d'ailleurs tout mon respect pour ce qu'il a fait, pour ce qu'il a vécu et pour son attitude.

Marc est l'exemple parfait de l'expression « Nul n'est prophète en son pays ». Autant il a la cote à l'étranger, où on reconnaît en lui un vrai de vrai, autant en France il ne compte pas pour ceux qui trustent le rock dans ce pays.

La situation est simple. Dès qu'on organise en France un événement autour du rock, ils rappliquent, à la télé ou à la radio, et ils expliquent qui, comment, pourquoi... Ce sont toujours les mêmes. Il n'y a pas longtemps ont été célébrés les vingt-cinq ans du punk-rock. Grosse mobilisation en France. Évidemment, ces quelques « incontournables » y étaient. Pas Marc. Pourtant, il ne devait pas être loin, probablement chez lui, à les regarder à la télévision. Ces types sont arrivés, super-lookés – ah ça, le look, ils connaissent et ils le cultivent ! –, et ils ont balancé les histoires de l'époque, auxquelles, évidemment, ils avaient participé ! Tu parles...

Pour moi, soit ils connaissent Marc Zermati, soit ils ne le connaissent pas. S'ils ne le connaissent pas, ils ne devraient pas être là à parler de rock, et s'ils le connaissent, ils auraient dû l'inviter. Ce n'est pas plus compliqué que ça.

On n'a jamais vraiment rencontré ces types à Londres. Au début, ils dénonçaient, je cite, « la nullité de la scène rock anglaise ». Où est le problème ? Il faut bien commencer !

Quand ils ont enfin compris que le mouvement punk était en marche, que rien ne pourrait l'arrêter et que rien ne serait plus comme avant, ils ont retourné leur veste, embrassé le mouvement et l'ont pris à leur compte. Il y a quand même une sacrée différence entre ceux qui se sont mis à aimer – est-ce le bon mot ? – le punk-rock sur le tard et celui qui faisait partie des précurseurs du mouvement. Tu me diras, certains devaient avoir cinq ans en 1977, et écrivent des livres sur le punk-rock et sont invités partout pour en parler ! Comme dit Alain Lahana, si tous ceux qui assurent avoir été au Festival de Mont-de-Marsan étaient en réalité venus, on l'aurait su, on les aurait vus et on n'aurait pas eu de problème de billetterie !

Alors, si on ne voit pas Zermati lorsqu'il faut célébrer les années punk, c'est donc que certains ne veulent pas qu'il y soit. Et la question est : pourquoi ? Sûrement, et tout simplement, parce qu'ils ne veulent pas être cantonnés au rang d'historiens mais qu'on pense qu'eux aussi y étaient ! Je veux bien admettre que ça fait plus sérieux de dire qu'on y était. Au risque de raconter des absurdités. Et si tu as Zermati à côté de toi, il risque de te demander des détails, et même ta carte d'identité pour vérifier ton âge !

OK, je ne vais pas y passer des heures, mais le rock, pour moi, ce n'est pas ça. Le respect est primordial. On est obligé de respecter ceux qui nous ont appris quelque chose dans ce business ! Comme on se doit de respecter tous ceux qui ont, un jour, touché une guitare et qui ont fait avancer le shmilblick, pour tous les plans et toutes les idées qu'on leur a piqués. Alors, qui s'intéresse de savoir si telle pochette est originale ou s'il existe une réédition de tel disque ! Laissons ça aux historiens. Nous, on voulait se battre, réussir ensemble. Tous pour un, un pour tous. C'était ça, la force des groupes qui ont tout cassé et tout changé à la fin des années 1970, ces groupes qui nous occupent, qui nous ont fait rêver et qui ont changé notre vision de la musique et de la vie !

Évidemment, si tu n'y étais pas, tu ne peux pas savoir...

Mont-de-Marsan

— Casse-toi, pauvre con ! lui ai-je dit.

— Henry, arrête, est intervenu Stewart qui essayait de calmer le jeu. Calme-toi.

— Mais, tu ne vois pas que ce « grand » guitariste flippe parce qu'il n'a pas le bon ampli ! Il avait qu'à venir le chercher quand moi j'y suis allé.

— Henry, je tiens à te rappeler que c'est moi qui fais les solos et que le son est très important, me dit Andy.

— N'empêche qu'au lieu de faire tes gammes, t'avais qu'à venir.

— Oh, les gars, vous n'allez pas vous prendre la tête pour un ampli. C'est quoi, le problème ? demanda Sting.

— Le problème, tu le connais ! Il fallait aller chercher les amplis quand ils l'ont dit mais môssieur faisait ses gammes. Je le lui ai dit mais il est resté ici. Andy, laisse-moi finir ! Quand je suis revenu, je lui ai dit que j'avais trouvé un Hiwatt pour moi et je lui ai conseillé de se dépêcher car il n'y avait presque plus rien. Et, maintenant qu'il n'a qu'un combo, il râle. Et il me fait passer pour un con alors que le con, c'est lui.

— Allez, Henry, cool. Il lui faut un bon ampli, m'a dit Sting.

Nous étions backstage, au festival punk qu'organisait Marc Zermati dans les arènes de Mont-de-Marsan. On était en 1977 et c'était la deuxième édition.

Franchement, il fallait déjà le faire, en 1976, d'organiser un festival punk. Mais Marc a toujours eu de l'intuition en matière de musique. Cette année-là, il nous avait invités. Marc et moi étions devenus très proches depuis notre rencontre avec les Flamin' Groovies. Il suivait ce que je faisais. Il se moquait éperdument de Police mais il voulait m'aider.

L'affiche était géniale : les Clash, les Damned, Eddie and the Hot Rods, le Tyla Gang, les Rings avec Henri Paul, les Jam, Little Bob Story, Bijou, Asphalt Jungle, les Boys, Electric Callas, Marie et les Garçons, etc. Tous les Anglais étaient descendus en bus, en plein mois d'août. Après trente-sept heures de route, ils avaient envahi tous les bars pour boire et délirer. À peine arrivé, Stewart entretenait son *public relation.* Sting et Andy traînaient ensemble. Et moi, je retrouvais Marylène qui était venue d'Aix-en-Provence. Nous avons passé un bon moment ensemble, ce qui tombait bien car je n'avais pas très envie de rester avec les autres...

Le premier soir, nous avons admiré les Clash. Nous étions juste devant la scène, face à Mick Jones qui allait et venait en nous mitraillant d'accords rageurs. « Jenny Jones », « Police and Thieves », tout leur premier album y est passé. Un des meilleurs moments musicaux de ma vie. Une sorte de révélation. Ce jour-là, j'ai volé très haut dans le ciel de ma vie, transporté, et j'ai adoré chaque seconde de ce moment. Je n'ai jamais oublié. Parfois, les secondes durent des heures. Celles-là durent encore.

Pendant le concert, une odeur pestilentielle a envahi les arènes et nous a pris à la gorge. Le vent avait balayé cette odeur d'œufs pourris qui venait de la scène. On a vite compris que c'était une boule puante. Une horreur ! Les Clash ont continué à jouer alors qu'une bousculade se déroulait derrière la batterie de Topper.

Marylène et moi avons fendu la foule qui s'agitait, et nous sommes allés dans les coulisses où nous avons découvert Captain Sensible debout sur le toit d'une ambulance. D'après ce qu'on m'a expliqué, c'est lui qui, ivre mort ou pour je ne sais quoi, avait balancé la boule puante. Ensuite, pour échapper aux roadies des Clash, il a sauté de la scène et est tombé à cheval sur une balustrade, se faisant vraiment mal. Je veux bien le croire. Quand l'ambulance est venue le chercher, il a grimpé dessus et s'est payé les Clash en se marrant comme un damné.

C'était aussi ça, Mont-de-Marsan.

J'ai adoré. Le lendemain, lorsque j'en ai parlé aux membres de Police, Andy a rétorqué que les Clash étaient un groupe « de merde » et qu'ils ne savaient pas jouer. Évidemment, j'ai défendu bec et ongles ce que, à ce jour, j'avais vu de plus beau sur une scène.

Et puis, mine de rien, ces punks nous filaient du boulot. On était là grâce à Zermati et sa clique. D'ailleurs, Marc avait carrément mis le dessin de ma tête – pris sur la pochette de notre single « Fall Out » – sur le *backstage pass*, à côté de celle de Joe Strummer et de Paul Simenon, tous les deux des Clash !

En début d'après-midi, Sting et Andy, Ambre solaire en poche, étaient allés se baigner dans la rivière, et maintenant Andy me faisait l'enfer pour un ampli ! Évidemment, entre-temps, il devait faire ses gammes... Ah, je vous jure.

— Tu sais quoi, garde-le, ton ampli, je n'en ai rien à faire.

Et je suis sorti des loges.

Elles étaient situées sous la scène. Ça faisait un bruit ! Parfait pour nous mettre dans l'ambiance avant de jouer. Le truc qui vous motive. À ce moment-là, un groupe de potes à moi était sur scène, les Rings – ou les Maniacs, je ne sais plus car ils venaient de changer de nom –, et je suis allé les encourager. Le guitariste, Henri Paul, un Français qui vivait entre Londres et Paris, se démenait comme un diable avec sa Gibson Les Paul Junior blanche raccordée à un ampli TV, comme son héros, Johnny Thunders. Et puis là, blam !, l'ampli a lâché. Les roadies se sont précipités, ont vérifié, plus rien ne marchait. Pendant ce temps, Henri haranguait la foule déchaînée. Nous, on devait jouer juste après... Ça promettait. Deux roadies sont arrivés avec un double corps Marshall. Il sortait d'où, celui-là ? Génial ! J'ai couru demander au stage manager de le mettre de côté pour moi.

— Pas de souci, Henry, je te le garde au chaud.

Trop content, je suis parti me préparer. On jouait dans une demi-heure.

— Henry, c'est très gentil de ta part d'avoir laissé le Hiwatt à Andy, m'a dit Sting quand j'ai réapparu.

— Pas de problèmes, ai-je répondu en rigolant.

— Merci, Henry, a ajouté Andy.

— Henry, tiens, voilà la *set list*.

Stewart me tendait la liste des chansons que nous allions jouer : « Landlord » ; « Visions of the Night » – chanson que nous allions enregistrer avec John Cale dès notre retour du festival ; « Kids to Blame » – chanson que Stewart jouait avec Curved Air ; « Clouds in Venice » ; « Three O'Clock Shit » ; « Nothing Achieving » – la face B de notre single ; « It's My Life » – chanson des Animals qu'on avait pris l'habitude de jouer, Eric Burdon étant natif de Newcastle, « Fall Out » – notre single ; « How Are You ? » ; « Dead End Job » – qu'on devait enregistrer aussi en rentrant ; et, si on avait un rappel, on ferait une nouvelle fois « Visions of the Night », de quoi la rentrer dans la tête du public.

— Merci, Stew. Et, au fait, j'ai trouvé un bon ampli pour tout à l'heure.

— *Oh, Great*, m'a dit Stewart.

Andy lâche une gamme sur sa Telecaster pendant une seconde.

— Qu'est-ce que tu as trouvé ?

— Un Marshall... Un double corps, ai-je annoncé solennellement.

Sting jeta un œil à Andy pendant que je quittais la loge avec la *set list*. J'ai juste entendu Andy qui en rajoutait :

— Ce n'est pas juste ! Henry a toujours un meilleur ampli que moi !

Le groupe se sépare

— Franchement, ce n'est pas simple, m'a dit Sting gentiment.

Nous étions chez Paul, installés dans le salon où il régnait une chaleur infernale. Sting était torse nu sous sa sempiternelle salopette, à croire qu'il n'avait rien d'autre à se mettre. Il venait de me raccompagner dans sa 2 CV du studio de Bazza, où l'on enregistrait avec John Cale le nouveau single de Police, « Vision of the Night ». C'était la première chanson de Sting que Stewart acceptait.

— Je te jure, je ne m'en sors pas... On ne s'en sort pas, a-t-il continué.

— Oui, je vois bien.

— Non, je ne suis pas sûr que toi, tu vois bien.

Je n'aime pas les confrontations. En tout cas, celles qu'on m'impose. Je me braque. J'ai toujours agi de cette façon. C'est probablement un tort. Je sais que je ne dois pas réagir à chaud. Et pourtant, je jappe !

— Vas-y, accouche ! C'est quoi, le problème ?

Sting a toujours été un type sympa, mais il avait beaucoup changé depuis notre première rencontre. Le groupe aussi avait changé. Il y avait maintenant Andy.

Andy, c'était le nouveau. Il avait trente-quatre ans, dix de plus que nous. Je le trouvais très bon guitariste, mais un peu chiant... Trop vieux, quoi !

Nous existions depuis presque un an. Nous avions démarré en trio et nous étions aujourd'hui un quatuor, mais nous n'étions pas meilleurs qu'au début. La venue d'Andy n'apportait rien. Au contraire.

Le Police qui a suivi celui que nous étions a peut-être été le plus grand groupe pop du monde. Il a donné un bonheur immense à des millions de gens, et permis à Sting, Stewart et Andy de nous éblouir de tout leur talent. Énorme !

Mais bon, lorsqu'Andy est arrivé, le fait est qu'il a plombé le groupe que nous étions. Il n'était pas méchant et il jouait plutôt super bien. Mais ce que nous avions commencé ne pouvait plus continuer. Je parle de « Police Punk rock », enfin, du Police qui voulait être un groupe de punk rock. Je n'ai bien sûr pas la prétention de dire que nous étions les meilleurs. Évidemment que non ! Je ne sais même plus si nous étions un bon groupe.

Et dans le contexte de mon émancipation toute nouvelle et du tourbillon de folie dans lequel j'étais plongé, je vivais cette aventure passionnément, comme une première histoire d'amour...

À l'époque, personne ne pouvait imaginer que Police deviendrait ce qu'il est devenu. Surtout pas nous, et encore moins Andy. Alors oui, je lui en ai voulu lorsqu'il est arrivé et qu'il a planté notre groupe, mon premier vrai groupe, celui qui m'a donné envie de dédier ma vie au rock.

Aujourd'hui, je ne peux que lui rendre hommage pour avoir transformé Police d'une telle façon. Avec le recul, je sais que ce fut une chance formidable pour le public, pour Sting, pour

Stewart, pour lui-même et pour moi. Et sans sa connerie, je ne serais peut-être pas en train d'écrire ce bouquin.

Sans sa connerie, mon nom n'aurait probablement jamais été une des réponses du jeu Trivial Pursuit. À la question : « Quel est le nom du guitariste qu'Andy Summers a remplacé dans le groupe Police », les gens doivent évidemment répondre : « Henry Padovani. » La même question a été posée en France, dans le jeu télévisé « Questions pour un champion ». Là, c'est mon père qui a été fier quand toute la famille et tous ses amis lui ont téléphoné après avoir vu l'émission. D'autant plus que le concurrent avait trouvé la réponse ! Incroyable ! Peut-être est-elle posée de par le monde dans des jeux similaires. Si c'est le cas, j'espère que des gens gagnent grâce à moi. Il serait mensonger de dire que ça ne me fait pas plaisir. Comme dit mon père : « Il a fait connaître notre nom dans le monde entier. » Et la fierté d'un père, ça n'a pas de prix, n'est-ce pas ?

— Tu sais, je n'ai pas d'argent... On n'avance pas, me dit Sting en essayant de me calmer.

Il voyait que je m'énervais et il n'aimait pas ça. Mais moi, je continuais sur ma lancée, agacé qu'il m'explique ce que je savais déjà :

— Qu'est-ce que tu crois ? Que je ne sais pas ? Moi non plus je n'ai pas de blé.

— Oui, mais pour toi, ce n'est pas pareil.

— ...

— Oui, toi, tu es comme en vacances. Tu n'es pas d'ici. Si rien ne se passe, tu peux rentrer chez toi. Moi, je ne peux plus rentrer chez moi.

— Je n'ai aucune envie de rentrer chez moi.

— Tu ne comprends pas...

— Écoute, l'ai-je interrompu, je comprends tout. J'ai toujours tout compris et ce n'est pas parce que je suis étranger que je ne comprends pas.

— Ce n'est pas ce que je voulais dire... Toi, tu t'éclates, tu es dans une spirale de liberté et de folie. Moi, je ne m'amuse pas du tout. Je me demande tous les jours comment je vais faire pour nourrir ma famille. Tu comprends ?

Sting était déjà un grand bassiste et un bon chanteur. En plus, il assurait vraiment sur scène. Mais il vivait très mal sa pauvreté, et peut-être surtout ce succès qui n'arrivait pas, ce manque de reconnaissance.

— Je sais. Pourquoi crois-tu que j'amène à manger quand je passe chez toi ?

— J'apprécie, mais...

— OK, je claque tout ce que je gagne, je saute sur tout ce qui bouge, je prends tout ce qui traîne... Et alors ?

— Je ne te fais pas la morale...

— Sting, de temps en temps, oui, tu me fais la morale ! Ce n'est pas grave parce que je t'aime comme tu es. Mais tu vois, tu me saoules quand je me fais une fille après un concert, que tu arrives et que tu me parles d'amour, de fidélité... Quand on était à Paris et que j'ai ramené la fille dans la chambre d'hôtel, tu étais bien content de participer aussi, non ?

— Qu'est-ce que tu veux que je réponde à ça ?

— Rien... Il n'y a rien à répondre.

Ce sujet détendit l'atmosphère.

— C'est peut-être stupide tout ça, mais dans la chambre d'hôtel, toi et moi on s'est régalés, non ?

— Tu étais complètement saoul. Tu es même tombé du lit pendant que tu t'affairais derrière la fille...

On était morts de rire, mais je sentais qu'il essayait désespérément de me parler.

— Sting...

— Quoi ?

— Je sais que tu as quelque chose à me dire, lui ai-je lancé.

Puis on s'est regardés et j'ai ajouté :

— Vas-y, crache le morceau. C'est Andy ?

Il respira un bon coup et prit une autre gorgée de thé au lait.

— Écoute, je te disais... Ce n'est pas facile ! Andy a des plans, des sessions où il pourrait nous impliquer.

— Tu veux dire, nous tous ?

— Justement, Henry, seulement Stewart et moi.

— Ça me semble normal, vous êtes deux très bons musiciens...

— Et il veut continuer le groupe... Mais à trois, sans toi.

Je m'y attendais depuis quelque temps. Et sûrement qu'Andy avait son idée. Je me demandais ce que Stewart en avait pensé. Comme s'il pressentait mes questions, Sting continua :

— Tu sais, Stewart n'était pas d'accord. Quand Andy nous en a parlé, pendant qu'on faisait le truc avec Mike Howlett, à Paris...

C'était à cette occasion que nous avions rencontré Andy. Mike Howlett, qui avait monté un groupe éphémère, Strontium 90, pour un concert en l'honneur de Gong à l'hippodrome de Paris, cherchait des musiciens, et avait engagé Andy, Stewart et Sting. Après le concert, Andy a rejoint Police.

J'ai essayé de plaisanter mais la discussion était importante pour lui. Moi, je ne suivais plus. Je n'avais pas envie de parler de tout ça. Je sentais le coup venir. OK, ils voulaient continuer tous les trois. Je trouvais ça idiot. Je pensais qu'on aurait pu continuer comme à quatre. Je n'aime pas arrêter en cours de route. Je n'ai jamais aimé ça. Pourquoi arrêter ? La vie est toujours compliquée.

— Excuse-moi, continue.

— Quand Andy nous a parlé de son projet, Stewart a refusé. Il voulait qu'on essaye tous les quatre. Moi aussi. Et on a essayé, non ?

Je ne répondis pas.

— Mais tu sais, avec Andy, on aura plus de possibilités. C'est dur à dire ! Et moi j'arriverai à placer des chansons. Tu vois, lui, il me pousse à écrire mes chansons, il aime ce que je fais.

Il tournait autour du pot.

— C'est vrai, il te soutient, et puis il assure vraiment avec tous les accords qu'il connaît.

Je l'aidais. Ça m'embêtait de le voir comme ça. J'avais compris que les autres lui avaient demandé de s'occuper de la corvée.

— Voilà ! Toi, tu es rock'n'roll et tu seras certainement un excellent guitariste mais pour l'instant, tu apprends encore. Lui, il a joué avec tout le monde et il connaît le jazz sur le bout des doigts. Tu sais, c'est important pour moi.

— Je vois bien que ça ne peut pas marcher tous les quatre. Je suis sûr que c'est mieux à trois, toi, Stewart et Andy. Tu as bien vu la dispute à Mont-de-Marsan et aujourd'hui avec John.

— Quel crétin, ce John Cale. Il n'avait pas besoin de faire ce plan à Andy. En plus, il était bourré. Il s'est moqué de nous.

— J'ai bien aimé ce type.

— Ça ne m'étonne pas de toi. C'est ton genre. Je suis sûr que tu t'entendrais bien avec lui. Mais ce qu'il a fait à Andy n'était pas cool.

— Et Stewart, qu'est-ce qu'il en pense ?

— Lui non plus n'est pas content. Il a l'impression d'avoir gaspillé la session.

— OK. Et Andy ?

— Qu'est-ce que tu crois ? Il voulait le tuer ! Et toi, tu rigolais, comme d'habitude, et quand John t'a demandé de faire le solo, tu n'as rien compris...

— Pourquoi aurais-je dit quelque chose ? J'étais content. Il appréciait mon jeu de guitare et ça m'a fait plaisir. Surtout qu'Andy voulait faire toutes les parties de guitare seul... Et vous qui ne disiez rien... Enfin bref, c'est passé, tout ça.

Sting regardait sa tasse de thé.

Je l'ai relancé :

— Et quand John a dit à Andy : « OK, tu veux faire le solo ? Alors fais-le sur la guitare d'Henry ! » La tête qu'il a faite...

Comme Sting ne mouftait toujours pas, je lui ai envoyé :

— Ils t'ont désigné pour me dire que le groupe était fini ?

Il a relevé la tête et m'a regardé dans les yeux :

— Oui.

— Tu sais, c'est OK. Pas de souci, Sting, c'était écrit.

— Je suis désolé. Stewart et moi, nous t'aimons.

— Je sais...

— Tu m'as sauvé la vie ! Ça, je ne l'oublierai jamais.

— Arrête. Et puis, j'ai sauvé la mienne par la même occasion.

Voilà, c'était fait. Sting se sentait mieux, et moi aussi.

Je savais exactement ce que j'allais faire. J'irais en Corse, passer un bout de l'été au soleil, retrouver mes parents, mon frère, ma sœur et mes amis. Ça faisait déjà un an que j'étais parti, en annonçant que je serais de retour dans quinze jours...

Je savais également que je reviendrais à Londres. Très vite. Tout ce rock'n'roll ne pouvait que me manquer.

Les clubs de Londres

Lorsque je repense à la vie qu'on menait à Londres, il me vient toujours à l'esprit les paroles de « Night Time », ou « Nitetime », comme on l'écrivait aussi parfois, une chanson que je reprendrais sur scène avec les Electric Chairs puis avec les Flying Padovani's.

Cette chanson dit : « *The night time is the right time.* » La nuit, c'est le moment juste, ou le bon moment – comme on veut –, c'est là que tout se passe. Et comme continue la chanson : « Je veux être avec toi quand vient la nuit. » Ça résume bien notre existence londonienne : on sortait tout le temps !

Nous n'allions jamais en boîtes de nuit ou discothèques. Ce qu'on voulait, c'était écouter de la musique et, surtout, découvrir des groupes sur scène. Alors, on allait là où on pouvait les voir jouer, dans les pubs et les clubs.

Les pubs fermaient de bonne heure, vers vingt-trois heures, et les clubs à deux heures du matin. On organisait donc notre soirée pour pouvoir entendre le plus de groupes possible, et, si on se débrouillait bien, on assistait jusqu'à six concerts toutes les nuits, dans des genres parfois très différents.

Au début, il y avait des mélanges assez détonants. Les groupes de rock, on va dire classiques, devaient partager l'affiche avec les punks qui déferlaient depuis peu, poussés sur scène par des agents qui cherchaient à tout prix à placer leurs poulains dans la programmation des clubs toujours avides de tester de nouveaux groupes.

Ça ne devait pas être facile pour tous ces groupes de rock de se faire voler la vedette par des jeunes qui, s'ils attiraient beaucoup de monde, amenaient avec eux leur propre public, une foule de jobards plus ou moins fréquentables. D'autant plus que, si les découvreurs de talent des maisons de disques couraient tous les concerts de la ville, ils ne prêtaient plus la moindre attention aux « anciens ».

Mais ça a eu le mérite de donner un bon coup de pied au derrière à tous ces groupes qui perdaient leur influence. Ils se sont soudain souvenus qu'ils étaient aussi là pour faire danser les gens, et les tempos se sont accélérés.

Le premier soir de mon arrivée à Londres, Paul m'avait emmené au Dingwalls, un club situé à Camden. Ce n'était pas loin de là où nous logions, à Islington, et nous pouvions rentrer en taxi après la soirée sans nous ruiner. Ce club est devenu un de mes endroits préférés. J'y ai découvert de nombreux artistes et je m'y suis fait beaucoup d'amis. Comme Mick Green, le guitariste d'un de mes groupes favoris, les Pirates. Mick a énormément influencé Wilko Johnson, de Docteur Feelgood, et il avait tout le respect de pointures comme Pete Townsend, Eric Clapton et Jeff Beck. Moi, je ne manquais jamais d'aller le voir jouer.

C'est aussi là-bas que j'ai rencontré Wayne County and the Electric Chairs pour la première fois. Par la suite, nous y avons souvent joué ensemble, nous retrouvant un soir dans les minuscules loges en présence de Frank Zappa, amené par une très jeune Kirsty Mac Call. J'y ai aussi joué plusieurs fois avec Police.

J'aimais aussi beaucoup le Vortex, où j'ai joué avec Police et avec Wayne. C'est dans ce club que j'ai entendu pour la première fois un de mes morceaux favoris, « Cocaïne in My Brain » de Dillinger, un mélange de reggae et de punk. En fait, le DJ jouait de tout et nous, on dansait sur tout. C'était ça, Londres à cette époque, pas de discrimination musicale, ni sexuelle, ni raciale ni même politique.

Un soir, des amis corses, Armand Dussol et Paul Ricci sont venus au Vortex me voir jouer avec Wayne County. Armand m'a beaucoup appris sur la guitare et sur la musique en général pendant mon séjour à la fac d'Aix-en-Provence. Très bon musicien, il était toujours prêt à me montrer de nouvelles techniques pour que j'améliore mon jeu. Aujourd'hui, je vois Armand encore très souvent, et son bégaiement me fait mourir de rire. D'ailleurs, de cette bande d'étudiants avec qui je faisais de temps en temps des soirées corses, au Richelm chez Banane, je me rappelle aussi Paul Quastana. Il jouait bien de la guitare et lui aussi m'a montré des trucs. C'est aujourd'hui un des grands leaders nationalistes avec Jean-Guy Talamoni. Je me souviens de l'avoir regardé lors de son passage à « Tout le monde en parle » de Thierry Ardisson. Sa présence sur le plateau était vraiment imposante. Taciturne et déterminé, il en était presque intimidant. À la fin de l'émission, il a participé au *blind test*, reconnaissant tous les morceaux avant tout le monde, à la grande surprise de Thierry Ardisson et des invités. Il se permettait même de rajouter des détails, comme l'année et le titre du disque, les noms des musiciens... Hallucinant ! Dernièrement, un ami m'a rapporté des paroles de Paul à mon propos : « L'élève a dépassé le maître. » Merci Paul.

Donc, Armand Dussol et Paul Ricci ont assisté au set avec Pete Townsend et Keith Moon qui dansaient à côté d'eux, totalement saouls. Ils n'arrivent toujours pas à y croire...

J'ai aussi souvent traîné au Marquee, en plein Soho, sur Wardour Street. J'y ai aussi joué avec Police et Wayne. J'y ai même fait l'amour à Jane, une Irlandaise, coincé entre elle et le public, tout en regardant Ultravox sur scène. Billy Currie, le violoniste, a dû nous remarquer car il a passé tout le concert à nous observer avec un grand sourire.

Le Marquee accueillait les meilleurs groupes, d'Elvis Costello à ZZ Top, et je m'y suis véritablement régalé, autant les yeux que les oreilles. C'était un des endroits incontournables de Londres. Un lieu mythique dont on pouvait sentir les vibrations. Et puis, le type de la caisse à l'entrée me connaissait bien et me laissait passer à chaque fois. Plus tard, ils l'ont déplacé à Charing Cross Road. Le nouveau Marquee n'avait rien à voir avec l'original. J'y ai joué avec les Flying Padovani's et ce n'était plus pareil. Quel dommage qu'ils n'aient pas réussi à sauver ce club mythique, comme nous avons sauvé l'Olympia à Paris.

Comme je l'ai déjà écrit, je me suis vraiment lâché lorsque je suis arrivé à Londres. J'ai connu tout le monde, et tout le monde me connaissait.

Lorsque le Music Machine a ouvert, à Camden, nous avons trouvé notre refuge. Pas loin de chez moi et ouvert tard, impeccable. Au bout d'un moment, quand les videurs ont commencé à nous connaître, on entrait gratuitement. Puis, en sortant, on récupérait des photocopies de billets de banque qui étaient des passes pour les soirées suivantes.

C'est là-bas que, avec Guy Robin, connu en France sous le nom de Gadget, on a fini la soirée après le concert d'Ultravox, en compagnie de Jane l'Irlandaise et de sa copine Sue, et nous avons continué ce que nous avions commencé au Marquee. Ensuite, nous sommes rentrés chez moi, très tard, et nous avons trouvé Paul et Stewart en grande discussion. Nous sommes allés directement dans ma petite chambre, les laissant tambouriner à la porte pendant que nous échangions, Guy et moi, nos points de vue sur les qualités sexuelles de nos compagnes, preuves à l'appui.

Le Music Machine était très grand, probablement mille cinq cents places réparties sur plusieurs étages, avec trois ou quatre bars, dont un près de la scène, rempli de musiciens et de groupies, et un autre au dernier étage pour les VIP. J'y ai joué plusieurs fois avec Police, sans et avec Andy, et avec Wayne. Généralement, tous les groupes aimaient s'y produire et gagner de l'argent.

On apprenait très vite comment fonctionnait le business des concerts. Il y avait un fixe et un pourcentage. Dans le moindre petit pub ou petit club. Le système était très bien structuré. Il permettait aux jeunes musiciens de gagner leur vie et à ceux qui tiennent un bar d'y attirer du monde. En Angleterre, pas d'intermittence. Une seule solution : jouer et faire en sorte que le public vienne. Pas de relâche. Au Music Machine, quand on jouait avec Wayne et que l'endroit était plein, on gagnait beaucoup d'argent. On « cassait le pourcentage » !

Il n'y avait pas que les clubs et les pubs qui programmaient des groupes. Il y avait aussi les universités. Tous les étudiants venaient s'éclater. Mais c'était surtout pendant les week-ends. Avec les Flying Padovani's, on avait la grosse cote à l'Imperial College, derrière l'Albert Hall, en plein Kensington.

Et puis, pour finir, deux mots sur les incontournables gros théâtres, comme l'Hammersmith Odeon, le Dominion, l'Astoria, le Rainbow, l'Albert Hall, le Lyceum, et les stades comme Wembley et l'Arena. Ces lieux ne programmaient que les groupes très connus.

Voilà le réseau de nos nuits londoniennes, avec peut-être un ou deux endroits de plus, comme le Speakeasy, qui était plutôt une boîte de nuit. On y rencontrait parfois des mecs comme Johnny Thunders en goguette avec Steve Jones ou Phil Lynott, et on savait que leur nuit serait longue, très longue. J'y ai joué avec les Flying, et on a eu le plaisir d'y voir Bruce Springsteen comme spectateur, qui est venu nous féliciter dans les loges.

Ça nous faisait beaucoup de lieux à visiter et ça nous demandait une organisation très élaborée. On prenait *Time Out* ou un des hebdos musicaux comme *Sounds*, le *Melody Maker* ou le *NME*, et on se lançait : « OK, ce soir il y a les Damned au Greyhound... Les Boys au Music Machine... Les Pirates au Marquee... Humm... J'irai demain au Marquee car il y a Rico qui y joue. Je l'ai déjà vu en première partie de Bob Marley et je voudrais le revoir... Attends, y a un truc spécial à la Roundhouse : X Ray Spex, Black Slate, Dead Fingers Talk et Sadista Sisters... Une livre cinquante l'entrée... Ouais, je vais là-bas et ensuite je fonce au Marquee... Ça fait juste, je vais rater Sadista Sisters, mais je vais revoir les Pirates... Bon, j'irai deux fois au Marquee en deux jours, mais c'est pas grave, je paye pas et je m'éclate ! »

En même temps, on en profitait pour aller voir James Brown à l'Hammersmith Odeon, ou Martha Reeves and the Vandellas au Dominion. On allait aussi obligatoirement applaudir les Shadows, ou Screamin Lord Sutch ou Gary Glitter. Et si on apprenait que Taj Mahal jouait quelque part, on y allait en courant.

On suivait certains groupes à tous leurs concerts. Parce que c'étaient des amis, comme Siouxie and the Banshees ; parce qu'ils avaient fait notre première partie, comme Adam and the Ants qu'on voyait évoluer ; ou parce qu'ils étaient venus dans les loges nous raconter qu'eux aussi voulaient monter un groupe, comme Boy George qui était toujours collé devant la scène du Eric's à Liverpool et qui était fou de Wayne... Et puis, il y avait tous ces groupes qui montaient, qui descendaient, et qui jouaient toujours. Ces groupes qui existaient avant qu'on arrive, qui existent encore, et qui existeront toujours.

Bref, quand on va partout, tous les jours pendant sept ans, on voit beaucoup de groupes différents. Alors, comme je ne peux pas lister tous les pubs, tous les clubs, tous les endroits où j'ai été, je ne peux pas me souvenir de tous les groupes que j'ai vus, grands ou petits, souvent bons ou parfois mauvais, et d'ailleurs peu importe s'ils étaient grands ou petits... Imaginez plutôt tous ces endroits et tous ces groupes, tous les soirs, tout le temps... On était pris dans un tourbillon infernal qui dévorait tout et qui recrachait du rock'n'roll. On était accros et on en redemandait... tous les jours !

Roxanne

Une foule de choses ont été écrites sur Police. Et dans la plupart des livres que j'ai lus, les journalistes écrivent n'importe quoi. Ils inventent des histoires et des raisons, ils cherchent à vendre du papier à des fans prêts à tout acheter... Mais ils ne savent rien, ou presque. D'ailleurs, peu de gens connaissent l'intimité même des groupes, comment ils se rencontrent, comment ils se séparent, comment et pourquoi ils écrivent, comment naissent les chansons... « Les groupes sont comme des mariages sans sexe » – je crois que c'est Sting qui disait ça.

Si le destin de Police a été unique et si sa musique a touché le monde entier, son histoire est comme celle d'un autre groupe. Ni plus ni moins. Surtout, son histoire est intimement liée à celle de son manager, Miles Copeland, le frère de Stewart. Sans lui, le groupe serait mort à la naissance.

Lorsque j'ai été écarté et que le groupe est devenu celui de Stewart, Sting et Andy, leur vie ne s'est pas améliorée pour autant. J'allais les voir jouer quelquefois, quand l'emploi du temps que j'avais maintenant avec Wayne County and the Electric Chairs me le permettait. Franchement, ce n'était pas évident. En général, il n'y avait pas grand monde, sauf les inconditionnels : Sonja, Carol, Frances, mon ami Paul Mulligan, Ian parfois, rarement Miles.

Je me souviens d'un de leurs concerts, à l'Hope and Anchor à Islington, où nous n'étions que six dans la salle. Très dur ! Ce soir-là, pendant « Fall Out », Sting a crié « Henry » avant le solo de guitare. En fait, ils jouaient toujours le même set, les mêmes chansons, et si la manière avait changé –, Andy apportait beaucoup – c'était un peu tristounet, comme si l'envie avait disparu. Après le concert, je suis allé papoter avec eux. Finalement, j'étais celui qui s'en sortait plutôt bien. Avec Wayne, nous venions de remplir la Roundhouse. Je gagnais bien ma vie, alors qu'eux, ce soir-là, ils avaient perdu de l'argent. J'ai senti que Sting était vraiment au bord du gouffre. Bien sûr, j'ai tenté de leur remonter le moral, mais tout allait mal. Ils cherchaient désespérément un manager, mais les personnes contactées par Stewart refusaient les unes après les autres, et ils n'arrivaient pas à enregistrer leur premier album.

Quelques mois plus tard, avec de l'argent emprunté à Paul Mulligan, ils ont réussi à enregistrer une quinzaine de chansons, et ils ont fait venir au studio des « investisseurs » potentiels pour les écouter. Ils jouaient leur va-tout ! Tout le monde est passé et tout le monde a passé. Le dernier appelé fut Miles Copeland.

Dans ces circonstances, Stewart vivait un échec total. Son groupe, sa création, était sur le point de se séparer et Miles, qui venait d'obtenir une première place dans les *charts* avec Squeeze, représentait son dernier espoir. Espoir bien faible dans la mesure où Miles avait toujours pensé que leur musique ne pouvait pas marcher. Pourtant, Stewart continuait d'imposer sa direction artistique au groupe, il le tenait d'une main de fer, régentait tout, faisait les comptes et écrivait les chansons. Et souvent, il pensait, comme Miles, qu'ils avaient fait une belle boulette en se séparant de moi, qui étais le « seul punk » du groupe, et qu'il aurait dû continuer avec moi, à trois ou à quatre. Il se rendait compte aussi que, même si leur musique était plus élaborée ou mieux jouée, elle ne trouverait jamais sa place dans le contexte punk du moment. Que tout le monde percevait Andy comme un vieux et que la presse ne portait aucun intérêt à Sting, malgré sa belle gueule et ses capacités vocales. Bref, la situation était catastrophique.

C'est dans ce contexte que Miles est arrivé au studio. Il a tout écouté et son verdict fut terrible, sans appel :

— C'est nul ! Ce n'est pas ce que les gens veulent entendre et ça ne marchera jamais.

Stewart était atterré. Il voulait convaincre son frère de leur donner une chance, sans résultat. Cependant, Miles était un type patient et honnête. Il aimait beaucoup ces trois garçons et il souhaitait les aider.

— Allez, faites-moi encore écouter quelque chose, même des ébauches...

— C'est bon, Miles, tout est là, a coupé Stewart. Si tu n'aimes pas, tu n'aimes pas. Mais ce n'est quand même pas possible, personne n'a envie de sortir notre musique ou de nous manager. Tu es mon frère, tu pourrais nous aider ! Tu connais bien A&M, tu pourrais aller les voir avec ces chansons...

— Stewart, tu ne comprends pas. Personne n'en voudra !

La conversation se déroulait entre les deux frères, et les autres écoutaient. Sting devait bouillir. Il comprenait qu'il avait travaillé toute sa vie à améliorer sa technique et son écriture, et que ça ne servirait à rien. Il pensait que tous les groupes qui marchaient et qui squattaient les charts étaient nuls, qu'ils ne savaient ni jouer ni écrire. Et puis, Stewart ne le laissait pas placer une seule de ses chansons...

— Et la chanson de Sting ? est intervenu l'ingénieur du son.

— Fais écouter, a dit Miles.

— Oublie, s'est emporté Stewart. Si tu penses que ce que tu as entendu ne marchera pas, celle-là marchera encore moins. C'est une chanson d'amour et personne n'a envie d'écouter des chansons d'amour !

Sting n'a rien dit, mais il devait ne plus se sentir à sa place. Peut-être devait-il accepter la proposition de Gerry, son pote de Last Exit, et partir jouer sur une croisière, gagner de l'argent. Parce que là, ça ne le faisait plus du tout.

— Je suis venu pour écouter vos morceaux, a dit Miles. Alors, faites-les-moi écouter !

Stewart a bien tenté de protester, mais personne ne l'a entendu car l'ingénieur avait déjà lancé le magnéto et envoyé la chanson. Les premiers accords de « Roxanne » envahirent le studio, coupant la parole à Stewart.

À la fin de la chanson, personne n'a rien dit. Sting se sentait ridicule et regardait par terre. Il savait qu'une fois de plus on allait lui envoyer dans la figure qu'il s'était gouré d'époque...

— Les mecs, vous avez écrit un classique, s'est enthousiasmé Miles.

Sting a relevé la tête.

— Continuez ! Faites-en d'autres. Moi, je prends une cassette et demain je vous trouverai un contrat.

Le groupe se regardait, incrédule, pendant que Miles leur tapait dans le dos, frénétique. Puis il a embrassé Sting et lui a dit : « Je savais que je pouvais compter sur toi. »

Stewart était heureux. Son groupe venait d'avoir un sursis, et peut-être que cette fois les choses allaient bouger. Avec Miles à bord, c'était bien parti. Pourtant, il ne comprenait pas vraiment. Bien sûr, c'était une bonne chanson, et Sting en avait d'autres comme celle-là, mais... Bref, ne pas trop réfléchir.

Sting aussi était heureux. On venait de reconnaître son talent. « Un classique », avait dit Miles, un classique ! Et puis, il venait de remporter une victoire sur Stewart, sur cet Américain qui pensait avoir toujours raison et qui refusait toutes ses chansons.

Stewart est allé taper dans les mains de Sting qui l'a embrassé.

Voilà, Police était né pour de bon. Mais peut-être que ce jour-là, pendant cet instant magique, les semences de la discorde et de la séparation venaient d'être plantées en même temps... Mais c'est une autre histoire.

Wayne County : Play Misty for Me !

— Attends ! Greg me bloquait le passage avec son bras. Je vais sortir le premier, avec Wayne tout peut arriver.

Puis il a ouvert la porte du hall de la vieille maison victorienne, et il a jeté un coup d'œil des deux côtés de la rue.

— Ça va, la voie est libre.

Je m'inquiétais quand même, et c'est le cœur battant que je suis sorti du squat. Pourtant, avec Greg Van Cook, qui était devenu mon meilleur ami du moment, je ne craignais pas grand-chose. Il faisait presque deux mètres et il avait été boxeur poids moyen à New York. Il racontait même qu'il avait gagné les Golden Gloves. Peut-être qu'il n'y a que participé, mais il nous a montré une photo où on le voit plus jeune, torse nu avec un short Everlast et des gants de boxe, les bras levés en signe de victoire. Cependant, comme il était toujours pratiquement saoul, c'était dur de comprendre ce qu'il disait. Alors, je n'ai jamais su s'il avait gagné ou pas. Mais j'étais convaincu qu'il devait bien encaisser les coups, et même frapper très fort. Dans une bagarre de rue, il devait faire très mal. D'ailleurs, j'ai toujours imaginé ce descendant d'émigrés hollandais, ce costaud de Brooklyn fonçant tête baissée et les poings en avant dans la moindre bagarre.

Enfin, c'est comme ça que je le voyais, ce gros nounours qui jouait de la guitare comme un dieu, comme Jeff Beck au temps des Yardbirds. Il possédait une magnifique Gibson Les Paul Black Beauty avec des micros P.A.F. (patent applied for), et le son était énorme dans un ampli Marshall. J'étais en totale admiration devant son jeu de guitare, et je n'étais pas le seul. La première fois que Stewart et moi avions vu les Electric Chairs au Dingwalls, nous étions restés sous le charme. Du groupe, bien sûr, mais surtout de Greg Van Cook. Nous étions allés les voir car Miles avait organisé une tournée de groupes américains, dont Cherry Vanilla et Wayne County and the Electric Chairs, et nous savions qu'à un moment ou un autre Police ferait leur première partie.

Le problème avec Greg, c'est qu'il devait avoir le cerveau d'un enfant de douze ans et qu'il buvait tout le temps. Non seulement il picolait, mais il prenait aussi des cachets, pour doubler les effets de l'alcool et pour que ça lui coûte moins cher. Comme Janis Joplin, sa boisson favorite était le Southern Confort – un liquide sucré ignoble –, et comme elle, il le buvait à la bouteille. Nous aussi on s'y était mis, mais on l'allongeait avec de la limonade. On achetait des bouteilles d'un quart de litre, et on les glissait dans la poche portefeuille... Comme de vrais pochetrons.

Lorsque Police et les Electric Chairs ont tourné ensemble, on a vite compris que Greg était le petit ami de Wayne, et je me suis toujours demandé si Greg comprenait quelque chose à tout ça. En tout cas, Wayne l'aimait vraiment et il l'avait amené en Europe.

Lorsque je suis rentré de Corse, en septembre 1977, après mon départ de Police, j'ai appelé mes amis et Greg en faisait partie. On s'est vus pas mal de fois. On traînait dans les pubs et les clubs, et on allait souvent chez moi pour jammer des heures entières. On appréciait réciproquement notre façon de jouer et il y avait du respect entre nous. En général, il finissait ivre mort et dormait sur le divan. Le temps de la jam, il avait vidé mon bar en plus de tout ce qu'il avait amené avec lui.

Les Electric Chairs venaient de finir l'enregistrement de leur premier album, *The Electric Chairs*, et ils allaient partir en tournée. Pour recréer le son sur scène, ils avaient besoin d'un autre guitariste. Après l'arrivée de leur nouveau batteur, John Johnson, J.J. comme on l'appelait, ils ont commencé les auditions. Bien sûr, Greg leur avait parlé de moi, mais Wayne ne voulait rien entendre. Il se méfiait de moi, il pensait que j'avais une mauvaise influence sur Greg... Bref, il n'aimait pas que Greg traîne avec moi et il nous soupçonnait de ramener des filles chez moi. À force d'insister, et surtout parce qu'il ne trouvait pas de guitariste qui lui plaise, Greg a réussi à convaincre Wayne de me donner une chance. J'ai déboulé un après-midi dans leur salle de répétition, et j'ai assuré sans problème. Greg et moi nous étions complices et ça s'entendait.

Ce premier jour, j'ai appris six chansons. À un moment, Wayne est venu vers moi et il m'a dit :

— *Are you a junkie* ? (Es-tu un junkie ?)

— Moi ? Tu rigoles, je n'ai jamais touché d'héroïne de ma vie. Ce n'est pas mon truc.

— T'es sûr ?

— *Gospel truth, Wayne* ! (Sur la Bible, Wayne !)

Il m'a reposé la question deux ou trois fois, et finalement :

— Tu veux jouer avec nous ?

— J'aime ce que vous faites et je suis libre, alors j'adorerais jouer avec vous !

— Bienvenue dans les Electric Chairs, Henry.

Et voilà, j'étais devenu une chaise électrique. Pas mal pour un ex-policier... Décidément, je n'en sortais pas. En attendant, il y avait du boulot. Quelques jours après, nous devions assurer à la Roundhouse. Une grande salle près de Camden. D'ailleurs, j'ai prévenu tout mon entourage. Je n'étais pas peu fier. Du coup, Greg a eu la permission de rester chez moi, enfin chez Paul, pour m'aider à apprendre le reste des chansons. J'ai tout appris en deux jours.

— La voie est libre, Henry, suis-moi.

J'ai donc suivi Greg dans la rue. Il a scruté la pénombre devant le 8, Queensgate Place et on est partis vers le métro.

— Mais qu'est-ce qui se passe ?

— Tu ne connais pas encore Wayne. C'est un fou. Il est capable de tout !

Pendant les cinq cents mètres qui nous séparaient de la station de Gloucester Road, Greg se retournait sans arrêt. Je n'en menais pas large non plus. C'est vrai que j'en avais entendu pas mal sur Wayne et sur ses crises de violence. Une fois, il avait frappé un type qui essayait de grimper sur scène avec le pied de son micro et lui avait cassé une clavicule. Wayne, qui était en pleine mutation et prenait des hormones qui lui faisaient pousser des petits seins, était quand même un costaud qui faisait un mètre quatre-vingt. En plus, il avait appris à se défendre en Géorgie du Sud et à New York. Dur d'être un travesti au pays des Red Necks.

On est arrivés sur le quai et on a attendu le train. Au bout de quelques instants, Greg m'a donné un coup de coude. De l'autre côté du quai, Wayne nous observait. Sans rien dire, sans faire de signe amical, rien.

Il nous regardait, avec son sempiternel bonnet de laine sur la tête, sa veste militaire et son pantalon de treillis, un sac plastique à la main. Il avait franchement un air malsain et son regard était vicieux.

Un wagon s'est arrêté devant nous et on est montés sans attendre. Je n'ai pu m'empêcher de regarder dans la direction de Wayne, mais il avait disparu. Un petit frisson m'a parcouru.

— Où est-il ?

— Je ne sais pas, mais reste sur tes gardes, Henry, ce type est un malade !

On venait juste de finir les photos de presse pour la tournée, dans la chambre de Val Haller, le bassiste. Cette chambre deviendra plus tard la mienne lorsque je quitterai l'appartement de Paul pour m'installer dans le squat avec toutes les Chairs. Wayne avait insisté pour que je sois à côté de lui pendant la prise de vue. Je sentais qu'il n'était pas dans son assiette. Je l'ai compris tout de suite. Ils s'étaient disputés avec Greg juste avant. On avait tout entendu. Wayne, avec sa voix perchée, lui demandait de rentrer au bercail, et Greg, qui n'alignait que quelques mots, tentait de lui expliquer qu'il préférait rester chez moi pour travailler. En fait, Greg avait rencontré Marguerite, une costaude comme lui, et il s'en donnait à cœur joie. Pas chez moi, mais chez elle. J'avais pourtant expliqué à Wayne que Greg était toujours seul chez moi et que je ne tolérerais pas qu'il amène quelqu'un « chez Paul », que je n'avais pas le droit de le faire selon les instructions de Paul et qu'il pouvait être rassuré. Mais Wayne ne me croyait évidemment pas. Il était jaloux et un travesti éconduit et jaloux, c'est dangereux.

Après avoir acheté quelques bières au Pakistanais du coin, Greg et moi sommes rentrés chez Paul et on a jammé toute la nuit.

Le lendemain, le téléphone a sonné :

— Henry ? a demandé une voix féminine et lancinante.

— Oui. Qui est-ce ?

— C'est Wayne. La voix était calme et étrange. Je suis dans une cabine téléphonique tout près de chez toi, et… je suis sûr que Greg est chez toi avec Marguerite.

— Écoute, Wayne, Greg est là, mais il est seul. OK ?

— Perds pas ton temps à me raconter des salades…

— Je suis sérieux, tu veux vérifier…

La voix douce continuait, sans m'écouter, clairement, lentement.

— Tu connais *Play Misty for Me* ? Voilà ce que je vais te faire.

— Wayne ? Wayne ?

Je n'entendais plus que les bips du téléphone. Il avait raccroché.

Greg avait raison. Ce type était complètement dingue. *Play Misty for Me* est un film avec Clint Eastwood. Il joue le rôle d'un DJ qui a une aventure d'un soir avec une fille qui lui téléphone toutes les nuits à la station de radio pour lui demander de passer le disque « Misty » de Errol Garner, et qui ne veut plus le lâcher. Surtout après lui avoir expliqué qu'il est fiancé et que c'était juste pour un coup. Elle finit par s'acharner sur la femme de ménage à grands coups de couteau et kidnappe la petite amie du DJ, etc. Michael Douglas et Glenn Close ont fait un remake de ce film avec *Liaison fatale*. Enfin, c'est le genre de chose qui vous fout la trouille !

— Greg ! Greg ! Réveille-toi !

J'ai été dans la petite chambre où Greg dormait, et je l'ai réveillé.

— Qu'est-ce qu'il se passe… ?

Je lui ai tout raconté.

— Ce mec est malade. Je vais attendre un peu avec toi, puis je me casserai. Je vais retourner au squat.

Il s'est levé et s'est habillé en deux secondes. Ensuite, il est sorti de l'appartement, comme un Sioux, aplati dans les escaliers, et il a risqué une tête dans la rue. Je l'ai vu se redresser et monter normalement. Il a disparu pendant quelques minutes et il est revenu.

— Alors ?

— Il n'y a personne. Il n'est pas là. Qu'est-ce qu'il fait froid !

Greg était sorti en tee-shirt et, en ce matin d'automne, c'était clair qu'il ne faisait pas chaud.

Il rentre et va dans la cuisine brancher la bouilloire pour un café.

— Qu'est-ce que tu en penses ?

— J'en sais trop rien... Je vais attendre encore un peu avec toi, puis je rentrerai au squat.

Il était onze heures du matin, on n'avait pas beaucoup dormi et Greg n'était plus saoul. Normal, quoi.

— J'ai une idée, ai-je dit. Je vais appeler le squat et demander à Val si Wayne est là-bas.

— Bonne idée ! Il est un peu tôt, mais le Révérend est peut-être debout.

Le Révérend, c'est le nom qu'on donnait à Val, le bassiste. Son vrai nom était Adrian Osbourne. Il était orphelin et il avait été élevé par un pasteur et sa femme, les Osbourne.

— Allô ?

J'étais content de reconnaître l'accent parfaitement British de Val. Je n'avais pas envie de tomber sur Wayne.

— C'est Henry.

Et sans lui laisser le temps de parler, j'ai ajouté :

— Je voudrais savoir si Wayne est là.

— Wayne ? Non, il n'est pas là. Il est parti hier soir, juste avant vous, je crois. Qu'est-ce qui se passe ?

— Rien, rien... Je suis avec Greg. On voulait savoir, c'est tout.

— Ouais… Tiens, profites-en pour dire à Greg de ne pas trop faire flipper Wayne… Enfin, tu vois ce que je veux dire, il est jaloux et c'est un fou.

Encore un qui me disait que Wayne était dingue.

— Oui, Greg et moi, on a parlé…

— Henry, ce sont deux fous. Ils sont aussi jobards l'un que l'autre. Ne te mêle pas de leurs histoires.

— J'essayais simplement d'aider Greg. Il est content d'avoir un toit et de ne pas être obligé de rester tout le temps avec Wayne.

— Justement, Henry, ne te mêle vraiment pas de ça. Ils se disputent sans arrêt et, parfois, c'est assez violent. En tout cas, je t'aurais prévenu.

— Merci, Val, je m'en souviendrai

— Essayons de tenir ce groupe. C'était bien pendant les répètes. Il faut que ça continue.

— OK, tu as raison.

— À plus tard.

— Qu'est-ce qu'il a dit, le Révérend ?

— Il a dit que Wayne n'était pas là et qu'il avait rendez-vous avec Safari ce matin. Donc, pas de souci.

— Ah, cool. Il a dû appeler d'une cabine en chemin. Pas de souci… Remarque, c'est typique de Wayne, il adore faire peur. C'est son trip.

Quelques mois plus tard, Wayne virait Greg, juste avant d'enregistrer le deuxième album réalisé par Martin Birch.

Greg avait continué à voir Marguerite. Celle-ci prenait de l'héroïne et il avait commencé à y toucher aussi. Il ne rentrait plus chez Wayne, qui comprenait le danger et ne pouvait supporter de voir Greg devenir un junkie. Il devait vraiment haïr Marguerite. Cette dernière avait eu quand même le courage de se pointer aux concerts et faisait comme si de rien n'était.

Elle venait nous voir dans les loges et saluait tout le monde. Mais la tension était palpable.

Un soir, Greg avait beaucoup bu et Marguerite était devant la scène. Il se penchait et elle lui mettait des cachets dans la bouche. Il était dans un état pas croyable et il n'arrivait même plus à jouer. Wayne lui jetait des regards furieux. Nous faisions de notre mieux et j'assurais pour deux.

En plein milieu de « Stuck on You », Greg s'est penché une fois de trop. Emporté par le poids de sa guitare, il est tombé en avant. Lorsqu'il a réapparu et est remonté sur scène, la guitare était toujours accrochée à son épaule par la sangle, mais le manche, qu'il tenait dans sa main gauche, n'était plus collé à la Les Paul Black Beauty. Pourtant, il essayait de continuer à jouer. On n'en croyait pas nos yeux. Il avait explosé sa guitare et semblait ne pas s'en être rendu compte. Il regardait Wayne comme un chien malheureux. Le manager, Peter Crowley, est venu sur le côté de la scène et l'a emmené backstage.

Il a été viré ce soir-là.

Wayne a appelé Elliot Michaels à New York, avec qui il jouait déjà dans les Backstreet Boys et Elliot a remplacé Greg au pied levé. Il jouait aussi comme un dieu, et si Greg était une sorte de Jeff Beck, il était plutôt un petit Jimmy Page.

Et les Electric Chairs continuèrent à rocker.

Aciiiiid ! ! ! !

Wayne County and the Electric Chairs à l'Electric Ballroom. Ça, c'est la classe. On commençait à se faire une sacrée réputation à Londres et dans toute l'Angleterre. Les journalistes n'étaient pas toujours tendres avec Wayne, en tout cas en tant que chanteur, mais le groupe jouait bien, alors ça passait. Et puis aller voir jouer les Electric Chairs, c'était la garantie d'une bonne soirée et surtout d'une bonne dose de rock'n'roll. Le public aimait et nous le rendait bien. On commençait à jouer à guichets fermés pratiquement dans tous les endroits où on se produisait.

L'idée, comme toujours, était de bien gérer la progression du groupe pour que le public et les fans surtout ne perdent rien au change, eux qui étaient là depuis le début. Ce n'était pas toujours évident.

Je crois qu'on était passé partout à Londres et on devait passer au stade supérieur.

Wayne avait vécu à Berlin pendant l'été et était revenu avec une nouvelle coupe de cheveux, un nouveau nez, et ses seins commençaient à bien se voir. Évidemment, les gens parlaient d'un changement de sexe. C'était bien trop tôt mais on en prenait le chemin. Et lui ne démentait pas.

Le premier concert depuis son opération, c'est comme ça que les gens l'annonçaient. Et puis, il y avait un bail que les Electric Chairs n'avaient pas joué à Londres et ça manquait.

Jusqu'à présent, nos concerts se faisaient bien sûr beaucoup à l'énergie et on n'avait pas l'intention de changer de méthode. Et Wayne avait un côté assez trash. On en avait souvent parlé entre nous car son cirque sur scène ne rendait pas toujours justice à la qualité du groupe. Je pense que Wayne, dans son nouvel élan féminin, était plus subversif, moins désespéré. Plus classe, quoi.

Cela nous convenait. On était prêts à décoiffer tout le monde. On avait préparé un set de 90 minutes, avec les tubes « If You Don't Want to Fuck Me, Fuck off » (« Si tu veux pas me baiser, va te faire foutre », si c'est pas la classe, ça !) « Wonder Woman », un truc à la New York Dolls et des titres genre « You Make Me Cream in My Jeans » (« Tu me fais mouiller dans mes jeans ! »).

On avait programmé une belle affiche avec les Colourtapes en premier groupe de la soirée, suivis des Gang of Four, qui étaient nos amis. Et enfin nous.

Le concert s'est divinement bien passé.

Le lendemain, notre manager Peter Crowley nous avait booké un concert dans un pub de Canning Town. On ne comprenait pas pourquoi on devait se produire dans cet endroit paumé où aucun de nos potes ou de nos fans ne pourrait venir. Mais l'endroit était réservé, alors on y est allés.

Après l'Electric Ballroom, on s'est promis de se retrouver en début d'après-midi au squat de Gloucester Road, le quartier général. J'avais proposé à Wayne de venir le chercher chez Gail. Wayne vivait la plupart du temps dans l'appartement de Gail Higgins et de Lee « Black » Childers, le manager de Johnny Thunders. Il y avait aussi la bande de Levi and the

Rockats, un groupe de rockabilly qui avait assuré notre première partie pendant le Eddie and Sheena Tour. « Eddie and Sheena » était un single que nous avions sorti en réponse à celui des Ramones, « Sheena Was a Punk Rocker », dans lequel Wayne racontait l'histoire d'amour entre un punk rocker et un teddy boy qui avaient un bébé et l'avaient appelé Elvis Rotten !

Ce matin-là, en me levant, Paul Mulligan, l'ami chez qui je vivais, m'a proposé un acide. Pourquoi pas ! Après tout, je n'avais encore jamais joué sous acide, et le challenge me tentait. Je l'ai donc gobé sur-le-champ. J'étais encore dans l'euphorie de l'Electric Ballroom et rien ne me retenait. Je suis ensuite parti sur Caledonian Road héler un taxi. Il m'a amené jusqu'à chez Wayne, qui, bien évidemment, n'était pas prêt. Il m'a préparé une tasse de thé et je me suis installé dans le salon pour l'attendre. J'entendais les ébats amoureux de Gail et du jeune contrebassiste de Levi and the Rockats, Smutty. Soudain, j'ai entendu Smutty dire :

— Mais Gail, ça va te tuer !

Wayne était avec moi dans la pièce et nous étions morts de rire. Le salon était nickel et seule une lampe posée sur un guéridon l'éclairait. Tout ceci me semblait étrange, vraiment étrange.

Nous avons pris un taxi jusqu'à Queensgate Place, comme un vrai couple. Wayne ressemblait vraiment à une femme, et n'arrêtait pas de se lisser les cheveux. Nous n'avons pas dit un mot pendant tout le trajet. Parfois, j'avais envie de parler mais rien ne sortait. Wayne me regardait bizarrement l'entrejambe et remontait vite les yeux, lorsque j'interceptais son regard, pour les plonger dehors.

Je pensais à ce type assis à côté de moi qui vivait sa vie à fond, surtout depuis qu'il s'était fait refaire le nez. Cette opération l'avait transformé. L'été précédent, il avait essayé de rentrer de Berlin justement pour se faire opérer en Angleterre.

Il s'était fait arrêter par les douaniers qui lui ont demandé ce qu'il venait faire à Londres.

— Je viens simplement pour me faire refaire le nez, avait dit Wayne.

Le douanier lui a répondu :

— Vous devriez être content du nez que Dieu vous a donné !

— Mon nez n'est pas la seule chose que Dieu m'a donnée et dont je ne suis pas content !

Il n'avait finalement pas pu entrer en Angleterre et avait repris un avion pour Berlin. Il s'était fait refaire le nez là-bas.

Nous sommes arrivés à Queensgate où tout le monde nous attendait, y compris mon ami Guy Robin, un Français qui traînait ses guêtres depuis un an à Londres. Je l'avais rencontré alors que j'étais dans Police. Il travaillait avec le photographe Peter Baylis, celui qui a pris toutes les premières photos du groupe. Peter était un type vraiment cool, qui avait eu la malchance de tomber un jour sur une bande de hooligans qui l'avait tabassé parce qu'il ne voulait pas prendre parti pour l'une ou l'autre équipe de foot qui s'affrontaient à Londres ce jour-là. Il y avait perdu un œil. Plutôt dur pour un photographe !

J'ai expliqué à Guy que j'avais pris un acide et que tout me semblait bizarre. Mort de rire, il m'a tendu un joint. Nous sommes montés dans la camionnette que Phil conduisait ; Peter Crowley, le manager, s'est assis devant et nous sur les banquettes. Moi, j'étais au fond avec Guy. Je commençais vraiment à sentir l'effet de l'acide qui me montait le long de la colonne vertébrale jusque dans les cheveux. Je sentais chaque cheveu de ma tête se dresser. Mon Dieu ! Et dire que j'allais devoir jouer ce soir ! Pourquoi avais-je pris cet acide !

Quand on prend une drogue, on se dit toujours ça. En même temps, on attend la suite avec délectation. La drogue, c'est vraiment un trip de solitaire. Surtout l'acide.

Le van a traversé Londres vers Canning Town. J'avais l'impression que le voyage durait des heures et qu'on voyageait dans une usine de produits chimiques. Je voyais des cuves partout, des tuyaux, et surtout je ne voyais personne. Nous étions comme des poissons dans un aquarium au milieu d'un no man's land, comme les Beatles dans leur sous-marin jaune en mer de Pepperland. Je m'attendais à tout.

On s'est enfin arrêtés dans un trou complètement perdu. Un pub dans un terrain vague !

— C'est quoi, ça ? me dit Val en sortant du van. On vient de jouer à l'Electric Ballroom et là on va jouer au milieu de nulle part ?

Et il a ajouté, suffisamment fort pour que Peter Crowley, le manager, l'entende :

— Quelqu'un va devoir s'expliquer !

On est rentrés dans ce grand pub, avec une table de billard au fond, et Peter Crowley a commencé à chercher les bons points de l'endroit.

— Je vais voir où sont les loges ! Je suis sûr qu'elles sont extras !

On s'est tous regardés et on a attendu au milieu du pub, en rangs serrés.

— Je les ai trouvées ! Vachement grandes ! Wayne, toi, tu en as une pour toi toute seule !

Wayne nous a regardés en levant les yeux, comme pour dire : « Il est naze, je sais... »

On a rejoint les loges et déjà Peter Crowley revenait avec des caisses de bière.

— Je vais chercher de la vodka et du gin !

On ne lui avait rien demandé, mais il sentait la mutinerie monter, donc il essayait soit de se rendre utile, soit de ne pas rester avec nous pour éviter un sujet que Val brûlait d'aborder.

Guy et moi avons pris une bière et j'ai dit à Guy :

— Il faut à tout prix que je redescende !

— Je vais te faire un joint, m'a-t-il répondu.

Quand tu es dans un groupe, et qu'il n'y a que des musiciens avec toi, des rockers en plus, enfin le genre de jobards que je côtoyais, et que tu as besoin d'un support médical, tu dois te débrouiller tout seul. Et tu ne prends pas les bonnes décisions quand en plus tu es sous acide.

J'ai donc décidé que le seul moyen de redescendre était d'ingurgiter une grande quantité de vodka et de fumer le maximum de joints. Comme ça, le speed et le stress que générait l'acide disparaîtraient sûrement ! Grande idée !

Peter était revenu et j'attaquais direct la bouteille de vodka.

Au bout d'une heure environ, le groupe s'ennuyait ferme. On avait fait le tour du pub et il n'y avait rien, mais absolument rien à faire. On attendait au fond du pub que le matériel soit fini d'être testé.

Peter est venu vers nous.

— Alors, les gars...

— Peter, je dois te parler... Mais pas ici, il y a trop de bruit...

Peter était coincé. Avant qu'il ait pu s'esquiver une nouvelle fois, Val l'a entraîné dehors et on les a suivis.

On s'est donc retrouvés dans la cour du pub. On entoure Peter et Val commence à se plaindre.

— Peter, qu'est-ce qu'on fait dans ce trou paumé ?

Et bizarrement, on a commencé à tourner autour de lui. En tout cas, c'est comme ça que je me rappelle la scène. Tout le monde a dit ce qu'il avait à dire, sauf moi. Je suis sûr que je ne pouvais rien dire tellement je planais.

J'étais à des millions de kilomètres et je tournais, comme une planète dans un système solaire, autour d'un soleil qui était en fait un pasteur homosexuel, habillé comme Fonzie, avec l'accent du Bronx, et qui était notre manager. J'explosais, d'autant que Val ne s'arrêtait plus.

— ... On fait l'Electric Ballroom devant deux mille personnes et toi, tu nous ramènes dans ce genre d'endroit... alors qu'on aurait pu se reposer... Tu te rends compte, si la presse se pointait... Comment même peut-on dégoter un coin pareil... Je n'en avais jamais entendu parler... Probablement pour faire plaisir à un de tes petits amis... pédés...

Ça dérapait, et c'était assez violent. Plus Peter essayait de se défendre, plus il s'enfonçait. Wayne s'était joint à Val et à la fin tout le groupe s'y est mis.

Le délire. Et moi qui étais en plein trip...

Avant le concert, on a jeté un œil dans la salle mais elle est restée désespérément vide ! Au moment où on est monté sur scène, deux mecs jouaient au billard au fond, et seuls, une amie, Vermillion, une nana Hell's Angels, et Guy Robin étaient assis à une table, devant la scène, sur la gauche, et buvaient des bières.

On a commencé le concert comme à notre habitude. Je me rappelle que Wayne a demandé aux deux joueurs de billard de s'arrêter, au moins durant le concert, le bruit des boules qui claquaient le déconcentrait...

Quant à moi, j'étais vraiment ailleurs. Je me demande encore comment j'ai fait pour jouer. Au final, la vodka et les joints m'avaient effectivement fait redescendre un peu. Heureusement.

On jouait notre set habituel, qu'on connaissait par cœur, qu'on avait raccourci. On voulait en finir vite. On n'avait pas prévu de rappel !

On avait tout de même décidé de tenter un enchaînement particulier entre deux morceaux qui allaient bien ensemble : à la fin de « You Make Me Cream in My Jeans », on filait directement dans « Stuck on You (Like Elmer's Glue) ». « You Make Me Cream » était en mi et « Stuck on You » démarrait en une descente d'accords si, la pour finir en mi. Ça fonctionnait bien, et le public adorait ça. Sur la dernière note de « You Make Me... », J.J., le batteur, comptait : « *One, two, three, four* » et on enchaînait avec « Stuck on You ».

Le problème, c'était que Val, de toute évidence assez énervé ce soir-là, avait cassé la corde de la sur sa basse. Je l'avais vu et entendu, et s'il avait assuré tant bien que mal sur « You Make Me... », on ne pouvait pas le laisser jouer « Stuck on You » avec seulement trois cordes. C'eût été cruel. Cette chanson, pour lui, c'était l'enfer : comme elle était hyper-rapide, il la jouait presque entièrement sur la corde de la et il la connaissait trop pour que ses doigts puissent faire autre chose que les riffs habituels.

Mais J.J. n'avait pas dû remarquer le problème de Val et, à la fin de « You Make Me... », il a claqué ses baguettes et a compté : « *One, two, three...* »

Val avait les yeux grands ouverts, ne sachant que faire... Je me suis alors jeté devant la batterie en criant « Stop ! », les bras écartés... Personne ne comprenait plus rien.

John a frappé sa batterie, mais en retenant le coup, genre ploc ! Elliot n'avait pas joué le premier accord puisqu'il m'avait vu essayer d'arrêter J.J., mais, croyant que John continuait, a joué le second. John, lui, n'avait pas joué le second, puisqu'il avait cru qu'on stoppait, mais entendant Elliot poursuivre, il a joué le troisième accord. Tout seul ! Il s'est alors arrêté mais Elliot a joué le quatrième !

Ploc ! Gring ! Plic ! Grang !

Le break le plus nul de l'histoire du rock'n'roll !

Et on a enchaîné avec « Stuck on You ». L'enfer ! On a tous éclaté de rire sauf Val, qui s'escrimait sur sa corde de la complètement détendue. Un son apocalyptique. Mais qu'est-ce qu'on a ri !

Sauf Val, qui l'a mal pris, et qui a quitté la scène.

On a essayé de finir le morceau... Et on l'a fini... On rigolait comme des bossus. Les mecs au fond de la salle qui attendaient pour reprendre leur partie aussi...

Une fois le concert terminé, on a rejoint Val dans la loge, pliés en quatre. Il nous a jetés dehors. Il était furieux et quand le manager est entré, il a failli le frapper.

Quelle soirée. Et moi qui étais sous acide.

On ne s'est pas éternisés. On a pris des bouteilles pour la route et on a ramené Val, John et Elliot au squat. Ça a été le dernier soir de Pete avec nous. Il s'est fait virer ensuite.

Wayne et moi avons pris un taxi. Wayne descendait le premier à l'appartement de Gail et de Lee.

On a discuté sur le chemin et, arrivé à la porte, je lui ai dit :

— Wayne, je ne sais pas comment te dire ça, mais il faut que je le dise... mais je ne le ferai plus... vraiment, c'est pas sérieux...

— Quoi ? m'a demandé Wayne.

— Ce soir, j'avais pris un acide !

— Ah, cool, Henry ! Moi aussi, j'en avais pris un !

Et il est parti !

Une chaise électrique

Enfin un nouvel album. J'attendais ce moment avec impatience.

Après l'éviction de Greg et l'arrivée d'Elliot, nous avons enregistré le deuxième album des Chairs, *Storm the Gates of Heaven*, fin 1978 au Marquee Studio, avec Martin Birch aux commandes. Martin était déjà une vedette de la réalisation de disque – il avait travaillé avec des groupes comme Deep Purple et Black Sabbath –, et le résultat était pas mal, mais ne correspondait pas à la direction artistique que nous voulions donner au groupe.

Alors, pour le troisième album, *Things Your Mother Never Told You*, nous avons choisi David Cunningham. David était un obsédé du son et de l'électronique, un fou de l'expérimentation, et ça nous allait comme un gant. D'ailleurs, c'est lui qui a monté les Flying Lizards, qui se sont fait connaître par une incroyable version de « Money » des Beatles. Ça a été un gros succès en Angleterre. Notre album a reçu de bonnes critiques. La presse anglaise l'a comparé à *Low* de David Bowie et à *Lust For Life* d'Iggy Pop, et l'a encensé comme le premier album *psychedelic new wave*.

Je me sentais vraiment bien avec les Electric Chairs, et finalement Wayne me faisait confiance. J'écrivais de plus en plus. J'avais organisé une pièce, à l'étage du squat, et Wayne et Val venaient souvent voir ce que j'y trafiquais. J'avais installé un quatre-pistes Sony et je m'amusais, j'expérimentais. Wayne m'avait branché sur les Ventures, un groupe psychédélique instrumental des années 1960 qui reprenait tous les tubes de l'époque, la réponse américaine aux Shadows anglais. J'adorais. On n'écoutait plus que des groupes psychédéliques des sixties et l'ambiance dans le squat était au top.

Avant l'enregistrement du nouvel album, qui était prévu pour avril 1979 au Berry Street Studio, notre manager, Bob Black, nous a organisé une excellente préparation dans un petit studio de préproduction paumé au milieu du pays de Galles, le Ridge Farm Studio, équipé d'un huit-pistes pour peaufiner nos chansons.

Notre équipe de choc est partie pour quinze jours, dans un van plein à craquer de matériel, comme en tournée.

Nous nous sommes retrouvés au milieu de nulle part, dans une ferme tenue par des hippies, à trois kilomètres du village le plus proche. Une fois le van reparti, il fallait qu'on se débrouille à pied. Nos hôtes devaient nous préparer les repas, et nous, tout ce que nous avions à faire, c'était de jouer et de composer. Très cool.

Évidemment, John Johnson a demandé dès le premier soir :

— Avez-vous des champignons « magiques » ?

Le hippie lui a répondu :

— Des champignons magiques ? Bien sûr.

Et, en souriant, il a posé sur la table un sac en toile rempli de champignons.

— Servez-vous, ils sont pour vous. D'ailleurs, si vous en voulez encore, j'en ai d'autres... Y en a plein partout, ici. Il suffit d'aller dans les champs et de se baisser !

On s'est réunis autour du sac et John en a sorti un. Il était tout petit, avec une longue queue, comme une mini-amanite phalloïde... Moi, je ne connaissais rien aux champignons, mais les amanites, je savais que c'était dangereux. Je n'étais pas spécialement rassuré quand ils ont tous commencé à en manger, mais j'ai suivi le mouvement, et je n'ai pas été malade. Enfin, pas à cause des champignons...

Après avoir fumé quelques joints et avalé des champignons, nous sommes allés faire un tour au studio, installer le matos et jammer un peu. La première soirée s'est parfaitement passée. On allait faire du bon boulot, c'était sûr. Puis on s'est tous retirés dans nos chambres et on a fait de beaux rêves.

Le lendemain, au petit déjeuner, on a fait la liste des chansons pour l'album. Wayne avait son grand cahier plein de paroles qu'elle – depuis quelque temps on l'appelait « elle » – trimballait partout.

On n'avait qu'une envie, c'était de jouer, comme d'habitude. Dans un groupe, il n'y a rien de tel que de composer, de jouer des chansons pour la première fois, de jammer sur des passages, de se laisser aller...

Une nouveauté était apparue dans les Chairs. Val avait acheté un synthé et il passait beaucoup de temps à en jouer et à apprendre. Il aimait ça. Alors, de plus en plus souvent, je prenais sa basse et en jouais. John aimait beaucoup mon jeu, complètement différent de celui de Val. Plus tard, John et moi nous éclaterons souvent ensemble, lui à la batterie et moi à la basse. Je me rappelle un concert impromptu avec Éric Débris, dans une salle de Notting Hill Gate, une longue jam... Un bon moment.

On avait demandé un orgue Farfisa pour le studio, et les types nous avaient sorti un vieux machin rafistolé. Il avait l'air dangereux et trafiqué, mais il marchait et il sonnait bien. Val s'en donnait à cœur joie et, du coup, les Chairs étaient en mutation. Nous étions en train de trouvez un nouveau son...

Ce soir-là, le vendredi, après le repas, nous sommes restés à table et on a forcé sur les champignons. On n'arrêtait pas de rigoler. On était raides défoncés.

À un moment, Wayne a déboulé dans la salle à manger et a crié :

— Venez vite, il y a des extraterrestres dans les champs !

On a tous éclaté de rire.

Wayne était devant nous, en treillis, avec son éternel bonnet de laine sur la tête. Elle avait l'air complètement affolée. On a rigolé de plus belle.

Wayne était complètement stoned. On ne savait pas trop à quoi elle carburait. Sauf qu'elle prenait des hormones à tire-larigot. Ça marchait d'ailleurs. Elle, ou plutôt il, devenait une femme un peu plus chaque jour. Elle se laissait aussi pousser les cheveux et se maquillait d'une façon plus douce. Et puis, elle s'était beaucoup calmée, et elle avait arrêté sa consommation excessive de café et de Coca-Cola. Faut dire qu'avant, elle avait toujours une canette à la main. Et comme ça la faisait grossir, elle avait promis d'arrêter. Ça n'a pas dû être facile, mais elle avait réussi.

— Ne soyez pas si stupides. Je vous le jure !

On était morts de rire.

— Je vous le jure sur la Bible ! Venez, ils vont partir.

Wayne n'arrêtait pas de lire des livres de science-fiction et elle croyait dur comme fer aux soucoupes volantes et aux extraterrestres.

— OK, OK… On vient.

Et on est partis arpenter les champs gallois, défoncés aux champignons magiques, à la recherche des Martiens que Wayne affirmait avoir vus. C'était complètement surréaliste.

— Chut ! Arrêtez de déconner, ils sont à deux pas.

D'une main, Wayne nous faisait signe de nous taire, et de l'autre, elle nous invitait à la suivre. Comme des Indiens sur le chemin de la guerre, on lui a emboîté le pas.

— C'est là !

Évidemment, il n'y avait rien.

Puis John a cogné dans quelque chose et a manqué tomber. L'objet en question a roulé et tapé sur un autre, avec un bruit métallique.

— Vous êtes vraiment qu'une bande de nazes ! Vous les avez fait partir. Ils étaient là ! nous dit Wayne en indiquant le champ. Moi, j'étais ici, et pendant que je buvais un Coca, je les ai vus qui marchaient...

— Pendant que tu quoi ? lui demanda Val.

— Regardez, il y en a partout ! a crié John en explosant de rire.

Avec sa main, il nous indiquait des dizaines de canettes de Coca-Cola qui juchaient le chemin.

— Ne me dis pas que tu viens te cacher ici pour boire du Coca ? a dit Val.

— Allez tous vous faire foutre ! a crié Wayne. Tout ce que je sais, c'est que j'ai vu des extraterrestres et vous, vous ne parlez que de canettes de Coca... Mais où est-ce que j'ai trouvé un groupe aussi con ? Je les ai vus, et ils m'ont vue ! Puis, j'ai couru jusqu'à la maison. J'étais morte de peur. J'ai cru qu'ils allaient me kidnapper !

Wayne, une femme en détresse... À nouveau, on a tous explosé de rire. Et on est partis en courant vers la maison en criant :

— À l'aide... À l'aide... Des Martiens !

On est allés directement au studio et on s'est branchés. Elliot à la guitare, John à la batterie et moi à la basse.

Val, qui était resté derrière avec Wayne, nous a raconté plus tard qu'il avait découvert deux caisses de canettes de Coca planquées dans un buisson.

Quand il est arrivé au studio avec Wayne, on était en pleine jam. Ça balançait grave et tous les deux étaient impressionnés. Décidément, les champignons avaient du bon... À moins que ce soit la présence d'extraterrestres dans le coin.

J'ai senti que Val voulait jouer. Je lui ai montré sa basse. Il m'a fait signe de la main qu'il préférait jouer de l'orgue mais qu'il n'était pas branché. Alors, j'ai récupéré un jack sur l'ampli guitare que j'ai allumé. Puis, j'ai passé une main à l'arrière de l'orgue pour y sentir la présence d'une prise dans laquelle j'insérerais le jack. Ma main a glissé tout du long de l'instrument, et puis... Blaaah !

Un truc incroyable s'est produit. Mon doigt était collé sur l'orgue. J'avais mis mon doigt dans une prise de courant. Évidemment, sur le coup, je n'ai pas compris, mais je ne pouvais pas retirer mon doigt. Mon bras ne répondait plus. Mon corps ne répondait plus. Ma tête s'affolait et elle commençait à tourner. J'avais l'impression que mon cerveau était dans une essoreuse et qu'elle se mettait à tourner de plus en vite. Je ne pouvais pas crier non plus. Je ne pouvais rien faire. Et personne ne se rendait compte de ce qu'il se passait. Comment auraient-ils pu ? Ils étaient complètement défoncés aux champignons et ils jouaient, déchaînés. D'ailleurs, en y repensant, même si j'avais crié ou exécuté une danse de Saint-Guy, ils auraient probablement trouvé que je « kiffais grave » la musique, ou quelque chose dans ce goût-là !

J'ai remarqué un éclair bleu qui courait tout le long de mon bras. C'était incroyable. Beau peut-être. Je ne sais pas combien de temps ça a duré. Je ne sentais rien. Je n'avais pas mal. Je ne criais pas. Par contre, je savais que j'étais en train de mourir d'une façon tout à fait stupide... Mais je n'avais plus vraiment le choix. Alors, je me laissais aller, je me laissais mourir... Et puis d'un coup, plus rien !

J'ai ouvert les yeux dans ma chambre. Kristina était là.

— Ça va ?

— Oui... Comment es-tu arrivée ici ?

Je regardais autour de moi. C'était bien ma chambre. Il y avait toutes mes affaires, mon bordel habituel.

— On est samedi. Je suis venu avec Bob, comme prévu. Tu te rappelles ce qui s'est passé hier soir ?

— Oui, je crois bien... Je croyais que j'étais mort !

— C'est ce que tout le monde a cru, Henry...

— Que s'est-il passé ?

— D'après ce que j'ai compris, Elliot s'est jeté sur toi quand il a compris que tu étais en train de t'électrocuter. Il m'a dit qu'il ne voulait pas te toucher pour ne pas s'électrocuter lui aussi, donc il a pris son élan et il a sauté sur toi. Tu as lâché la prise et vous êtes tombés. Ils ont cru une seconde que tu étais mort, mais tu étais simplement évanoui. Ton cœur a tenu.

— Ça alors... Elliot m'a sauvé la vie.

— Heureusement. J'étais déjà sur la route avec Bob... Tu imagines si j'étais arrivée ici et qu'on m'ait annoncé ta mort. Tu imagines !

— Une chaise électrique électrocutée... Tu imagines !

Je n'ai jamais oublié qu'Elliot m'a sauvé la vie. Comme Sting se rappelle que je lui ai sauvé la sienne. Mais j'avais presque oublié cette histoire. Je ne pense jamais à cette scène qui était assez intense. Pourtant, je l'ai racontée l'autre jour à ma fille de douze ans, Fedora, qui, à brûle-pourpoint, m'avait lancé :

— Papa, c'est comment la mort ?

Bien sûr, je ne m'y attendais pas.

— Tu y penses souvent ?

— Bah oui, m'a-t-elle répondu.

Évidemment, c'est une question qui trotte dans la tête de tous les gens, grands et petits.

— Ce que je n'aimerais pas, c'est souffrir, a-t-elle ajouté.

Peut-être pensait-elle à ma mère, sa mamie qu'elle n'a pas connue.

— Ma chérie, je ne sais pas comment c'est.

— Personne ne sait ! a-t-elle répondu solennellement, mais presque comme une question.

— Personne ne sait...

— Parce que personne n'est revenu pour nous raconter, a-t-elle fini.

Elle avait raison. Je lui ai donc raconté mon histoire d'électrocution. Elle en a été impressionnée. Son papa était donc passé très près de la mort. Il l'avait presque vue, touchée...

— Ce qui était incroyable, chérie, c'est que je n'avais pas mal. Je ne souffrais pas. Je ne sentais rien.

Elle me regardait, incrédule, et pourtant c'était son papa qui lui racontait tout ça.

Peut-être rassurée, elle m'a ensuite demandé :

— Tu crois en Dieu ?

— Toi, tu crois ?

— Mais non, idiot, je n'y crois pas !

— Pourtant, quand tu étais petite, tu faisais tes prières avant de te coucher, pour ne pas faire pipi au lit. Et ça marchait, non ?

— C'était psychologique !

— ...

— Oui, je faisais mes prières mais je n'y croyais pas. C'est vrai, ça marchait, mais c'était psychologique !

De toute évidence, le mot lui plaisait.

— Ne me dis pas que toi tu y crois ! Papa, allons, ne me dis pas ça.

La discussion a bifurqué sur les singes, les dinosaures, et même les amibes. Normal. Et pourquoi pas, d'ailleurs...

Nous devrons la reprendre, c'est sûr. Elle m'en reparlera. Et la prochaine fois, je lui dirai que sa grand-mère nous a donné l'impression de ne pas souffrir. Même si nous imaginions les pires tourments d'un cancer qui vous ronge peu à peu. Elle n'avait pas peur non plus. C'était ma mère et elle croyait véritablement en Dieu. N'a-t-elle pas crié, dans son dernier soupir : « Jésus, j'arrive ! », heureuse de savoir qu'elle allait où elle espérait aller. Magnifique !

Mais je dirai aussi à ma fille qu'avoir peur de la mort c'est peut-être une bonne chose. Car si nous n'avions pas peur, peut-être que beaucoup de gens se la donneraient ou se laisseraient aller à mourir.

En tout cas, je lui dirai que je n'y pense que très rarement depuis le jour de mon électrocution.

Les Flying Padovani's en studio

— Tu en penses quoi ?

— De l'expresso ou de Marc Zermati ?

Chris Musto était mon ami le plus cher. Musicien, batteur, supersapé, superbranché, supergentil, supermotivé. Un des Anglais que j'ai le plus appréciés. Nous sommes toujours aujourd'hui les meilleurs amis du monde. Je l'ai rencontré par Charlotte, une amie de ma femme Kristina.

J'avais épousé cette nana pour la sortir de la mouise, car elle s'était fait coincer à la frontière. Elle était suédoise et il lui fallait un visa pour rester en Angleterre. Alors que moi, en tant que Français, je faisais partie de la communauté européenne, et j'étais résident anglais. À l'époque, nous sortions ensemble depuis un an et nous nous aimions. Pendant une répète avec les Electric Chairs, le manager, Bob Black, est venu me dire que Kristina avait appelé, qu'elle était dans un poste de douane, et qu'ils allaient la renvoyer en Suède. Elle en revenait lorsque les douaniers avaient remarqué qu'elle avait dépassé le temps que son visa de touriste lui accordait sur son séjour précédent. Que croyez-vous que j'ai fait ? Je l'ai épousée, comme n'importe quel gentleman.

J'ai dû penser que tout cela faisait partie du délire dans lequel nous évoluions. Après tout, *why not* ? Pourquoi pas ?

Évidemment, tout le monde n'a pas réagi de la même façon. Dans le squat, ils ont trouvé ça génial. Très tendance. Nous étions en 1978. Notre mariage promettait une belle soirée, une belle beuverie, une *party*. Une de plus... En France, mes parents étaient contents pour moi. Inquiets, mais contents. Mon frère et ma sœur avaient promis de venir.

Nous avons publié les bans à la mairie de Kensington et, comme il fallait un mois de délai, on a décidé de se marier un mois après.

J'ai commencé à recevoir plein de télégrammes de félicitations de la famille, de Corse et d'ailleurs. Tout le monde s'affolait. C'était génial. Nous, on avait trente-cinq livres sterling de côté et on a décidé d'acheter pour trente-cinq livres sterling de bières. Les potes ont aussi amené à boire et la soirée fut une grande beuverie à notre honneur. On appelait ça les soirées BYOB, *Bring Your Own Bottle*, amenez votre propre bouteille. Voilà. Tout le monde était saoul.

J'avais donc rencontré Chris Musto par l'intermédiaire de Charlotte Wylie, cette magnifique amie de Kristina, devenue plus tard d'ailleurs ma copine. Quand les Chairs se sont séparés, Chris est venu jouer avec Val Haller et moi, dans une ancienne « épicerie du coin » – *corner shop* – qu'on avait aménagée en studio de répétitions, pas loin de Shepperds Bush.

Chris n'aimait que la bonne musique, et c'est peut-être le premier type qui m'a fait découvrir le jazz. C'était un fou de Miles Davis et de Thelonious Monk. Il m'a aussi fait découvrir des trucs comme Captain Beefheart ou Tom Waits. Des sons que je n'avais jamais entendus. On dit souvent qu'on connaît quelque chose pour se mettre en valeur, mais est-ce qu'on sait vraiment ? Chris, lui, avait l'air de tout connaître... et si ce n'était pas le cas, il ne demandait qu'à découvrir. Ça m'impressionnait vraiment. Et puis, il m'a fait apprécier tous les disques Blue Note. Car non seulement la musique était bonne, mais les pochettes étaient sublimes. En fait, Chris était aussi graphiste. Il a réalisé de nombreuses pochettes, et c'est lui qui a dessiné celle des *Flying Padovani's font l'enfer*, inspirée par une pochette d'Ornette Coleman. Avec lui, pas de problème, juste la classe.

Quand, quelques mois plus tôt, Wayne a disjoncté dans un hôtel allemand, où elle avait détruit toute la réception, nous sommes rentrés à Londres. Wayne, elle, est partie à Berlin pour terminer sa transformation. Elle est devenue Jayne et elle y est restée un bout de temps. Ensuite, elle est partie pour New York. Elle m'a bien appelé pour que je la rejoigne, pour continuer à écrire des chansons, mais je n'étais pas du tout tenté. Je suis donc resté à Londres, avec J.J. Johnson et Val Haller. On s'est mis à travailler des morceaux et on est retournés en studio avec David Cunningham enregistrer « J'attends les marines » et « So Many Ways ». Le single a été disque de la semaine dans le *New Musical Express* mais, si j'avais reçu un coup de fil de Jean-Jacques Burnel des Stranglers qui m'a félicité pour ce titre en français et qui voulait me rencontrer, et si des potes ou des musiciens comme Simple Minds disaient partout combien ils « kiffaient » le son psychédélique des Electric Chairs, ça n'a rien donné. La maison de disques voulait que Wayne revienne et que l'on reforme Wayne County and the Electric Chairs. Mais ça ne pouvait plus marcher. Grosse dispute et, finalement, plus de sous. Le groupe que j'avais connu était fini. J'y étais resté trois ans.

J.J., Val et moi avons continué à jouer ensemble et, comme on voulait enregistrer des disques, on a monté un groupe « mystère », les Mystery V. Un ami de Chris Musto, Chris Reeves, s'est joint à nous au chant et on a sorti deux singles pour Flicknife Records. Parallèlement, j'avais déjà commencé à jouer avec Chris Musto. Tous nos morceaux n'étaient pratiquement que des instrumentaux de guitare, des hommages aux Ventures et à Link Wray. C'est Chris Reeves qui nous a suggéré le nom des Flying Padovani's.

Je ne sais pas s'il se moquait de nous ou pas. Il disait que le son du groupe lui faisait penser à des trapézistes dans un cirque. Peut-être. En tout cas, on a aimé et on l'a gardé.

Les Padovani volants ! Chris était un Padovani. Nous étions frères de rock. Et quand Paul est arrivé, lui aussi est devenu un Padovani. Un autre frère. C'était sympa de les entendre dire à des gens, avec fierté, qu'ils étaient des Padovani.

— Je parle de Zermati… Pourquoi, le café n'est pas bon ?

On était au Bar Italia, dans Frith Street, à Soho. On faisait un break, et à l'époque c'était le seul endroit où on pouvait trouver un expresso décent, comme en Italie. D'ailleurs, comme en Italie, la caisse était à part. On payait d'abord, et ensuite la caissière indiquait au barman ce qu'il fallait nous préparer.

Le studio était à Denmark Street. C'était le Denmark Street Studios, avec Steve Smith aux manettes. Pas cher, très bon et en plein Soho. Le Marquee était à deux pas, à Wardour Street.

Chris et moi devions boire dix à quinze expressos par jour pendant l'enregistrement. Évidemment, on speedait.

— Non, le café est bon, lui ai-je répondu. Marc est cool, non ?

— Oui, pas de problème, mais tu le connais mieux que moi.

— Tu sais, Marc est quelqu'un d'adorable, et je crois qu'il sait ce qu'il fait. En tout cas, il est fan des Flying Padovani's.

Marc Zermati, avec qui j'étais resté ami depuis notre rencontre avec les Flamin' Groovies, était venu à Londres pour enregistrer deux groupes. Il venait de finir l'album de Wilko

Johnson, mais le deuxième groupe l'avait planté. Du coup, comme il avait booké un studio et qu'il avait même versé une avance, il lui restait deux jours à utiliser. Il m'a demandé si on voulait enregistrer un album. Je lui ai répondu sans hésiter que nous le ferions. On tournait beaucoup et il nous était facile de faire un disque au pied levé. Comme ce serait un disque instrumental et qu'on avait deux jours, ça ne posait aucun problème.

Et voilà comment les Flying Padovani's se sont retrouvés à enregistrer leur premier album, *Les Flying Padovani's font l'enfer*, pour Skydog Records, après le single « Va plus haut/Western pasta » pour Demon Records, de Jake Riviera.

— De toute façon, on va faire ce qu'on fait tout le temps, comme en concert, non ? me demanda Chris.

J'avais comme l'impression qu'il stressait un peu. Je crois tout simplement qu'il voulait bien faire. Ce disque était important. Les Flying Padovani's n'étaient pas ensemble depuis longtemps, mais on savait qu'on faisait quelque chose de bien, de bon. Alors, on devait s'appliquer pour ce disque, et ne décevoir personne, ni nous ni les gens qui nous suivaient partout et qui l'attendaient.

— Chris, on fait comme d'habitude. Comme en répète, comme en concert. Et si on a envie, on fait des overdubs. On verra bien.

Je la jouais cool. J'avais déjà fait pas mal de disques et je ne stressais pas du tout.

— OK. Quels morceaux on va enregistrer ? Et combien ?

— Écoute, on en parle avec Marc, mais je te l'ai dit, il est cool, il va nous laisser le champ libre. Au fait, tu sais ce que j'ai envie de faire, vu qu'on est là ?

— Quoi ? s'est inquiété Chris.

— « Lies », tu sais le morceau des Knickerbockers qui est sur *Nuggets*...

Nuggets était une compilation de morceaux psychédéliques, que Lenny Kaye avait rassemblés. Nous avions tous ce disque. Chris l'avait et connaissait le morceau.

— J'ai entendu une version des Ventures, et c'était vraiment pas mal.

— Tu as le disque avec toi ?

— Non, mais on la jouera à notre façon. Je vous le montre en deux secondes.

Les Flying Padovani's, c'était aussi ça. On était trois. Et quand on n'est que trois, c'est plus facile. Si on se trompe, on rattrape, on jamme. Mais on ne se trompait pas beaucoup.

Le troisième larron était Paul Slack. Avant nous, il jouait dans les UK Subs. Je l'avais déjà rencontré quand ce groupe avait assuré la première partie des Electric Chairs au Lyceum. Ça ne s'était d'ailleurs pas bien passé. Les fans des UK Subs, des Skinheads pour la plupart, avaient pris Wayne pour cible et lui envoyaient toutes sortes de trucs à la tête. Il était très difficile de jouer dans ces conditions et Wayne en prenait plein la gueule. Il avait rétorqué et balancé une canette sur un type qu'il avait remarqué dans la foule, mais c'est une fille qui l'a prise en pleine poire. Sang, ambulance, les flics, la totale et Wayne avait été emmenée au poste.

Paul s'était pointé après avoir lu une annonce que nous avions placée dans le *Melody Maker* : « *Guitar instrumental band, The Flying Padovani's are looking for a bass player* – groupe de guitare instrumentale, Les Flying Padovani's cherchent un bassiste. » On avait déjà enregistré « Va plus haut » avec James Eller, un pote de Chris Musto, bon bassiste qui jouait avec Carlene Carter, et comme le disque avait été « *single of the week* » dans le *New Musical Express*, on avait eu un maximum de réponses.

On avait installé du matériel dans un ancien club à Vauxhall et les types défilaient. Ils avaient grosso modo une demi-heure chacun. C'était plutôt dur à gérer, mais on jouait des plans simples comme « Pipeline » ou « Wipe Out », et des morceaux comme ça. Val était venu nous filer un coup de main et il papotait avec les postulants qui arrivaient en avance. En fait, ils entendaient tout et c'était très mal organisé.

Dès que Paul est arrivé, avec son crâne chauve, qu'il a branché sa Travis Bean et qu'on a attaqué « Pipeline », on a compris que c'était lui qui jouerait avec nous. Instantanément.

Nous avons répété environ un mois dans le studio de Vauxhall et booké notre premier concert au Moonlight Club. Lol Coxhill avait accepté de venir faire quelques solos de saxophone (sur « Va plus haut » et « Western Pasta »), et Val Haller s'était aussi joint à nous. Il a joué du synthé, son nouvel instrument, sur « Va plus haut », « Western Pasta » et « Look at the Mess ».

Tous nos amis étaient là. La salle était pleine.

Après le concert, le booker du Moonlight nous a proposé directement un autre concert et un agent de la Cowbell Agency, Steve Hodge, s'est présenté à nous. Nous avons signé avec lui un contrat qui nous garantissait de nombreux concerts sur Londres et dans toute l'Angleterre.

Miles Copeland était aussi venu avec Stewart. Vraiment sympa de leur part. Je me rappelle qu'il a déboulé dans la loge après le concert, qu'il a crié : « La chanson “Look at the Mess” est un tube... C'est un tube ! » et qu'il est reparti aussi sec. Stewart s'est excusé pour lui.

Nous avons sillonné tous les clubs de Londres, avec une préférence pour le Moonlight Club – normal, ça avait été le premier –, pour la Venue, un grand club près de Victoria Station, et pour le Rock Garden. Wendy, la manager de ce dernier, nous adorait et nous étions très proches... Elle nous bookait en général le week-end, vendredi ou samedi, et nous payait pour nos shows. En fait, nous jouions tout le temps. C'est comme ça qu'on devient bons. Et franchement, sans vantardise, les Flying Padovani's étaient vraiment un bon groupe de rock. On mettait le feu.

Le son était énorme. Clair mais fort. J'utilisais ma Gibson 335 avec un ampli Music Man, parfois un Fender Twin Reverb. Avec des amplis à lampes comme ceux-là, dès qu'on monte le son avec une guitare comme la 335, il y a une sacrée puissance. Je pouvais jouer à fond. D'entrée, je mettais le volume de la guitare sur dix et je n'y touchais plus. Je la caressais ou je la frappais. La dynamique venait de là. Ensuite, j'ai acheté une Space Echo Roland. J'aimais bien utiliser l'écho, une sorte de *delay* qui ralentissait mes accords ou mes notes. Je l'utilisais aussi pour « J'attends les marines » et « Va plus haut », deux chansons que je chantais en français. Les gens les demandaient tout le temps. Ils ne comprenaient rien aux paroles, comme nous quand on entend des chansons anglaises, mais le français leur donnait un côté « mystérieux et envoûtant ». Ce n'est pas moi qui l'ai dit, mais le *New Musical Express*, qui avait classé ces deux titres singles de la semaine.

À force de jouer, et pour essayer de maintenir un équilibre entre la guitare et moi, une sorte d'action-réaction entre nous deux, et aussi pour ne pas tomber dans une sorte de facilité – cela n'aurait pas été sport pour la guitare ! –, j'augmentais peu à peu le tirant de mes cordes, c'est-à-dire leur diamètre. À la fin, je jouais avec des 56, 46, 36, etc. Carrément des câbles ! Et franchement, même si c'était dur et s'il fallait que je m'accroche et que je travaille durant tout le concert, le son n'en était évidemment que meilleur. Désolé pour tous ces détails techniques, mais ils ont du sens pour certains musiciens.

J'avais une seconde guitare. Une Fender Jaguar 1965 verte. Le vendeur, Chris, était un particulier, collectionneur, qui n'avait que des belles guitares et qui fournissait la plupart des groupes. Il était sérieux et son appartement était rempli de superbes grattes. Il m'avait expliqué que cette guitare avait appartenu à Marc Bolan de T-Rex qui l'avait offerte à Peter Green, le guitariste de Fleetwood Mac et grand bluesman devant l'éternel. Peter Green, ayant un jour pété les plombs – il était allé voir sa maison de disques avec un flingue et il les avait menacés car il ne voulait plus recevoir d'argent ! –, s'était débarrassé peu à peu de toutes ses guitares. Chris avait récupéré celle-ci. Je pense que, si l'histoire est vraie, Marc Bolan avait eu la classe d'offrir cette guitare verte – *green* en anglais – à Peter Green. En tout cas, elle était top.

Je l'ai gardée deux ans. Je ne jouais pratiquement qu'avec ma Gibson et comme je changeais les cordes avant chaque concert, la Fender n'avait pas souvent l'occasion de se montrer sur scène. Chris en était malheureux et il proposa un jour de me la reprendre et de me l'échanger contre une Gretsch White Falcon. Bravo ! C'était plus mon truc. Elle était énorme et larsénait, mais l'idée était bonne, et, du coup, je l'utilisais presque autant que la Gibson.

Lorsque j'ai décidé d'arrêter de jouer dans des groupes et que je suis parti à Paris pour monter le bureau international d'IRS, je l'ai vendu à Pigalle. Assez cher, d'ailleurs.

Au studio où nous enregistrions notre album, j'avais amené la Gibson 335, la Fender Jaguar et j'avais loué un Twin Reverb que j'avais un jour essayé dans un magasin de Denmark Street. J'avais aimé le son qu'il rendait. Il avait deux haut-parleurs JBL au lieu des haut-parleurs d'origine et le son était vraiment parfait. Il était très lourd à porter, mais comme le magasin était en face du studio, Chris m'a aidé pour le transporter et l'affaire était réglée. Un formidable ampli mais qui aurait vite été détesté par n'importe quel roadie à cause de son poids.

On s'était installés comme en répète, les uns en face des autres, et on a vite commencé à jammer sur nos morceaux favoris. Chris et Paul comprenaient vite et démarraient au quart de tour. Marc s'était installé avec Steve Smith dans la cabine, à l'étage, et de temps en temps on le voyait qui passait la tête à la grande vitre qui donnait dans le studio. Quand Steve nous a arrêtés pour régler le son de la batterie, Paul et moi sommes montés.

— Alors ?

— Cool, dit Marc.

Il portait ses lunettes noires, bien qu'il n'y ait pas de soleil. J'ai toujours adoré son style. Moi aussi, j'aime bien porter des lunettes noires, même à l'intérieur. D'ailleurs, nous, on appelle ça des lunettes noires et pas des lunettes de soleil. Donc, pas de problème !

— Dès que vous êtes prêts, on attaque.

— OK.

— Vous savez ce que vous voulez enregistrer ?

— Dès que Steve est prêt, on te fait un set et on décide ensemble.

Évidemment, Marc et moi parlions anglais, pour que tout le monde suive. Mais là, Marc m'a dit en français :

— Attends, on ne va pas se taper le set.

— Qu'est-ce qu'il dit ? a demandé Paul.

— Il dit qu'il est d'accord pour écouter le set !

Marc a commencé à m'engueuler :

— Qu'est-ce que tu racontes ? Je n'ai pas dit ça !

— Je sais, Marc, mais je ne leur ai pas dit non plus que tu râles tout le temps... Je leur ai dit que tu es un mec cool.

— Pauvre type ! Ne commence pas à me les casser, OK ? Tu vois, j'ai des emmerdes. Alors ne commence pas !

Là, je le reconnaissais. Marc râlait beaucoup, il avait « toujours des emmerdes » et c'était « jamais le moment ». On l'adorait pour ça aussi. Et quand il râlait, il assurait. De toute façon, on finissait toujours par exploser de rire.

Voyant Marc hurler en français, Paul m'a demandé :

— Qu'est-ce qu'il se passe ?

— Marc voudrait que l'on mange d'abord !

— OK ! a répondu Paul en regardant Marc avec reconnaissance.

Marc savait que je le chambrais et il n'a rien dit. Je l'ai relancé en français :

— On mange quand ?

— Tu fais chier ! Tu veux déjà manger ? Tu ne penses qu'à ça, ce n'est pas possible !

— C'est à moi que tu dis ça, Marc. Tu t'es vu ? Regarde comme tu as grossi.

— Henry, ne commence pas ! Tu as le chic pour me trouver... Retourne en Corse et lâche-nous !

C'était parti. Paul nous regardait sans rien dire. Il devait se demander si c'était du lard ou du cochon. La cabine résonnait de la grosse caisse de Chris qui tapait régulièrement pendant que Steve ajustait le son sur sa console et de la voix de Marc qui reprit :

— Va manger tes saucisses corses... Comment tu appelles ça ? Les figatelli, non ? Va manger tes figatelli... Tiens, je suis étonné que tu n'en aies pas amené.

Il était mort de rire. Je l'ai traité de « schebe », un mot que j'ai entendu chez lui. Je ne savais pas ce que ça voulait vraiment dire, peut-être « pédé » ou quelque chose comme ça... On l'utilisait pour tout.

Je ne savais pas s'il était tranquille ou au contraire stressé. Comme il râlait tout le temps, on ne pouvait jamais savoir. Mais j'avais l'impression qu'il nous faisait confiance. On avait deux jours et on allait assurer. C'était certain.

— Paul, Marc me dit qu'on devrait jouer deux sets d'affilée pour vraiment se chauffer...

— Ah bon, a dit Paul.

— *Fuck off, Henry*, a répondu Marc en anglais. *Paul, Henry is a faggot, he is corsican and he is stupid* !

En d'autres termes : « Henry est pédé, corse et stupide ! »

Et nous avons explosé de rire.

Dans l'après-midi, on a enregistré tous les morceaux en pratiquement une seule prise. Chris et moi avons voulu faire une version léchée de « The Last Bullet » dans un style à la Ennio Morrecone. Chris avait d'excellentes idées. On a aussi jammé longuement sur « Cosmic Dancer » de T-Rex et on l'a joué comme on imaginait que John Lennon l'aurait joué.

Le lendemain, nous sommes retournés faire quelques overdubs de guitare et on a attaqué le mix, qu'on a fini assez tard dans la soirée. Marc avait son disque. Nous étions tous très contents.

Marc et moi avons ramené Steve Smith dans le sud de Londres et nous sommes allés nous coucher chez moi, à Camberwell New Road.

Il était prévu que Chris et moi irions à Paris pour masteriser la bande chez Translab. Ça tombait bien, j'avais envie de prendre l'air et de revoir une amie que j'avais connue en Corse, Manu.

Les Flying et les Pretenders

Les Flying étaient un groupe instrumental, dans un trip surf, Link Wray, psychédélique, et je crois que ça, ça parle à tous les rockers. Pas facile mais il fallait le faire. Comme disent les Anglais, « *A tough job, but someone has got to do it* – un boulot difficile, mais quelqu'un doit le faire. » Et nous, les Flying Padovani's, on entretenait le flambeau !

Un jour, Clive Banks, notre éditeur, nous a convoqués dans son bureau et nous a annoncé qu'il avait parlé aux Pretenders et que ces derniers étaient d'accord pour nous prendre en première partie sur leur tournée anglaise. Génial !

Comme beaucoup de monde, j'aimais les Pretenders. Comme Clive Banks était aussi leur éditeur, j'avais déjà rencontré Chrissie Hynde plusieurs fois et elle était cool avec moi. Mais je ne peux pas dire qu'à ce moment-là je la connaissais bien.

Par contre, je savais que Pete Farndon, le bassiste des Pretenders, venait nous voir de temps en temps et qu'il nous aimait bien. Pete Farndon, je l'avais rencontré avec les Stray Cats. Une longue histoire.

Mon meilleur ami, Pete Mc Carthy, l'Irlandais, avait décidé d'arrêter son métier de peintre en bâtiment. Je l'avais rencontré avec les Electric Chairs. On fréquentait le même pub, un repaire d'Irlandais, pas loin de notre squat à Gloucester Road. On est vite devenus inséparables. Ensuite, il a suivi les Flying Padovani's pas à pas. Depuis qu'il nous fréquentait, il avait trouvé sa voie dans le rock'n'roll. Il avait un goût sûr et nous étonnait tout le temps par ses recommandations et ses découvertes. Puis, il a décidé de tenter sa chance. Il est parti à New York voir la scène musicale et essayer de dégotter un groupe. Là-bas, il a rencontré les Bloodless Pharaos, qui venaient de changer leur nom en Tom Cats et qui jouaient une sorte de rockabilly. Ils étaient trois. Le batteur, Slim Jim Phantom, tapait sur ses fûts debout, et le guitariste-chanteur, Brian Setzer, qui était assez démentiel, jouait comme Eddy Cochran.

Pete m'a appelé de New York pour me dire qu'il avait trouvé ce groupe et qu'il les emmènerait à Londres dès qu'il se serait mieux organisé. Il savait qu'il avait le bon filon. Il ne s'était pas trompé sur la qualité du groupe et sur l'impact qu'aurait le rockabilly sur la scène anglaise. Entre-temps, il s'est disputé avec son amie, Nikki, qui était restée à Londres et est entrée à l'hôpital pour une dépression nerveuse. Il est donc revenu en Angleterre pour essayer de la récupérer, et a demandé au groupe de prendre des billets pour Londres. Évidemment, il leur avait donné mon numéro et leur avait dit d'appeler en arrivant et que je me débrouillerais sûrement pour les loger ou leur trouver un plan.

Ça n'a pas loupé. À leur descente d'avion, ils m'ont contacté.

Ils sont venus chez moi, à Vauxhall, et ont couché par terre. Puis, en l'absence de Pete, j'ai alerté ma copine française Claudine Riley, qui était une des meilleures attachées de presse de Londres, pour qu'elle les aide et leur trouve des concerts. On mettait tous la main à la pâte. Surtout que la cassette que Pete m'avait envoyée était géniale. Elle comportait déjà tous les morceaux du premier album des futurs Stray Cats, y compris « Rock this Town ».

Le lendemain, les Tom Cats sont allés dormir dans le bureau de Claudine. Elle n'était pas idiote et avait vu tout de suite le potentiel de ces gars-là. Elle leur a déniché assez rapidement une tournée en première partie d'un crooner anglais. Elle a aussi invité tous les journalistes de musique importants et, le lendemain du concert, on ne parlait plus que de ce groupe new-yorkais, les Stray Cats, comme elle les avait renommés.

C'est au cours de cette tournée initiale, pendant un concert dans un pub d'Hammersmith, peut-être le deuxième des Stray Cats, que j'ai rencontré Pete Farndon, venu avec une bande de Hell's Angels. Comme j'étais avec le groupe et qu'il est venu nous voir, nous avons discuté... On a parlé de Clive Banks, des Flying Padovani's, et il m'a dit qu'il nous aimait beaucoup. Après le concert, nous avons bu tous ensemble des quantités industrielles de bière, et Pete et moi sommes restés amis pour toujours.

C'était bien parti pour Brian Stezer et ses deux potes. Avec les Hell's Angels comme fans, en plus ! Ils sont restés en Angleterre.

Par la suite, Brian Stezer venait nous voir jouer régulièrement. Lui aussi devait aimer le fait qu'un groupe gagne sa vie et attire du monde avec des morceaux comme « Jack the Ripper », « Pipeline », « Wipe Out » ou même « Walk Don't Run ».

Nous invitions même sa petite amie, Linda Paganelli, à jouer du sax avec nous quand Lol Coxhill ne pouvait pas se libérer. C'était une magnifique brune de Brooklyn qui jouait divinement. Plus tard, les Stray Cats ont explosé. Ça a été très rapide. On ne parlait plus que d'eux. Toutes les maisons de disques venaient les voir et voulaient les signer. Il y avait de la coke partout ; les Hell's voulaient leur part du butin. C'était un bordel pas possible. Un nouveau manager est arrivé, Tony Bidgood, qui a réussi à gérer tout ça. Pete Mc Carthy a eu toutes les difficultés du monde à faire valoir ses droits et il s'est fait avoir. Il s'est bien rattrapé par la suite et est devenu un des meilleurs *talent scout* en Angleterre, nous ramenant à la maison des groupes comme le Southern Death Cult – qui deviendra the Cult – Westworld, One the Juggler, The Bolshoi, Placebo et bien d'autres... Son jugement est toujours aussi bon, et toutes les *record companies* de Londres le reçoivent et l'écoutent.

Je ne sais pas si Pete Farndon avait insisté pour qu'on assure la première partie des Pretenders, mais, en tout cas, cette tournée serait une bonne occasion de passer du temps ensemble.

On a regardé les dates prévues et on a été impressionnés. Ils venaient de se faire le Canada et les États-Unis. On était en octobre 1981, et on avait devant nous quinze dates, qui commençaient le 27 novembre et qui nous emmenaient dans toute l'Angleterre et l'Écosse. Les concerts de Londres étaient les 15 et 16 décembre à l'Hammersmith Odeon et à l'Hammersmith Palais.

Le clou de la tournée était qu'elle se termine à Paris, au pavillon Baltard, le 19 décembre. Avec les types de KCP, notre agent nous avait booké deux concerts au Rose Bonbon, le lendemain et le surlendemain.

Quand on part sur une grosse tournée comme ça, au début on doit se faire tout petit et se faire apprécier au fur et à mesure. Je parle surtout des roadies, de l'équipe technique. Eux, ils travaillaient pour les Pretenders, pas pour nous. En fait, même si on bénéficiait de leur matériel, lumière et son, les techniciens pouvaient très bien nous laisser seuls à pousser et à appuyer nous-mêmes sur les boutons. Grosso modo, on arrivait à 5 heures, on regardait les Pretenders faire leur balance, et dès qu'ils avaient fini, on mettait notre matériel devant le leur, on faisait la balance du son en façade et de celui des retours, juste avant que les types de la salle ouvrent les portes. Il nous restait en général une heure, parfois moins, avant d'attaquer notre set. Si les Pretenders, pour une raison ou une autre, avaient attaqué leur balance en retard, ou si elle avait duré plus longtemps, eh bien la nôtre disparaissait. Parfois on montait notre matériel derrière les rideaux fermés, pendant que le public s'installait. C'était la règle et on devait l'accepter.

Les techniciens, eux, ils étaient là depuis le matin. Ils avaient voyagé en bus toute la nuit et avaient tout monté, sans pratiquement aucun répit. Alors, quand les Pretenders terminaient leur balance, ils filaient tous à la cantine, au catering comme on dit, pour manger et se détendre. C'était leur calme avant la tempête.

Nous, on voyageait en van. Dedans avec notre matos et des divans. On avait embauché un type qui conduisait et nous servait de *road manager*, de régisseur. Un vieux de la vieille, un type avec des pattes immenses qui lui bouffaient le visage. Un ex-rocker, avec des creepers. La plupart du temps, il préférait dormir dans le van. Pour surveiller le matériel, qu'il disait. On se doutait que c'était aussi pour les filles. Mais comme il était marié, et discret, on ne voulait pas en savoir plus. Nous, on s'était organisé une série de *bed and breakfast*, ces sortes de chambres chez l'habitant beaucoup moins chères que l'hôtel, où, comme le nom l'indique, on dormait et on prenait le petit déjeuner. C'était assez épique. Les mecs avaient l'habitude de servir de gîte à des groupes et nous attendaient souvent à des heures pas possibles. Parfois, après le concert, on rentrait avec des filles. Et là, chez l'habitant, c'était différent de l'hôtel. Il fallait ruser si on ne voulait pas payer pour les personnes supplémentaires. Pendant quelques dates, on a « hébergé » deux filles qui suivaient toute la tournée des Pretenders et qui sont devenues des copines. Une dormait dans le van... Et on se débrouillait pour faire passer l'autre dans une chambre avec nous. Il était clair qu'on voulait bien les aider mais que ça ne devait rien coûter. Alors, une fois que les gens nous avaient reçus, et qu'ils avaient décidé d'aller se coucher, on s'ingéniait à en faire discrètement entrer une, et inversement le lendemain matin. Évidemment, on essayait toujours de se la faire. Celle que l'on prenait avec nous était la plus jolie des deux. Moi, je me suis fait prendre dans la salle de bains en train de me doucher avec elle. Le gérant nous attendait devant la porte pendant qu'on essayait de faire nos affaires sans le moindre bruit. Je me suis toujours demandé s'il surveillait la consommation d'eau ou si nous avions manqué de discrétion... On a dû payer un extra. Pas le choix. C'était stupide parce qu'on essayait de tenir le budget au maximum et on dormait tous les trois dans la même chambre, parfois dans le même lit. On s'est souvent dit que le conducteur avait le meilleur plan pour ça.

Je ne sais pas si c'est grâce à Pete, Clive ou simplement parce que les Pretenders étaient plutôt cool, mais sans argent on a réussi à obtenir le meilleur de la part des roadies.

Je pense que Pete a dû mettre de l'huile dans l'organisation. Au premier concert, au Newcastle City Hall, il est resté avec nous. Il nous a présenté toute l'équipe. D'abord le *stage manager*, celui qui organisait la scène, qui a réalisé qu'on n'avait que deux amplis et une batterie à installer. Et puis, Chris avait l'habitude et montait sa batterie en deux secondes, alors que Paul et moi, nous portions chacun notre ampli. Donc, pas de souci. Le technicien du son a vite compris qu'il n'avait qu'à amplifier, rien de plus. Et celui des retours a aussi vite compris que, comme on ne jouait pratiquement que des instrumentaux, on s'entendait très bien sur scène, directement de nos amplis, et qu'on ne lui casserait pas les pieds. En plus, cet Australien nous fournissait en herbe de premier choix. Nous sommes devenus des frères de fumette.

On a fait notre première balance en quelques minutes sous le regard bienveillant de Pete, et tout le monde a eu le temps de manger. Impeccable. Par la suite, nous n'avons jamais eu de problèmes de ce côté-là. Tout marchait et si les assistants des ingénieurs ont fait la plupart des balances, c'était les ingénieurs eux-mêmes qui nous suivaient pendant le concert, avec souvent un fruit, un yaourt ou un café posé sur la console, tout occupés qu'ils étaient à finir leur repas.

Un soir, je ne sais plus si c'était au Royal Court Theater de Liverpool, au Glasgow Apollo ou à l'Edimbourg Odeon, on avait vraiment abusé de l'herbe. Ce concert est resté dans notre mémoire. D'abord, on avait eu la visite de Bruno Blum, le journaliste correspondant de *Best Magazine*, qui était venu profiter de cette double affiche pour faire un bon papier. Il avait fait son interview avec Chrissie, l'après-midi, et le soir il avait traîné avec nous. Il en a tiré un excellent article autant pour nous que pour les Pretenders. De toute évidence, ça lui avait plu. Bruno était aussi un grand supporter des Flying Padovani's, du rock en général, et il nous a écrit beaucoup de très bons articles dans la section « In the City » de *Best Magazine*, articles qui tenaient informés ma famille et mes amis sur ce que je faisais en Angleterre.

À l'époque, Bruno apprenait à jouer de la guitare et tout ce que je faisais l'intéressait. Une fois notre matériel installé et la balance finie, nous étions allés dans les loges et le type des monitors nous avait rejoints. On fumait de l'herbe comme si c'était la dernière fois. Pendant ce temps-là, croyant sûrement bien faire, Bruno était allé « vérifier » notre matériel sur scène. Comme s'il avait besoin de faire ça ! Le public était déjà là, la scène à peine éclairée, et Bruno se l'est joué « grand roadie ». Pour nous, lorsque les balances étaient finies, il était clair que tout était prêt pour attaquer le set, sans même y réfléchir.

Style on se branche et c'est parti. Nous avions l'habitude d'attaquer le set par « Three For Trouble », un instrumental que je démarrais seul à la guitare. Bruno, qui avait arpenté la salle, avait, sans le faire exprès, marché sur ma pédale d'écho. En tout cas, il ne m'avait rien dit. Et, en se promenant, il avait aussi remarqué le câble de ma guitare qui était posé et qui pendait sur le pied de micro de chant. C'était étudié pour. Quand j'arrivais dans le noir total, ma guitare en bandoulière, je savais exactement où trouver mon jack, je le branchais et j'attaquais direct. Tout était prévu, évidemment. Mais Bruno « je-suis-le-plus-fort-et-je-suis-un-grand-roadie » voit ça et se dit : « Hum... Heureusement que j'ai remarqué ça. Je vais l'accrocher un peu mieux ! » genre « Quelle chance Henry a eue que je sois passé par là ! » Il fait un nœud pour que, dixit l'intéressé, le jack ne tombe pas.

C'est l'heure. J'arrive dans le noir, la tête défoncée par l'herbe mais prêt à tuer le public, je me présente devant le micro, je tire sur le jack et... il ne vient pas. Je tire plus fort et j'emporte le micro. Putain ! Qu'est-ce qui se passe ? Je ne comprends pas. J'entends Chris qui me demande :

— Alors, on y va ?

— Attends une seconde...

Et je me dépatouillais avec ce foutu cordon de guitare et le pied de micro, tout seul dans le noir. Plus je tirais, plus ça serrait. Un roadie arrive et m'aide. Il a tout de suite compris. Quand il me l'a donné, après ce qui m'a semblé être des heures, et que j'ai branché le jack dans ma guitare, j'ai entendu le bruit de l'écho derrière moi, dans l'ampli : clac, clac, clac, clac... Putain d'Adèle ! Chris, évidemment, dès qu'il a entendu que j'étais branché, a attaqué le plan d'intro de batterie. Normal.

Toujours dans le noir, je cherche avec les pieds la pédale d'écho. On aurait dit un idiot qui marcherait avec des gros sabots sur une scène en tentant d'écraser des fourmis qui

© Tourte et Petitin

Classe de 6e, lycée de l'Emperi, Salon-de-Provence.
1er rang, 2e à partir de la droite.

Collection de l'auteur

Lapsus, au bal du lycée. Régis à la basse et moi avec un look d'enfer et ma guitare EKO.

The Police : les premières photos. La session de Fall Out.

© Peter Baylis

Une session dans les rues de Londres.

Collection de l'auteur

The Police au Music Machine. Nous sommes quatre avec Andy Summers, et moi aux backing vocals !

© Andrew Douglas

Wayne County and the Electric Chairs, dernière mouture
avec Elliot Michaels derriere Wayne, entre Val et John à droite.

© Patrick Padovani

Une arrivée en Angleterre en ferry…
Les blanches falaises de Douvres en vue.

The Electric Chairs, du temps de « J'attends les marines ».
Val Haller devant et J.J. Johnson à droite.

Les Flying Padovani's en studio. Chris Musto, Steve Smith et moi.

The Flying Padovani's, Chris Musto, Paul Slack et moi, de droite à gauche.

Chris Musto, mon frère Patrick, moi et Marc Zermati,
de gauche à droite, devant un hôtel du cours Napoléon à Bastia,
en pleine tournée des Flying.

Kim Wilde, Bruxelles. J'ai ma sublime Gretsch White Falcon
et Chris Musto derrière.

Collection de l'auteur

The Subterraneans : de gauche à droite, Nick Kent,
Chris Musto, Glen Matlock, et moi.

© Henry Padovani

Fanny et nos enfants, Fédora et Aliosha,
sous le soleil de Bretagne.

seraient partout autour de lui. Je ne trouve rien et attaque quand même le riff de guitare. J'étais obligé, Chris tapait déjà depuis une minute. Très fort celui qui a reconnu le morceau. On ne comprenait rien. J'ai souffert mais tenu. Je faisais le riff sans écouter car l'écho m'aurait mis dedans, et je me demandais si Paul pourrait comprendre quand entrer avec sa basse et si le type des lumières savait quand il devait envoyer la sauce des spotlights, truc qu'on avait bien sûr répété et qui était assez sympa pour le public.

Bref, ça s'est bien passé et dès que la lumière est arrivée, mon seul souci a été de localiser sur la scène cette pédale pour appuyer dessus. Elle n'était pas à portée de pieds et, comme dans un dessin animé, ma jambe a dû s'allonger de un mètre pour l'atteindre.

Le public n'a rien vu. Ils nous entendaient sûrement pour la première fois sur scène. Par contre, les techniciens nous regardaient avec de grands yeux, le chargé des retours kiffait comme la bête défoncée qu'il était, et nous trois on était morts de rire.

Le concert s'est bien déroulé, même si au troisième morceau, je ne sais pas comment, je me suis réveillé sur scène car j'étais tombé ! J'avais dû commencer à m'endormir... en plein solo ! Bizarre, je ne me rappelle de rien.

Tous les techniciens et Pete nous ont dit qu'on avait vraiment bien joué ce soir-là. Le public avait réclamé un rappel. Et Bruno, quand il est arrivé dans les loges pour nous féliciter, s'est fait jeter comme jamais dans sa vie. Il n'est jamais plus revenu voir nos réglages avant un concert et nous avons décidé d'arrêter de fumer des joints pendant un moment.

Le deuxième soir de la tournée, on a vu sur le côté de la scène tous les Pretenders venus nous écouter, Pete en tête. Ils avaient l'air d'apprécier. C'était sympa de leur part. Jimmy m'encouragait avec le pouce. Le lendemain, Chrissie est venu dans les loges pour nous dire combien elle aimait ce que l'on faisait. C'est vrai que pour les Pretenders, arriver devant un public chauffé par une série d'instrumentaux de guitare devait être plutôt agréable et bien dans l'esprit rock'n'roll qu'ils véhiculaient. Pendant un temps, ils avaient aussi inclus « Saber Dance » dans leur set, la danse du sabre façon Dave Edmunds. Donc, les instrumentaux, ça leur parlait ! Nous allions les regarder chaque soir faire leur show.

Pete était mon pote. Il jouait bien et il avait un sacré look. Un vrai de vrai. Les Pretenders étaient de ces groupes qui ont fait la jonction entre le punk et la suite. Comme les Clash. Les Pretenders avaient Pete et les Clash avaient Paul. Le style qui tue ! Tous les deux à la basse. La différence était que Pete savait vraiment bien jouer. Paul Simenon s'était mis à la basse sur le tard et avait appris au moment où le groupe commençait à tourner. Il se débrouillait sur scène mais, en studio, Topper m'avait expliqué que c'était Norman Watroy, le bassiste de Ian Dury and the Blockheads, qui donnait un coup de main sur les parties compliquées, comme « The Magnificent Seven ».

Pete mâchait toujours un chewing-gum sur scène. Souvent, en plein milieu d'un morceau, il penchait la tête en arrière, crachait son chewing-gum vers l'avant – qui montait bien à deux mètres – faisait deux pas en avant et le récupérait la bouche ouverte... Sans perdre le morceau. Incroyable. Il faisait son numéro pour épater la galerie, dès qu'il nous voyait.

Un soir, à Brighton, pas loin de Londres, la ville où les Mods et les Rockers s'affrontaient durant les sixties, nous venions de finir notre set et nous étions dans notre loge. Il était temps pour les Pretenders de monter sur scène. Notre porte était ouverte et lorsqu'ils sont sortis, on a entendu Pete :

— Écoute, Chrissie, j'en ai ras le bol de voir ce mec sur notre scène...

— Ce n'est pas « un » mec, c'est Ray Davies. OK ?

— Je m'en tape de qui c'est, Ray Davies ou un autre...

— Comment peux-tu dire ça ?

— Je dis ça parce que tu nous l'as imposé, et tu n'as pas le droit de faire ça... C'est notre groupe, pas le tien !

— Mais qu'est-ce qu'il y a de mal à ce que Ray Davies vienne chanter avec nous ?

— Tu le fais venir sur la tournée parce que tu couches avec lui...

— Va te faire voir... On a enregistré deux morceaux des Kinks... C'est quoi ton problème ?

— Tu aurais pu en parler, c'est tout.

— Tout le monde est d'accord.

— Mais tu aurais pu en parler. Je ne l'aime pas ce mec. Tu n'es pas toute seule dans ce groupe.

Et ils ont tourné au bout du couloir. L'altercation continuait mais on ne les entendait plus. Chrissie vivait une histoire d'amour avec Ray Davies et, ce soir-là, elle avait prévu de le faire monter sur scène pour chanter les deux reprises des Kinks qu'ils faisaient, « Stop Your Sobbing » et « I Go to Sleep ».

« Stop Your Sobbing » avait été le premier succès des Pretenders. C'est grâce à lui qu'ils ont démarré. Je crois que c'est Nick Lowe qui l'avait produit. En tout cas, je me rappelle de leur premier concert, au Moonlight Club. À l'époque on ne les connaissait pas – et pour cause, c'était leur tout premier concert – et on y était allés pour voir Nick Lowe, qui devait monter sur scène. Nick n'était pas venu, mais on avait découvert un groupe génial !

J'étais miné pour Pete, qui n'avait pas l'air content du tout. Ray Davies est quand même monté sur scène, comme tous les autres soirs. Le public appréciait et Pete jetait des regards noirs à Chrissie qui le lui rendait bien. Après le concert, Pete était venu nous saluer et est rentré direct à Londres.

Quand on les a retrouvés là-bas, pour la suite des concerts, tout s'était calmé.

Quelques jours plus tard, paumés dans Paris et sa banlieue, à deux kilomètres à l'heure sur la neige, on est arrivés au Pavillon Baltard pour le concert organisé par KCP. C'était bien de revenir à Paris avec les Flying Padovani's. J'étais sûr de revoir plein d'amis, mon frère Patrick et ma sœur Babette devaient me rejoindre.

Mais quand il y a trop d'amis présents autour, ce n'est pas toujours facile. On n'arrive pas à se concentrer. Alors, ce concert n'est pas resté dans ma mémoire pour notre prestation. On a très mal joué, et on a sûrement déçu pas mal de gens qui devaient compter sur nous. Très souvent il faut se battre pour gagner un public qui ne vous connaît pas, mais ce soir-là, quand on est montés sur scène, on était attendus. Probablement grâce à tous les articles que les gens avaient dû lire dans la rubrique « In the City » de Bruno Blum, et peut-être aussi pour me voir, « le rocker corse qui roulait pour lui en Angleterre ». J'en suis encore désolé aujourd'hui. Mais, on s'est rattrapés au Rose Bonbon les deux soirs suivants.

Faut dire que, lorsqu'on est arrivés dans les loges du Pavillon Baltard, KCP avait bien fait les choses : plein à manger et surtout beaucoup à boire. Comme tous nos amis étaient là et que c'était bientôt Noël, on a célébré. Copieusement ! Bref, on a oublié pourquoi on était présents. Après notre concert, quand nous sommes retournés dans les loges, tout le monde nous a suivis et on a continué à vider le stock de bouteilles. On délirait tellement que les managers des Pretenders sont venus nous demander de nous calmer et de faire moins de bruit. Ensuite, comme ces derniers devaient monter sur scène, ils ont exigé qu'on vide le couloir. Évidemment, les potes voulaient rester backstage et nous, on s'est dit qu'ils devaient rester avec nous. Les types de KCP nous ont dit :

— Pas de problèmes, rentrez dans les loges, faites ce que vous voulez, mais ne restez pas dans le couloir pendant les dix prochaines minutes !

C'est là qu'on s'est rendu compte qu'on était vraiment nombreux. On s'est tous entassés dans la loge et on a à peine réussi à fermer la porte. On était serrés comme des sardines dans leur boîte. J'étais coincé contre Paul, le bassiste, tout près du buffet. On était morts de rire. Il y avait une bûche de Noël sur la table et, bien sûr, je n'ai pas pu m'empêcher d'y plonger un doigt et de menacer le visage de Paul avec la boule de crème que j'avais récupérée. C'était clairement explosif ! Dans le couloir, on entendait les techniciens qui s'affairaient autour des Pretenders.

J'étais face à un triple choix difficile. Je pouvais ne rien faire et reposer la crème sur la bûche, attendre un peu avant d'en recouvrir le visage de Paul, ou le faire tout de suite. Je n'ai jamais été patient !

— *Bastard* !

Paul, le visage recouvert de crème, a plongé la main vers la bûche et a rendu le coup. En quelques secondes, toute la loge se battait à coups de crème, de cacahuètes, de sandwiches, et on a commencé à se jeter des liquides à la figure. C'était intenable. Du close combat, les uns sur les autres. Les filles criaient. On riait. Le bruit devait être infernal, et, dans le couloir, les Pretenders devaient se demander ce qui se passait derrière la porte sur laquelle une feuille de papier indiquait clairement : « The Flying Padovani's ».

Le gars coincé près de la porte n'a pas pu résister, il l'a ouverte et s'est enfui. Au mépris de tout respect et de toutes recommandations, toute la loge l'a suivi en continuant à se jeter des morceaux de bûche et des verres en pleine tête, sous les yeux médusés des Pretenders et de leur entourage. On a suivi le type et on a atterri derrière la scène, où des videurs nous ont canalisés sur un côté… Le côté où il y avait des sacs de confettis, que le promoteur avait prévu de balancer sur la foule à la fin du concert. Il ne l'a jamais fait puisqu'une des sœurs de Bruno a fini dans un des sacs et est ressortie comme un tricheur au Far West, couverte de crème et de confettis, et que nous nous sommes balancé le reste durant une bataille mémorable qui a duré toutes les premières chansons du set des Pretenders. Une histoire de fous.

Après le concert, nous sommes tous partis finir la soirée chez le père de Bruno qui avait un appartement incroyable et immense près d'un square à Pigalle. Il devait avoir beaucoup d'argent. Un chemin de confettis, qui partait de la rue, montait les escaliers et s'arrêtait juste devant le paillasson de Monsieur Blum, guidait les nouveaux arrivants. On a tous dormi là-bas.

On était le 19 décembre 1981. On était à Paris.

La collection Blue Note

— Encore une facture !

Tout seul, dans la maison de Camberwell, je regardais la note de téléphone. Deux cent quarante-trois livres sterling. Comment allais-je payer ?

S'il n'y avait que ça ! Il fallait aussi payer le loyer, les répètes, l'électricité, la nourriture, les clopes... Je ne m'en sortirai jamais. D'autant plus que peu d'argent rentrait. Kristina était en Suède pour le journal et elle gagnait un peu. Moi, je n'avais aucune rentrée d'argent, à part les cinquante livres que me filait Clive Banks, notre éditeur. Lui, c'est Dieu qui me l'a fait rencontrer. Mais, à ce moment-là, si je comptais tout ce que j'avais sur moi, je devais pouvoir réunir vingt livres, tout au plus, en fouillant toute la maison pour récupérer les pièces de monnaie. D'accord, j'avais une voiture, une Morris Traveller, que je pouvais vendre. J'en aurais tiré peut-être jusqu'à mille livres. Mais après ? Le bus, le métro... Londres, ce n'était pas Paris. Les transports en commun étaient une vraie galère, et le soir, plus moyen de sortir !

J'ai bu un autre café et fumé une autre cigarette en réfléchissant. Que devais-je faire ? Oublier, mettre la tête dans le sable, comme les autruches, et prier ? Ou même ne rien faire et attendre que quelque chose se passe ?

J'ai ouvert les grands rideaux du salon et j'ai observé les passants qui attendaient à l'arrêt de bus devant chez moi. C'était pratique, en regardant ce qu'ils portaient, je pouvais savoir rapidement s'il faisait beau ou pas. En contrepartie, ils pouvaient jeter un coup d'œil chez moi. C'est vrai, j'avais mis des voilages presque transparents sous les gros rideaux, juste de quoi empêcher les gens de voir distinctement tout en laissant passer la lumière, mais certains collaient carrément leur tête contre les vitres... Comme il faisait beau, j'ai décidé de sortir acheter le journal. Les deux, devrais-je dire, le *Sun* et le *Daily Mirror*. Obligatoire. Ensuite, je pensais aller faire un tour à la *junk shop* qui s'était ouverte à proximité, au coin de la petite rue qui ne menait nulle part, en tout cas vers une zone où on n'avait pas envie d'aller.

J'habitais dans Camberwell New Road. Au 164. Camberwell était un quartier qui allait grimper, c'était sûr. Mais en attendant, ce n'était pas trop ça.

À Paris, les habitants logent dans des immeubles de plusieurs étages, au-dessus des commerces. À Londres, ce n'est pas le cas. Le centre est occupé par les bureaux, et les habitants logent autour de la ville, dans des maisons basses. Il n'y a pas vraiment le choix. Bien sûr, il y en a toujours pour habiter en plein centre, mais il faut être vraiment riche.

Quand je suis arrivé en Angleterre, j'ai appris que la moitié de Londres appartient à une seule personne, le duc de Westminster. Je me suis aussi rendu compte que la plupart des gens louent leurs appartements ou leurs maisons. Et ceux qui les achètent ne les achètent que pour cinquante, quatre-vingts ou quatre-vingt-dix-neuf ans, mais jamais pour toujours. Ils achètent un bail mais pas le bâtiment. À la fin, elle retourne toujours au propriétaire originel. Il y a bien quelques *freehold*, bail libre, mais ça coûte les yeux de la tête.

Camberwell est plus bas que Vauxhall, sous la Tamise qui limite le centre de Londres au sud. Habiter au-dessus de la rivière, c'est plus chic.

— Où habites-tu ? Au-dessus de la rivière ?

Ça suffisait pour cerner quelqu'un.

Le squat qu'on avait avec les Electric Chairs était au-dessus de la rivière, à Gloucester Road. La superclasse. On habitait en face de la cousine de la Reine – 8, Queensgate Place –, et le British Museum était à trois cents mètres.

Quand notre ami Patrick a décidé de courir le monde, il nous a proposé, à Kristina et moi, de garder son appartement pour lui, de reprendre son loyer qui était de dix livres par semaine. Il habitait à Vauxhall, après le pont Victoria, juste sous la rivière. En fait, ce n'était pas si loin du centre. Mais le quartier était vraiment pourri. Noir de la fumée des trains. On avait l'impression que personne ne nettoyait jamais les rues. Les voies ferrées qui partaient de Victoria Station, la grande gare de Londres en direction du sud, traversaient toute la banlieue jusqu'à la campagne. Elles enjambaient les rues, bien accrochées sur des ponts dont les arches étaient transformées en garages ou autres locaux par les habitants du coin.

L'appartement de Patrick était dans un square, juste à côté de la rue principale qui filait en ligne droite vers le sud. Il se composait d'un salon, d'une chambre et d'une cuisine, avec toilettes. En fait, c'était trois pièces séparées par une cage d'escalier. En-dessous et au-dessus habitaient des couples de personnes âgées. C'était assez sale et on n'avait pas de salle de bains. On se lavait dans l'évier de la cuisine.

Ça avait été un pas en avant. Il fallait sortir du squat. Se forcer à payer un loyer, avoir un endroit à soi. Se dire qu'on chercherait à s'en sortir. Espérer gagner plus d'argent, pour pouvoir louer plus grand. On ne pouvait pas imaginer que le squat était l'arrivée, même si c'était plutôt facile. Finalement, c'était la démonstration que l'on avait envie de rester à Londres et de s'y faire une place au soleil.

On y a passé deux ans. Deux ans pendant lesquels les Flying Padovani's ont aussi commencé à se faire leur place. Le studio de répétitions était à cent mètres.

Tout était délabré dans cet appartement. Deux ans après notre arrivée, nous avons reçu une lettre de la mairie qui nous disait que certaines maisons autour du square, dont la nôtre, avaient été jugées insalubres et qu'elles allaient être démolies. On nous relogerait dans le quartier.

On avait tenu, on y avait cru et finalement quelqu'un avait eu pitié de nous. Je n'oublierais jamais le jour où nous avions eu rendez-vous avec un employé de la mairie au 164, Camberwell New Road. Une rue à l'anglaise où une cinquantaine de maisons toutes identiques, avec un étage et un jardin, avaient été complètement retapées. Nous n'étions pas seuls, il y avait d'autres familles. Nous n'avions aucune idée de ce qui nous attendait. Un Français et une Suédoise, mariés... mais pas anglais.

Peut-être serions-nous dirigés vers un de ces quelques grands immeubles qui avaient été construits dans les années 1960 et qui se concentraient dans une zone horrible. Mais bon, vu d'où l'on venait, tout était beau et mieux. Et il y aurait sûrement une salle de bains.

L'employé nous a appelés les premiers et il nous a dit que le 164 était pour nous. Nous ne pouvions y croire. Pour nous !

Ensuite, il a entraîné les autres familles vers les maisons suivantes, et je crois que si pendant quelques instants tous ces gens nous ont haïs, ils souriaient en sortant des pavillons. Eux aussi allaient trouver leur bonheur.

Il faisait donc beau ce matin de juin. J'ai vite enfilé un jean et un tee-shirt, et je suis sorti direction le *news agent*, qui vendait des cigarettes, de l'alcool, des journaux, et qui servait d'épicerie. Tenue par un Pakistanais, évidemment. Rien en poche, donc j'ai seulement acheté des clopes.

Puis, je suis allé saluer John qui tient la *junk shop*. Il vendait d'occasion à peu près n'importe quoi, et sa boutique renfermait un bric-à-brac infernal. Comme d'habitude, j'ai jeté un œil sur les disques, des 33-tours empilés par terre. Un de mes plaisirs favoris. Mes doigts ont fait défiler les pochettes. Je reconnaissais tout, je connaissais toutes ces pochettes par cœur, surtout les disques de rock anglais. Toujours les mêmes... Tiens, c'est quoi ça ? Dexter Gordon. *Getting Around*. Une superbe pochette Blue Note. J'ai pris le disque, il avait l'air neuf. Dexter Gordon. J'ai pensé à Fred, lorsqu'on s'était fait arrêter par la police à King's Cross, après être allés le voir jouer au Ronnie Scott. J'ai mis le disque de côté et j'ai continué mes fouilles. Jimmy Smith. Ah, la pochette arrache. Ornette Coleman à Stockholm. Magnifique photo. C'est Chris Musto qui aime Ornette Coleman, ai-je pensé. Art Blackey. Tous ces noms... Oui, c'était bien Chris qui connaissait tout ça. J'ai fait glisser le disque de sa pochette. Il était enveloppé par la protection en papier, avec un pli pour bien la saisir. Tout avait l'air neuf. J'ai sorti le vinyle délicatement. Il était lourd, épais, sans une rayure. On aurait dit qu'il n'avait jamais été utilisé. J'ai remballé le tout et je l'ai mis avec l'autre.

Incroyable, mes mains continuaient de faire défiler les pochettes. Et là, sous mes doigts, une série de disques, tous des Blue Note, en parfait état.

— Tu trouves quelque chose ? m'a demandé John, la cigarette au bec.

Il me parlait depuis sa drôle de caisse, au milieu du bazar.

— Ouais, il y a des trucs qui m'intéressent... Tu les fais à combien ? Toujours à vingt pence ?

— Comment vingt pence ? J'ai jamais fait les disques à vingt pence !

— Parfois, oui…

— Qu'est-ce que tu racontes ? Tu viens me voir tous les jours… Tu les as vus où, les disques à vingt pence ? Vingt-cinq peut-être, mais jamais vingt ! Et encore, si tu en prends plusieurs.

— Je n'ai pas d'argent en ce moment…

— Henry, mon ami. Sa voix s'est faite douce et marchande. Je les achète à vingt, comment veux-tu que je les vende à ce prix ? C'est pas l'Armée du Salut, ici !

— OK, je vais réfléchir.

J'ai continué à regarder. Il y en avait pas mal, peut-être une cinquantaine. J'étais sûr que je pourrais aller les vendre chez Cheapo Cheapo, à Portobello, ou même à Yves, chez Vinyl Solution. Je devais bien pouvoir tirer quelques livres pour chacun des disques, surtout dans un tel état.

À Londres, j'ai vite appris à me débrouiller pour gagner de l'argent. Ma journaliste de femme revendait pratiquement tout ce qu'elle n'aimait pas. Elle recevait toutes les semaines une vingtaine de disques, venant de toutes sortes de labels, agents de presse, etc. Elle écoutait, faisait une critique pour son journal et, hop, au magasin d'occasions. Tous les journalistes faisaient ça. Et tous les musiciens. Quand on allait voir un manager, un agent de tournée ou une maison de disques, on se débrouillait toujours pour leur prendre des disques. Ils savaient bien ce qu'on en faisait.

C'était marrant de se pointer chez Vinyl Solution ou Cheapo Cheapo et d'y voir des journalistes. Invariablement, ils faisaient semblant de regarder dans les bacs, de chercher quelque chose. Mais on savait qu'ils venaient vendre des disques, peut-être même le nôtre !

Yves, de Vinyl Solution, était cool avec moi. Il prenait mes disques et me faisait un bon prix. Il achetait plutôt des collectors de rock. Il était le passage obligé de beaucoup de touristes qui venaient à Londres, comme Bleecker Bob l'était à New York, à l'angle de Bleecker Street.

On vendait et on achetait en même temps. Les mecs étaient honnêtes. Ils nous prenaient un disque à cinq livres et le vendaient dix. C'était le tarif et ils mettaient le disque directement dans le bac. Ils négociaient le prix d'achat mais on voyait aussitôt qu'ils n'arnaquaient pas. En tout cas, pas des types bien comme Yves. Bleecker Bob était plus à l'affût d'une bonne affaire.

Un jour, je me suis pointé à son magasin. Le soir, on allait voir ensemble Robert Plant à la Brendan Byrne Arena. Quand je suis entré, il a crié à l'employé derrière le comptoir :

— Hey, Jimmy, tu sais qui c'est ? C'est Henry Padovani, le premier guitariste de Police !

Le mec m'a souri, m'a serré la main et m'a parlé de deux ou trois trucs. Puis Bob lui a lancé :

— Jimmy, prends le single qui est là-haut.

Accroché au mur, dans une pochette plastique, il y avait « Fall Out », le premier single de Police, décoré d'une étiquette à dix dollars. Jimmy l'a descendu et l'a donné à Bob.

— Henry, tu me le signes ?

— Pas de problème ! (J'étais flatté.) Je te mets une dédicace ?

— Non, juste ta signature.

— OK.

J'ai signé et tendu le single à Bob, plein d'amitié.

— Merci, Henry.

— Pas de quoi, Bob, c'est un plaisir...

Je n'avais pas fini ma phrase qu'il hurlait à l'employé :

— Hey, Jimmy, change le prix, mets-le à vingt-cinq, et raccroche-le sur le mur.

Sacré Bob ! Un juif new-yorkais, comme on se l'imagine, frisé, barbu, grassouillet. Il n'avait pas perdu de temps. Le soir, on est partis avec sa copine à New Jersey.

— Tu as les places ?

— T'en fais pas, Henry.

On est arrivés à l'Arena, une salle immense. Il s'est dirigé vers l'entrée des invités :

— Vous devriez avoir trois places au nom de Bleecker Bob.

— Voilà.

Dans l'enveloppe, il y avait trois places et trois backstages.

— Tu vois, Henry, avec moi, jamais de souci. Je les connais depuis longtemps, ces gars. Ce sont des amis. Quand tous ces groupes déboulaient à New York dans les années 1960, ils venaient directement chez moi. Je leur vendais des disques de blues. Tu aurais dû les voir, les Stones, Jeff Beck, les Beatles... Et Led Zeppelin, ils m'achetaient tout. Je vais te dire, ils en ont taxé, des riffs de blues. Je les connais tous, ces gars, tous...

Je trouvais qu'il en rajoutait quand même. OK, on avait récupéré trois backstages, pas de quoi en faire une histoire. C'est Zermati qui m'avait présenté Bob à Paris. Quand je rentrerai, je lui dirai que son pote se la pétait un peu... Beaucoup.

On est arrivé backstage. Plein de monde. La première personne sur qui on est tombé était Robert Plant. Il nous a vus et a fait signe à Bob :

— Bob ! Je n'y crois pas, tu es venu. Je suis tellement content.

Et il l'a embrassé de toutes ses forces. Bob m'a regardé, genre : « Tu vois, tout va bien. Je t'ai dit que c'était mes potes. »

Pas mal, je me suis dit.

— Jimmy ! Jimmy ! a crié Robert Plant. Jimmy, regarde qui est là.

Tout le monde était au courant qu'on était là.

J'ai vu Jimmy Page s'extraire d'un groupe de gens et venir vers nous, un verre à la main.

— Bob, my man !

Et ils se sont aussi embrassés.

Bob nous a présentés :

— Mon ami, Henry Padovani.

— Hey, Henry, merci d'être venu.

Là, j'avoue encore qu'il assurait. Mais bon, il connaissait les membres de Led Zep, et après...

J'ai vu Julian Lennon qui s'approchait.

— Vous êtes Bleecker Bob ?

— Oui, c'est moi.

— Mon père m'a beaucoup parlé de vous. C'est un plaisir de vous rencontrer.

— Salut. Ton père était un ami et je l'aimais beaucoup.

Et il m'a regardé. Le type était connu, c'était sûr.

J'ai aperçu Brian Setzer qui venait vers moi.

— Henry ? Qu'est-ce que tu fais ici ?

— Je suis venu avec Bob !

Évidemment, je commençais à comprendre ce que signifiait être avec Bob, ça faisait classe.

— Tu connais Bleecker Bob ?

Donc, le Bob assurait. Toutes les backstages nous ont salués. Je n'en croyais pas mes yeux. Soit il ne sortait jamais, soit ce mec était comme un dieu. Je dois dire que le coup de Julian Lennon m'avait impressionné.

Ensuite, on est allés dans la salle et on s'est régalés. Bob continuait à me dire combien il aimait Robert Plant et combien c'était son ami. J'avais bien vu qu'ils s'aimaient, mais bon, dans ce business, tout le monde il est beau, tout le monde il est gentil...

À un moment donné, sur scène, Robert Plant présenta le prochain morceau :

— ... Et je voudrais dédicacer ce morceau à un ami, un ami de toujours, qui est venu ce soir. Bleecker Bob. Bob, cette chanson est pour toi.

Là, Bob, m'a donné un grand coup de coude et m'a dit :

— Tu vois, je te l'avais dit que c'était mon pote !

Pendant que la salle applaudissait l'intro de Robert Plant et que le groupe entamait la chanson, je me suis dit que là, Bleecker Bob avait fait très fort. Robert Plant pensait à lui sur la scène de la Brendan Byrne Arena, New Jersey. Champion !

Le concert s'est bien passé. Brian Setzer et Jimmy Page sont venus jammer sur des morceaux de rockabilly. C'était infernal. Quel pied !

Comme nous avions été invités par Robert Plant à les rejoindre plus tard dans la nuit, Bleecker Bob nous a ramenés sur New York, et s'est garé pas loin du Limelight.

Je savais bien que tout roulerait. J'avais compris. Il a donné son nom à l'entrée, on est passés. On a monté un escalier, il a redonné son nom, et on est passés à nouveau. Quelqu'un avait bien fait son boulot. On a continué à monter jusqu'à une salle devant laquelle un cerbère nous a encore une fois demandé notre nom, pour nous laisser entrer dans un salon, intime, avec une cheminée, genre château écossais. Là, Jimmy Page, Robert Plant et Brian Setzer se sont levés, nous ont salués et nous ont offert des fauteuils autour d'eux. De toute évidence, ils nous attendaient.

Dans la *junk shop* de Camberwell New Road, je commençais à me dire que c'était peut-être mon jour de chance. J'avais mis dix disques de côté.

J'ai fait un rapide calcul. Si je les achetais vingt-cinq pence chacun et que Cheapo Cheapo, car c'était du jazz, me les prenait cinq livres, je pourrais repartir avec un bénéfice de quarante-sept livres et cinq pence.

Il y avait toute une rangée de ces superbes disques. Je ne pouvais pas les prendre tous. Et je ne voulais pas. Je ne voulais pas que le vendeur se doute de quoi que ce soit. J'aurais pu essayer de dealer avec lui, mais j'étais trop à court. Je préférais revenir, avancer doucement. Disons dix par jour. Quarante-sept livres par jour. Génial !

— Je te prends ceux-là. Mais je veux un prix.

— Fais voir... Ah oui, ils viennent de rentrer. OK, comme je les ai eus tout à l'heure, je veux bien te faire un prix. Il y en a dix... Deux livres cinquante. Tu vois, je suis réglo.

— Merci, c'est gentil.

— Le secret du business, Henry, c'est de ne pas garder de stock. Tu comprends ? Ça rentre, ça sort, c'est pas cher et tout le monde est content. Si tu aimes ce genre de jazz, tu as vu les autres ?

— Oui, j'ai vu...

Je n'avais pas envie qu'il se rende compte que j'avais caché les autres disques derrière la pile, au fond de la rangée. Je voulais revenir avant que quelqu'un d'autre ne les trouve. J'ai payé et je suis rentré chez moi. J'avais deux disques de Dexter Gordon, un de Thelonious Monk, un de Freddie Hubbard, avec les barres qui couvrent la pochette – quelle classe ! Et aussi Miles Davis, Cannon Adderley, Larry Young, Wayne Shorter, John Coltrane... Bref, que des jazzmen sensationnels.

J'avais envie de les écouter et pourtant, comme ils étaient neufs, je ne voulais surtout pas les abîmer. Il fallait à tout prix que j'en tire le maximum. Gros dilemme. Finalement, j'ai décidé d'en garder un, *Getting Around* de Dexter Gordon, en souvenir de la virée que j'avais faite avec Fred, puis j'ai filé direct à Notting Hill Gate, chez Cheapo Cheapo.

Le vendeur a sorti les neuf disques du sac plastique en faisant une tête qui voulait dire que c'était du beau matériel. Il a vérifié les pochettes, a sorti les disques et les a regardés à la lumière. Enfin, il a tout rangé et m'a dit :

— Très bon état. Je te les achète cinq livres chacun.

— Je m'y attendais... Ça me va, et j'en ai d'autres.

— Dans le même état ?

— Pareils.

— Amène, ça m'intéresse.

Il m'a donné quarante-cinq livres sterling. Il a mis les disques dans des pochettes en plastique transparentes, puis il a collé dessus une petite étiquette sur laquelle il a inscrit le chiffre « 10 », et il est allé les ranger dans le bac réservé au label Blue Note.

J'avais quarante-cinq livres en plus des dix-sept qui me restaient de ce matin. La vie était belle. Il faisait beau et le business reprenait, comme on dit. Il fallait que je retourne à la *junk shop*. Vite.

Je suis reparti vers chez moi. J'ai fait au plus court, c'est-à-dire que de Notting Hill Gate, j'ai été jusqu'à Marble Arch et j'ai descendu Park Lane. Arrivé à Hyde Park Corner, j'ai poussé jusqu'à Victoria, puis je suis passé par Pimlico – chaque fois que j'y passe, je pense au film où les gens de Pimlico se déclarent une zone libre et indépendante de l'Angleterre – jusqu'au Victoria Bridge, j'ai emprunté Vauxhall Bridge Road, j'ai longé le terrain de cricket, The Oval, et hop j'étais sur Camberwell New Road.

Je me suis garé au coin du pub, comme d'habitude, et j'ai été à la *junk shop*. John était dehors, il prenait le soleil.

— Henry, ça te dirait de boire une bière avec moi ?

— Pas à cette heure-ci, John, c'est trop tôt !

— Les chemins de la gloire ne conduisent qu'au tombeau.

John avait des lettres. Il citait Hemingway ou Shakespeare à tout bout de champ.

— Exact. Ce soir, si tu veux.

— Alors, et ces disques, ils sonnent ?

— Ils sont géniaux, tu veux dire ! J'adore le jazz, j'en fais la collection.

— Eh bien, si tu as de l'argent à dépenser, c'est le moment. (Il a baissé la voix et m'a chuchoté). Je te les fais au même prix. Mais seulement à toi car tu es un bon client et un fan. Ne dis rien à personne. Regarde : ce type vient de temps en temps. Il est en train d'en choisir. T'affole pas, à lui je vais lui proposer le prix fort, au moins quarante pence par disque...

Il m'a fait un clin d'œil, mais je ne l'écoutais plus. Je me suis précipité dans la boutique où j'ai vu un gars agenouillé devant la rangée de disques. Il a tourné la tête. Je l'ai salué du menton. Il a fait pareil et m'a toisé. Le regard en disait long. Il devait se dire exactement la même chose que moi. J'ai réalisé qu'il avait au moins trente disques de côté. Je me suis dit que je n'aurais pas dû me pointer, alors j'ai fait semblant de rien et je suis sorti, mais le mec avait dû comprendre. Ma seule chance, c'était qu'il n'ait pas assez d'argent sur lui. De toute façon, je jouais le jeu.

— John, je reviens te voir plus tard.

— OK.

À ce moment-là, le type est apparu à la porte. John a compris qu'il voulait payer. J'ai traîné, pour voir.

— Combien tu en as ? a demandé John. (Il a compté.) Trente-cinq... Allez, je te fais un prix.

Le con, me suis-je dit.

— Normalement, je fais payer cinquante pence pour des disques de cette qualité, mais là, comme tu en prends beaucoup, je te les fais à quarante pièce, OK ?

Le mec n'a rien dit et a sorti trois billets de cinq. John lui a rendu sa monnaie et l'a salué. Le type est parti en me saluant aussi.

— Ça marche, les disques, m'a dit John.

— On dirait. Mais ne gamberge pas trop, si tu les fais trop cher, ça ne marchera plus aussi bien. C'est une question d'équilibre. Allez, à plus.

Je me suis tiré, pensant revenir un peu plus tard. Fallait que j'assure. L'autre allait revenir, il avait dû voir tous les disques. Que ce soit pour sa propre collection ou pour les revendre, même à quarante pence, ça valait le coup.

Je suis revenu vers seize heures. Toute une nouvelle série qui n'y était pas le matin était rentrée. Toujours des disques de jazz, des Blue Note. Mais d'où les sort-il ?

Je l'ai joué tranquille. J'en ai pris vingt et John me les a faits à vingt-cinq pence. J'ai donc dépensé cinq livres et ça devait m'en rapporter cent, pour un bénéfice de quatre-vingt-quinze livres. John m'a avoué qu'il avait fait une bonne journée et qu'il fermerait tôt aujourd'hui. Donc pas de risque que le type revienne avant moi. Et je serais de retour demain matin.

Le lendemain, John a été surpris de me voir à 9 heures 30. Il m'a offert un thé. Je suis allé voir s'il avait de nouveaux disques. Au moment où je regardais la pile qui n'avait pas bougé depuis la veille, un type est arrivé avec deux sacs plastique pleins de disques et discutait avec John. J'ai mis de côté une vingtaine de disques et me suis approché.

— Ah, tiens, lui, c'est le type qui achète tous tes disques, a-t-il dit au type en me montrant.

— Hello, je m'appelle Henri, m'a dit le nouveau venu.

— Ça alors, je m'appelle aussi Henry, lui ai-je répondu.

Il était bien habillé, avec un veston à carreaux et un foulard glissé dans une chemise blanche. Avec ses cheveux pas trop courts et ses tempes grisonnantes, il avait l'air d'un vieux play-boy. Le genre d'Anglais qu'on rencontre l'été sur la Croisette, à Nice. Un vieux Roger Moore. Il parlait avec un accent de personne bien élevée, pas comme John qui avait un accent cockney, de l'East End, populaire, quoi.

— Tu es français ?

— Si on veut, je suis corse.

— Corse ? a demandé John en rentrant dans la conversation. Napoléon ?

— Exact.

— Tu n'es pas français, alors ?

— « Influence française », a corrigé le vieux play-boy, en connaisseur.

— C'est lui qui aime le jazz, a dit John.

— Bravo, m'a félicité le Roger Moore de Camberwell.

— C'est toi qui amènes tous ces disques ? lui ai-je demandé.

— Oui, c'est moi. J'en ai encore amené...

— Vas-y, Henry, jette un œil, a coupé John en me tendant les sacs plastique. Dis-moi si c'est de la bonne camelote.

J'ai pris les sacs et ils m'ont regardé les poser par terre. J'ai sorti délicatement les disques. Tous des Blue Note. Neufs. Kenny Burrell, *Midnight Blue*, dont la pochette ressemblait à *Almost Blue* d'Elvis Costello. De toute évidence un hommage au fabuleux travail de graphisme de Reid Miles, celui qui réalisait toutes les pochettes de ce label de jazz. C'est Chris Musto qui m'a appris ça par la suite. Il y avait aussi plusieurs disques de Freddie Hubbard, avec toujours ces magnifiques pochettes. Et un album de Sonny Rollins, celui avec le saxo sur la pochette. Pochette que Joe Jackson a intégralement copiée pour son disque *Body and Soul*. D'ailleurs, quand Chris Musto a réalisé le visuel du *Flying Padovani's font l'enfer*, il s'est aussi inspiré d'une pochette Blue Note, un truc d'Ornette Coleman... Qui a dit : « L'imitation est la plus belle forme de flatterie » ? On peut le faire, mais il faut le dire !

— C'est tout bon, John. Je vais encore casser ma tirelire ! J'adore ces disques.

Henri était radieux. Je les ai laissés discuter de business ensemble. Quand ils ont terminé, je suis retourné vers eux, et j'ai demandé à Henri :

— Tu ne les écoutes jamais ?

— Tu sais, j'en ai tellement, et je les ai tellement entendus, et maintenant... Maintenant, je préfère les vendre. J'ai plus le temps ni l'envie...

Il avait l'air un peu triste. Il a repris :

— Tu es musicien ?

— Comment as-tu deviné ?

— Ça se voit. Mais tu as l'air d'un… Comment dire… D'un rocker. Je ne dis pas ceci pour t'offenser, mais…

— Pas de souci.

— … Je suis surpris que tu aimes le jazz.

— Comme on dit, il y a la bonne musique et la mauvaise musique. N'est-ce pas, John ?

— Je n'aurais pas dit mieux…

John avait l'air de chercher une phrase dont il avait le secret, d'un grand auteur, mais il a été arrêté par un client qui venait lui demander le prix des lits entreposés au fond du magasin.

— Excusez-moi, gentlemen, le devoir m'attend.

Et il a suivi le client. Le timing était parfait. J'étais seul avec Henri.

— Tu veux venir boire un thé au *coffee shop* ? lui ai-je demandé.

— Avec plaisir.

J'ai passé la tête dans la boutique pour dire à John que je revenais dans quelques minutes et j'ai emmené Henri jusqu'au *coffee shop*. Là-bas, j'ai appris qu'il avait été journaliste et qu'il s'était occupé de la section musique pour je ne sais plus quel journal, qu'il ne travaillait plus, et qu'il vendait ses disques pour récupérer un peu d'argent. On a tous nos problèmes. John lui achetait les disques vingt pence pièce – il n'avait pas menti – et comme il en écoulait une cinquantaine par jour, ça lui payait ses clopes et quelques bières. De toute façon, il n'avait pas le choix. Il m'a donné sa carte. Je lui ai promis de l'appeler et de passer le voir chez lui. Puis nous sommes retournés voir John avec du thé pour lui dans un gobelet en plastique.

Henri est parti et moi j'ai acheté les quelques disques que j'avais mis de côté, plus une trentaine sur les cinquante qu'Henri venait d'apporter.

Au moment où je quittais la *junk shop*, le type que j'avais vu la veille est arrivé et est allé direct vers les disques. Il en trouverait bien quelques-uns, mais j'avais eu de la chance.

Maintenant, j'avais les vingt disques de la veille et les quarante que je venais de récupérer. J'avais dépensé douze livres et je pouvais m'en faire soixante fois cinq. Trois cents livres !

Là, ça ne rigolait plus. Tout prenait place dans ma tête. J'irais chez Cheapo Cheapo récupérer l'argent, puis chez Henri pour le convaincre de me vendre directement les disques à trente pence chacun. Il accepterait sûrement, vu qu'il gagnerait dix pence de plus qu'avec John. Et dix pence, quand on fait du business à vingt pence, c'est quand même cinquante pour cent de mieux. Et, s'il avait suffisamment de bons disques, avec mes trois cents livres je pourrais lui en acheter mille, ce qui me rapporterait... Cinq mille livres. Waouh ! J'étais sur un très bon coup.

En vérité, tout ne s'est pas passé exactement comme ça, mais presque... Je suis allé chez Cheapo Cheapo et j'ai récupéré mes trois cents livres. Le gérant du magasin m'adorait maintenant et je lui ai promis de lui apporter d'autres disques. J'ai appelé Henri qui m'a dit de passer dans la soirée. J'y suis allé. Il vivait avec sa femme, une superbe Jamaïquaine qui, à peine arrivés, nous a préparé du thé. Henri m'a fait entrer dans le salon dont un mur entier était tapissé de disques ! J'ai commencé à fouiller et, en plus des Blue Note, j'ai trouvé des Stax et des Motown. Au bas mot, il devait y avoir trois mille disques. Peut-être plus.

J'ai expliqué à Henri que j'étais un fou de musique et que j'étais prêt à lui acheter beaucoup de disques au prix auquel John me les vendait : trente pence. Je me suis bien gardé de lui dire que je les revendrais aussitôt. Il ne me l'a d'ailleurs pas demandé. Le deal était bon pour lui. Sa femme écoutait tout ça dans son fauteuil et l'atmosphère était fort civile. Tout le monde avait l'air d'y trouver son compte. Henri la regardait de temps en temps et elle montrait son approbation avec de petits sourires. Elle était fière de son Henri.

Ce soir-là, Henri m'a aidé à transporter six cents disques dans ma Morris Traveller. Un trésor potentiel de trois mille livres. J'étais sauvé. Henri aussi, peut-être.

J'avais choisi ce qu'il y avait de meilleur, mais, par la suite, je n'ai pas pu tout écouler. J'en ai gardé pas mal pour moi. Je les ai toujours. Henri a continué à retourner chez John vendre le reste, peu à peu. J'y allais aussi, pour la forme, et j'en prenais quelques-uns, de temps à autre.

Je n'ai plus revu l'amateur de disques. Il avait dû trouver son bonheur ailleurs. J'avais trouvé le mien. Ces factures qui m'avaient hanté devenaient un simple mauvais souvenir. La chance m'avait permis de rencontrer Henri qui, à son tour, m'a aidé à découvrir tout un nouveau monde de jazz et de notes bleues.

Vols de guitares

Ce jour-là, avec mon pote Peter Mc Carthy, j'ai décidé de rendre visite à Topper. Il avait emménagé dans un meublé juste au coin du rond-point de Shepperds Bush, en face du Hilton.

La raison de ma visite est très simple. Il m'avait appelé sur le coup de 2 heures. Pete était chez moi.

— Henry, c'est Topper.

— Hey, ça va ?

— Non.

— Qu'est-ce qu'il se passe ?

— J'ai été cambriolé et ils ont pris ta guitare.

— Arrête tes conneries. Qu'est-ce que tu veux ?

— Je suis sérieux. J'ai été cambriolé et ils ont pris ta guitare.

D'entrée, je n'y ai pas cru. J'aimais bien Topper et il le savait. Mais je n'étais pas stupide. Il avait la voix qui vacillait, il était camé jusqu'aux yeux. C'était un jour off et il faisait ce qu'il voulait. Il devait être avec Donna et ils avaient dû se shooter tous les deux. Alors, il voulait faire le malin.

Je savais que c'était dur pour lui et Donna, mais je ne savais pas quoi faire. Le raisonner ? Il n'écoutait même pas. Il aurait fallu l'attacher et le laisser dans un coin pendant une semaine.

Il n'en mourrait pas. Bien sûr, il aurait mal partout, il aurait froid et chaud, il se pisserait dessus, et il pleurerait toutes les larmes de son corps... Et, qui sait, il serait peut-être sauvé. Mais bon, je ne me sentais pas de faire ça. J'aurais dû ! Aujourd'hui, après tout ce temps, je me dis que j'aurais dû. Topper prenait beaucoup trop d'héroïne et il voulait nous faire croire le contraire. « Juste de temps en temps avec Donna », disait-il. Alors, pour cacher son teint blême et ses joues creusées, il faisait des UV. Pour apparaître « en bonne santé ». Mais comme il s'endormait devant la lampe, il se brûlait le visage. Du coup, pour faire « en bonne santé », il faisait « en bonne santé » : il avait tout l'air d'un grand brûlé !

Topper, c'était ça : il n'était pas méchant et il voulait toujours bien faire. Mais là, il n'assurait plus. Trois jours plus tôt, je m'étais vraiment fait cambrioler. J'étais rentré le soir, vers 9 heures, et en essayant de mettre la clef dans la serrure, la porte s'est ouverte. Toute seule. On a dû oublier de fermer, me suis-je dit. Mais, en même temps, on ne pouvait pas vraiment oublier. On tirait la porte, elle claquait, c'était tout. J'ai regardé Kristina et elle est entrée. Elle a jeté un œil dans le salon, puis elle est montée à l'étage en courant.

— Henry ! Henry ! On nous a cambriolés.

Je l'ai entendue éclater en sanglots. À mon tour, je suis passé devant le salon, j'ai remarqué qu'il manquait des trucs, et je suis monté la rejoindre. Elle était dans la chambre. Les tiroirs de la commode étaient ouverts et toutes ses affaires par terre : culottes, soutiens-gorge, papiers... Pas brillant, tout ça. Je l'ai consolée un peu et je suis redescendu.

Il manquait le Revox, un gros magnéto deux pistes... Et la guitare de Pete. Une Rickenbacker qui devait valoir une fortune. Elle avait douze cordes mais on pouvait choisir de jouer avec douze ou six, car il y avait près du manche une espèce de râteau qui pouvait appuyer et donc qui « étouffait » six des douze cordes. Son vernis était profond et elle brillait beaucoup. Les Rickenbacker ont toujours eu pour moi ce côté glacé, un peu trop, presque comme des tables de salon. Je ne les ai jamais trouvées suffisamment patinées. Même vieilles, elles font neuves. Dommage, car j'aime bien leur son. Le son typique des Beatles et des sixties. Acide. La mienne, enfin celle de Pete, je l'appelais la « John Lennon », car il en avait une sur une photo. Pete, qui ne jouait pas souvent de la guitare, me l'avait prêtée. Elle avait appartenu à son ami Jimmy, des Pretenders, qui était mort cette année-là.

Louise, la voisine, est entrée sans frapper – la porte était ouverte – avec un balai à la main et une de ses filles cachée derrière elle. Louise était jamaïquaine. Elle vivait avec ses cinq filles au 166. Nos maisons, identiques, étaient collées, comme toutes celles de la rue.

— Ah ! C'est vous.

— Louise ! Que s'est-il passé ?

Elle m'a raconté, avec son accent charmant, qu'à six heures de l'après-midi une voiture s'était arrêtée avec deux types à bord. L'un d'eux a frappé, et au bout d'un moment il est retourné dans la voiture, il a pris un pied-de-biche et il a attaqué le chambranle. Ils ont fait sauter la porte des charnières et sont entrés devant les gens médusés qui attendaient le bus. C'était sa fille qui avait remarqué leur présence. Ensuite, les types entraient et ressortaient à tour de rôle avec des objets dans les bras. Ils ont rempli le coffre et sont repartis. Les gens à l'arrêt de bus n'ont rien fait et, quand les types sont partis laissant la porte grande ouverte, il y en a qui se sont approchés pour regarder dans notre maison. Sa fille est alors sortie pour leur dire d'arrêter et s'est mise à l'entrée pour empêcher les passants d'approcher. Quand Louise est revenue du travail, elle s'y est postée à son tour. Ensuite, elles ont tenté de camoufler l'ouverture et, comme la nuit était tombée, c'était plutôt convaincant. D'ailleurs, Kristina et moi n'avions rien vu en arrivant. Puis elles se sont relayées pour surveiller notre porte de leur fenêtre. De toute évidence, elles nous ont ratés et ce sont les cris de Kristina qui les ont alertées. Quand elles sont entrées, elles n'étaient pas rassurées et pensaient même que les types étaient revenus. Kristina et Louise sont montées constater les dégâts à l'étage. J'entendais Kristina parler de sentiment de viol et Louise qui acquiesçait.

Qui avait bien pu faire ça ? Je m'inquiétais vraiment pour la guitare de Pete. D'après la description qu'en avait faite Louise, leur accent et leurs vêtements, ça devait être les deux pédés qui nous avaient loué le studio de répétition. Ce n'était pas à vrai dire un studio de répétition mais on s'en était servi comme tel. Je ne sais plus qui les avait rencontrés. Je crois que c'était le vendeur de kebab qui m'en avait parlé lorsque j'avais déménagé du squat de Queensgate jusqu'à Vauxhall. Je cherchais un endroit pas cher pour répéter avec Chris et faire les auditions de bassiste pour monter les Flying Padovani's. Cet endroit était un ancien club gay. Vauxhall était un coin où les gays venaient car il y avait un pub, juste sous le pont de Vauxhall, qui était connu comme l'un de leurs grands lieux de rendez-vous londoniens et qui faisait aussi cabaret. Le soir, ce pub était bondé.

Le club appartenait à un vieux gay. Nous avions rencontré son boyfriend qui nous avait proposé un deal vraiment intéressant. On avait installé une petite sono, et on venait là tous les après-midi. De temps en temps, le vieux, toujours en peignoir de soie, venait jeter un œil et surtout ramener son jeune boyfriend qui prenait de plus en plus de plaisir à nous voir répéter. Je crois que le vieux était jaloux. Mais bon, il n'avait pas de soucis à se faire avec nous. Toutes les semaines, on le payait, dix livres je crois, et tout le monde était satisfait. L'endroit était sordide mais on s'en foutait. Il y avait une boule miroir au plafond, genre disco, qui ne tournait plus depuis longtemps, et la moquette était criblée de brûlures de cigarettes.

Ces types avaient l'air dangereux. Vraiment. Parfois, des amis à eux venaient les voir et c'est moi qui les prévenais. Je ne montais jamais jusqu'en haut des escaliers, c'était trop sale, et je préférais ne pas voir dans quel endroit ces deux-là faisaient leur business. Alors, je les appelais et je les laissais à leurs affaires. Nous n'avons jamais été à l'aise. Genre *Le Silence des agneaux*... Mais on avait un endroit pour répéter.

Lorsque les Flying Padovani's se sont séparés, un autre groupe nous avait demandé de leur présenter les propriétaires. Je crois que ce groupe avait fait un « runner », en d'autres mots ils étaient « partis en courant » en laissant une ardoise. Le propriétaire m'avait fait passer le mot comme quoi le groupe lui devait de l'argent. J'ai essayé de récupérer quelque chose mais le groupe avait splitté et s'en moquait complètement.

Ils savaient où j'habitais. Ça devait être eux. Pas de doute. J'en ai parlé à Chris Musto et il m'a dit d'oublier. Ces types-là étaient craignos. Et ils n'en avaient pas que l'air vu ce qu'ils avaient fait chez moi, en plein jour, devant un arrêt de bus. Il avait raison. Je n'ai jamais cherché plus loin et j'ai ensuite oublié cette histoire.

En attendant, j'ai appelé Pete Farndon qui m'a dit de ne pas m'en faire. La guitare lui avait été donnée et il s'inquiétait plus pour moi qu'autre chose.

C'est la vie, m'a-t-il dit. Quelle classe !

Quant à Topper, je ne me suis pas dit quelle classe. Comme il insistait lourdement, j'ai vite imaginé qu'il devait avoir échangé ma guitare contre de la drogue. Mais en même temps je ne voulais pas y croire.

— Topper, arrête ! C'est pas drôle. Je ne te crois pas.

— Sérieux. Sérieux, Henry, quelqu'un est entré chez moi. Il a tout pris, même ta guitare !

Avant mon cambriolage, j'avais passé ma Gibson rouge ES 335 à Topper. On prenait un break de quelques jours et il avait de bonnes idées qu'il voulait tester. Mais il n'avait pas de piano ou guitare dans son nouvel appartement. Je n'y voyais pas d'inconvénient. Au contraire. Et puis, il me resterait la Gibson B25, une guitare acoustique, la Fender Jaguar et Pete m'avait passé la Rickenbacker. J'aime bien l'idée de découvrir un nouvel instrument. Bizarrement, je trouve que ça donne envie de jouer et de composer. Je m'amuserais donc avec la Rickenbacker.

Quand le cambriolage s'est produit, j'avais tout raconté à Topper et je m'étais réjoui que la 335 se soit trouvée chez lui et pas chez moi. Car elle y serait passée à coup sûr. D'ailleurs, les types ont dû faire très vite, ou leur coffre devait être petit, ou encore ils n'ont pas regardé dans la petite chambre d'ami que j'avais transformée en studio, car la Jaguar et la B25 étaient toujours là. Heureusement.

Je me suis dit que Topper avait dû avoir l'idée géniale d'inventer un cambriolage. À moins que ce soit cette naze de Donna.

— Écoute, Topper, je viens te voir !

— Je te jure, Henry, je te jure...

— Bouge pas, j'arrive.

Topper continuait à jurer ses grands dieux que c'était vrai. J'ai raccroché et raconté l'histoire à Pete Mc Carthy. Il m'adorait et haïssait quiconque pouvait me faire du mal, ou même en penser. On a décidé de partir chez Topper.

Pete était très remonté :

— Ce type est un junkie. Il a vendu ta guitare. Je vais lui faire sauter toutes les dents.

— On verra... C'est ma guitare, mon son...

— On va lui faire dire à qui il l'a filée. Je vais lui faire dire ! Je vais lui couper la tête... Tu me connais. Ce type est mort.

Et plus on roulait, plus Peter me racontait ce qu'il allait faire subir à Topper, tout en faisant référence à des incidents qu'il avait déjà eus et que je connaissais bien. Comme quand il avait jeté un des videurs de La Venue à travers la vitrine du club. Un énorme Black. Depuis, il ne pouvait plus y entrer et, quand on y jouait, on se donnait rendez-vous à l'entrée des artistes. De toute façon, le videur qui surveillait cette entrée était un ami à lui, un Irlandais qui ne supportait pas le Black de la porte principale.

Ou encore quand il avait tenu tête au chef des Hell's Angels, qui étaient venus squatter une fête à laquelle il participait et que deux d'entre eux avaient coincé des filles dans une chambre. Ils étaient complètement défoncés et Peter avait demandé au chef de le suivre dans la salle de bains pour discuter. Ils y sont restés un quart d'heure et, quand le chef est sorti, il a dit à tous ses gars qu'ils partaient. Peter était un héros. On a tous spéculé sur ce qu'ils s'étaient dit, mais on n'a jamais su la vérité. Et si c'est ce qu'on pense, il vaut mieux ne pas savoir. On ne pose pas trop de questions aux Irlandais.

J'essayais de le calmer, mais je m'inquiétais pour la guitare.

On est arrivés chez Topper. On s'est garés dans la contre-allée et j'ai sonné avec Pete qui me collait au train. Pourvu qu'il soit là. Dring... Dring...

— Allô, a répondu Topper avec une voix nasillarde.

— C'est Henry. Ouvre.

Topper n'a pas répondu. Il devait être surpris. Quelques secondes sont passées, puis le buzzer m'a signalé que la porte était ouverte. Je l'ai poussée et j'ai grimpé les escaliers quatre à quatre, Pete sur mes talons.

Topper habitait au quatrième et dernier étage. La porte était ouverte. Il était assis avec Donna sur le divan. Ils avaient l'air démoniaques avec leurs yeux transparents et leurs pupilles comme des petites pointes d'aiguille. Topper était complètement défoncé et il pouvait à peine parler.

Tout avait l'air normal. Le flat était clean et sans traces de cambriolage ou autre.

Nous avons refusé de nous asseoir.

— Topper, qu'est-ce que tu as fait avec la guitare ? lui ai-je demandé.

— Incroyable, man… Je ne sais pas comment ils ont fait. Je suis désolé…

Je l'ai coupé net :

— Topper, qu'est-ce que tu as fait avec la guitare ?

— Henry, tu me connais ! J'adorais cette guitare, ta guitare. Tu ne crois pas que…

— Je m'en fous que tu l'adorais. Où est-elle ?

— Henry… Je ne sais pas… Crois-moi, ils sont entrés…

— Stop, Topper ! Où est-elle ?

Topper, qui déjà n'arrivait presque pas à parler, avait la tête d'un enfant qui va se mettre à pleurer.

— *Topper, are you a man or a mouse* ? – tu es un homme ou une souris ? – lui a demandé Pete. Réponds, ou je te fais sauter toutes tes dents !

Donna n'avait toujours pas dit un mot, terrorisée.

— C'est bon, Pete, c'est bon…

Je connaissais Pete et il fallait le calmer tout de suite, sinon gare aux dégâts. Il n'avait peur de rien et, franchement, encore moins de Topper qui faisait un mètre cinquante et devait avoir, grosso modo, trois de tension à ce moment-là. Et puis Topper me faisait de la peine. Je voulais l'aider. Après tout, c'était mon ami et je voyais bien qu'il ne savait pas ce qu'il faisait ou ce qu'il aurait dû faire. Je lui ai dit, comme j'ai dû l'entendre dans un film :

— Écoute, Topper, je vais descendre, attendre cinq minutes en bas et, quand je remonterai, ma guitare sera là.

— Henry... Non, on l'a volée... Je ne l'ai pas...

— Topper, je vais descendre, attendre cinq minutes en bas et, quand je remonterai, ma guitare sera là, lui ai-je répété calmement.

— Elle n'est pas là, Henry.

Je venais de comprendre que ma guitare n'était pas loin. Elle était peut-être même ici, dans l'appartement, mais, comme pour lui donner une chance, je lui ai encore redit, calmement :

— Topper, je vais descendre, et quand je remonterai, ma guitare sera là. Viens, Pete, on descend.

Pete m'a suivi, jetant des regards de tueur aux deux junkies affalés dans le canapé, pendant que Topper marmonnait : « Non... Non... »

Nous sommes redescendus sans parler. À peine dehors, Pete a attaqué :

— Henry, je vais le tuer !

— Arrête, Pete. Je suis sûr que ma guitare n'est pas loin.

— Ce type est un dingue. T'as vu sa tronche ? Ses yeux ? Et l'autre... Comment peux-tu être aussi calme ? Mon Dieu !

Pete disait toujours ça : « *I swear to God* » – « Je jure sur Dieu ». Comme il parlait de plus en plus vite, je sentais qu'il s'énervait. Il était capable de fracasser la porte. Il voulait en découdre tout de suite.

— Pete ! On fait comme on a dit. Je ne sais pas pourquoi, mais je pense que ma guitare est là-haut. Tu as vu l'appartement ? Tu crois qu'ils ont été cambriolés ? Si un type avait vraiment fait ça, il aurait retourné l'appartement... Ça se verrait. Et dans l'état où ils sont, comment veux-tu qu'ils rangent quoi que ce soit... Et puis, même si elle n'est pas là, elle ne peut pas être bien loin.

— Junkies ! Ce ne sont que des junkies. Comment peux-tu réussir à leur parler ?

— Ouais, je sais...

Je réfléchissais. Il pouvait l'avoir filée à un mec à qui il devait de l'argent ou carrément l'avoir échangée contre de la dope. Une guitare comme la mienne valait au bas mot cinq mille livres. Au moins huit mille euros. Et c'est vrai que quand on est junkie, qu'on est en manque et qu'on a mal partout, on ne pense qu'au soulagement d'une injection. Alors, on est prêt à tout !

En même temps, j'espérais que Topper l'avait encore, dans l'appartement. Je l'avais super mauvaise, mais bon, il était très mal. Je me devais de lui donner une chance. S'il l'avait, on la prenait et on partait. Je me suis dit aussi que, s'il ne l'avait pas, ou s'il continuait à raconter des foutaises, Pete allait l'exploser. Je ne voulais pas de ça. Non, surtout pas. Mon Dieu, faites que ce ne soit qu'un cauchemar et que je me réveille.

— On y va !

J'ai sonné. Le buzzer m'a répondu. Pas un mot ne s'est fait entendre par l'interphone.

Cette fois-ci, on est montés tranquillement. Mon cerveau tournait à plein régime et mon cœur battait à tout rompre. Quand on est arrivés au quatrième, la porte était entrouverte. Je l'ai poussée.

Dans le salon, Topper était assis sur le sofa et pleurait en regardant la moquette. Donna n'était plus là. Devant la table basse trônait l'étui de ma guitare. Je suis rentré, je me suis agenouillé et j'ai fait claquer les quatre fermetures de la caisse. J'ai ouvert le couvercle et ma guitare était là, semblant dormir comme un bébé. J'ai refermé le couvercle.

Topper, les yeux pleins de larmes, essayait de parler.

— C'est bon, Topper ! lui ai-je dit gentiment.

Il me faisait une peine immense. J'ai rajouté, avec une voix douce, comme si je parlais à un malade :

— Je m'en vais maintenant...

Il pleurait encore plus.

— ... On se parle plus tard. Et demain on se voit au studio de répètes.

Pete n'a rien dit et est sorti après moi. L'ambiance était incroyablement lourde. J'ai tiré la porte derrière moi, laissant Topper sangloter.

Je ne lui en ai jamais plus parlé. Comme si rien ne s'était passé.

Pendant le voyage de retour en voiture, ma guitare dans le coffre, Pete n'a pas parlé. Il savait que j'étais vraiment malheureux et que quelque chose s'était cassé en moi.

Quelques jours plus tard, Pete Farndon, notre bassiste, serait trouvé mort dans sa baignoire, et moi, sur les conseils de Pete Townsend, j'allais envoyer Topper en Californie passer deux semaines à Orange County, chez le docteur Meg Patterson. Pete y avait été soigné avec la fameuse Black Box, un système électronique basé sur le principe de l'acuponcture qui stimule le cervelet pour qu'il se remette à produire des endorphines, les régulateurs des terminaisons nerveuses. Elles sont indispensables à notre fonctionnement et, chez les junkies, elles ne sont plus produites puisque la drogue les a remplacées. Pas moyen de vivre sans elles... ou sans héroïne. Pete y avait déjà envoyé Eric Clapton et ça avait aussi marché. Pourquoi pas Topper ?

La descente de Topper

J'étais à l'aéroport de Heathrow. J'attendais le vol Bristish Airways ramenant Topper de Los Angeles. Il revenait d'une cure de désintoxication. J'espérais que ça avait été efficace, car ce n'était vraiment plus possible.

Il est arrivé et il avait l'air en forme.

— Henry, *my man*. Regarde, c'est fini ! Je suis guéri !

Franchement, je voulais y croire. Sans attendre, je l'ai entraîné vers le terminal 4.

— Où va-t-on ? m'a-t-il demandé.

— Prendre l'avion... On part en Corse !

— Quoi ? Hey, attends, on passe à Londres d'abord...

— Pas le temps. On a un avion dans deux heures pour Bastia, via Nice.

— Mais, c'est quoi ce plan ?

— C'est notre plan ! Là, tu es clean mais je ne veux pas que tu retournes tout de suite à Londres, tout seul ou avec tes potes.

— Henry, je suis guéri ! Et puis Donna m'attend...

— Elle est au courant.

— Henry...

— Écoute, Topper, on part trois semaines chez mes parents, au soleil. Tu verras, tout se passera bien.

Je ne l'ai pas laissé m'embrouiller. De toute façon, tout était prévu. Mes parents nous attendaient. On allait passer trois semaines à le retaper, à nous retaper, et puis on rentrerait à Londres enregistrer avec Pete Townsend et James Eller à la basse. Pendant qu'il était en Californie, Clive Banks, Pete Townsend et moi avions beaucoup travaillé.

Londres est trop dangereux. Surtout pour un type comme Topper.

Basset Road. Topper et moi sommes rentrés de Corse.

Mes parents étaient ravis de notre visite. Ma mère s'est découvert une âme d'infirmière et mon père a pu perfectionner son anglais. Je leur avais tout raconté et ils savaient tout de Topper. Ils étaient contents de savoir que leur fils se comportait comme un bon Samaritain.

Tous les soirs, ma mère préparait de la soupe aux fèves à Topper qui, l'ayant goûtée le premier jour, ne pouvait plus s'en passer. Il nous a appris que fève se dit « flat bean » en anglais. Il ne faisait que manger et il avait un petit ventre rond. Il prenait le soleil et nous passions des jours tranquilles, le plus souvent sur les plages, encore désertes au mois de juin.

Il avait ramené un Ghetto Blaster des States et la cassette de *Thriller* de Michael Jackson. Nous la mettions en boucle. Quand mon frère et ma sœur sont venus nous retrouver, nous avons fait emménager Topper dans le studio de Santa Severa. J'avais ramené ma vieille Gibson B25 et nous jouions souvent. Il me montrait des trucs et moi, certaines de mes idées. Il avait l'air tout neuf.

Il adorait l'endroit et m'a dit que, lorsque nous aurions enregistré notre premier album, nous devrions venir ici, sur la jetée du port, prendre la photo de la pochette. Il imaginait une photo avec tous les gens du village, comme celle de *Led Zeppelin II* où les membres sont habillés en pilotes et mêlés à de vrais aviateurs. L'idée était bonne.

Un soir, nous sommes sortis à Bastia pour retrouver quelques amis en boîte. Nous avons bu comme des trous et le DJ, qui bien sûr connaissait Topper, le batteur des Clash, s'est occupé de nous et de la musique. La soirée était géniale. Cette nuit-là, dans la voiture qui nous ramenait, entre Folelli et Bastia, la fille que j'avais rencontrée en boîte m'a fait l'amour sur le siège arrière, à côté de Topper et d'une autre fille qu'il ramenait à Santa Severa. Je me rappelle du regard de mon frère qui avait baissé le pare-soleil et me matait dans le petit miroir en me faisant un grand sourire.

La fille est descendue à Bastia et nous avons emprunté la route du cap. Vingt-cinq kilomètres de virages. Topper et moi avons « entrepris » sa copine, assise entre nous. Lorsque mon frère nous a déposés au Studio, Topper est directement monté se coucher dans la mezzanine, et la fille et moi sommes allés sous la douche. Décidément, c'était une soirée rock'n'roll.

— Allô, Clive ?

J'appelais Clive Banks qui était comme notre manager.

— Aya, Henry !

Clive parlait très vite. Voulait-il dire « How are you » ou « Hi »... Je ne sais pas, mais il démarrait toujours comme ça.

C'était un type formidable, propriétaire d'une compagnie qui s'appelait Multimedia. Il avait signé en édition les Flying Padovani's et y avait cru dur comme fer. Il donnait suffisamment d'argent à l'époque pour pouvoir nous garantir cinquante livres par semaine, à Chris Musto, Paul Slack et moi. Dépenser cent cinquante livres par semaine pendant deux ans pour un groupe comme les Flying, et sans jamais rechigner : énorme ! Je passais tous les mercredis dans ses bureaux, à Covent Garden, récupérer l'argent que je donnais dans la foulée à Chris et à Paul.

Il était l'éditeur de pas mal de groupes comme les Pretenders ou les Boomtown Rats, et il était aussi un *radio plugger*, c'est-à-dire qu'il faisait de la promotion radio. On dit que c'était le meilleur en Angleterre. Chez lui travaillaient Gary Crowley et Spanner, aujourd'hui des personnages incontournables de la promotion dans le business musical anglais.

Chez Clive, on rencontrait beaucoup de monde. Il a lancé Bananarama. Avec les Flying nous étions proches de Siobhan et Keren, et elles ont fait leur première première partie avec nous. J'y ai rencontré Paul Young qui essayait de se lancer avec « Where I Lay My Hat », une reprise qu'il chantait à merveille. Paul et moi sommes amis depuis ce temps-là. Il y avait aussi les Boomtown Rats de Bob Geldof, qu'un pote de Clive, Faulkner, manageait. Et, bien sûr, les Pretenders. C'est Clive qui avait branché le groupe pour que nous assurions leur première partie en Angleterre et en Europe.

Nous adorions Clive. Parfois, il me demandait de l'accompagner voir des nouveaux groupes et tous les deux, parfois avec Gary, nous filions hors de Londres dans sa Ford XR quelque chose, découvrir The Cure, dont il faisait la promotion du single « Killing an Arab », ou un autre groupe. Clive parlait vite, conduisait vite et faisait tout à grande vitesse.

Clive et moi sommes toujours restés amis. Il est ensuite devenu président d'Island Records, a sorti l'album *Joshua Tree* de U2 et a organisé plus tard la vente de ce label à Polygram.

— Tout va bien à Londres ?

— Ici, tout va bien. Et vous ? Topper ?

— Super. Il a dû prendre dix kilos.

Clive faisait des jeux de mots que je ne comprenais pas et rigolait tout seul. Comme d'habitude.

J'étais content de lui parler. J'avais aussi envie de rentrer à Londres et de me remettre au boulot.

— Appelle Pete Townsend au Studio, m'a-t-il dit. Je crois qu'il est disponible dans deux semaines pour enregistrer. Ça vous donnera du temps pour répéter.

— OK, ça a l'air nickel.

J'étais devenu une sorte de leader et de relais pour tout le monde dans le groupe. Il faut dire que j'en étais le membre le plus sérieux. Et puis, après la mort de Pete, j'étais celui qui était le plus proche de Clive. Il avait investi tant de billes dans ce groupe. En tout cas, je voulais qu'il sache que je ne le laisserais pas tomber et qu'il pouvait compter sur moi.

Topper et moi sommes retournés à Londres deux jours plus tard.

Il avait l'air complètement différent. Plus sain. Plus énergique. J'étais trop content et fier de moi. Merci Pete Townsend, merci Clive, merci Rob, merci papa et surtout maman. Merci tout le monde.

Évidemment, je ne pouvais pas le garder avec moi continuellement, mais j'avais espoir. Donna n'était pas à Londres. Elle aussi avait décidée de s'en sortir et était rentrée chez ses parents. Pas de souci de ce côté-là.

Conover, la femme de Pete Farndon, avait proposé de garder Topper chez elle quelque temps. Je pensais que c'était une bonne idée. Pendant notre séjour en Corse, j'avais gardé le contact avec elle. Elle s'était retrouvée complètement isolée à Londres après la disparition de Pete. Elle avait quelques amies mannequins, et c'était à peu près tout. Aucun membre des Pretenders ne l'appréciait. Elle devait se débrouiller toute seule.

J'ai déposé Topper chez Conover et je suis rentré chez moi à Camberwell. Topper m'a rappelé en début de soirée pour me dire qu'il était amoureux !

— Ah, ah, ah, je suis mort de rire.

Avec Topper, on s'attendait à tout, mais il arrivait toujours à nous surprendre. Enfin, c'était agréable de l'entendre ainsi. Il avait une pêche incroyable.

— Sérieux, Henry, je suis amoureux.

D'un coup, j'ai eu une mauvaise pensée.

— Tu as revu Donna ?

— Putain ! Tu ne veux pas me croire ? Je t'ai dit que je serais sérieux. Fais-moi confiance. Et puis j'ai promis à Johnny et à Marie.

Johnny et Marie sont mes parents. Topper les a beaucoup aimés et c'était réciproque. Sa réponse a calmé mes angoisses.

— C'est vrai. De qui es-tu amoureux, alors ?

— De Suzanne, m'a-t-il répondu, comme si c'était évident.

— Suzanne ?

Je me demandais qui était cette fille et comment il pouvait être amoureux de quelqu'un dont je n'avais jamais entendu parler. Surtout qu'on venait à peine de rentrer de Corse.

— T'es drogué jusqu'à la moelle, m'a-t-il dit avec son petit rire de chèvre. Suzanne, la fille qui est chez Conover.

Chez Conover… C'était vrai qu'il y avait deux copines à elle quand j'y ai déposé Topper. Deux mannequins américains.

— C'est laquelle ? La blonde ou la brune ?

— La blonde, a-t-il répondu, plein de fierté.

— Eh ben, tu ne perds pas de temps. Tu as dû la voir cinq minutes et tu es amoureux !

— Non, on a bien discuté ensemble. Et elle m'a dit qu'elle était aussi amoureuse de moi.

J'ai littéralement explosé de rire.

— Excuse-moi, mais c'est trop drôle.

— Tu es vraiment con. Tu sais, je t'ai appelé toi, pour te dire que je suis amoureux, car tu es mon ami, tu m'as sauvé la vie, tu t'occupes de moi et…

— C'est bon, c'est bon. Je suis désolé, mais parfois je n'arrive pas à te suivre… Elle est comment ?

— Là, mon pote, tu vas tomber. C'est un canon, une bombe atomique.

Dans la bouche de Topper ces mots m'ont fait sourire, mais je me suis retenu.

— Parfait ! Et la brune ?

— Elle est toujours là. Elles habitent toutes les deux chez Conover. Pourquoi ?

— Non... Rien... Je lui ai parlé tout à l'heure et elle était plutôt jolie.

— Elle est super, tu veux dire. Mais elle est trop grande pour moi !

Cette réponse m'a troublé. Je comprenais que Topper avait besoin d'avoir des gens autour de lui. On venait de rentrer et Donna n'était pas là. Il avait besoin d'amour ou, en tout cas, d'en donner. Et pas qu'un peu... Mais je préférais ça à l'héroïne. Alors, c'était plutôt une bonne chose. Il avait l'air heureux.

— Suzanne est parfaite pour moi, a-t-il continué...

Il me donnait une foule de détails sur elle, tout ce qu'il avait appris en une après-midi. Mais je ne l'écoutais plus. Je pensais au groupe. Je me suis dit que si Topper était sauvé, le groupe aussi. Même si, sans Pete, ce ne serait plus jamais pareil... Que l'un d'entre nous décide de quitter le groupe ou d'en intégrer un autre, pas de problème, mais qu'il meure... Surtout Pete, avec lequel je m'entendais vraiment bien. Je le revois encore sur sa Triumph, au rond-point de Hammersmith, deux gerbes d'étincelles jaillissant de ses bottes, alors qu'il démarre en trombe. Dernière image... Vivante, bondissante... Avant celle de la baignoire, du corps immobile dont seul le tatouage sur l'épaule émergeait de l'eau... Cette image ne me quitte pas.

— ... que tu viennes le plus tôt possible.

— Quoi... Qu'est-ce que tu dis ?

Topper avait continué pendant que j'étais plongé dans mes souvenirs.

— Quoi ? Tu ne peux pas ?

— Oui... Euh, non... Excuse-moi. Tu disais ?

— Tu dois être vraiment drogué. Je te disais que tu pourrais passer, comme ça, tu rencontreras Suzanne.

— ... Ouais...

Je ne devais pas avoir l'air très convaincu. Il s'en est rendu compte et a ajouté :

— Et puis, il y a Jezira, la brune. Elle est top et je lui ai parlé de toi. Conover aussi.

— Mais qu'est-ce que vous mijotez tous, chez Conover ?

— Allez, elle ne te plaît pas ?

— C'est pas ça... Je viens d'arriver, il faut que je me concentre sur le groupe. Et puis je dois aller voir Clive Banks et aussi récupérer ce qu'on me doit chez Warner.

— Tu peux prendre ce qui me revient ?

— Bien sûr.

— Cool ! Tu passes quand alors ?

— ... Demain après-midi ?

— Parfait. En attendant, je parle de toi à Jezira.

— Comment tu dis ?

— Je-zi-ra.

— C'est ça. Vas-y, j'arrive.

— Oui, je te connais !

C'était bon d'être de retour chez soi. Je retrouvais toutes mes marques. Le matériel dans la petite chambre d'amis, avec le gros quatre-pistes Sony. Il manquait évidemment le Revox et la Rickenbacker de Pete, qui avaient disparu dans l'histoire du cambriolage, le vrai.

Le lendemain, après un café, je suis allé acheter les journaux en face, à côté du kebab, avant de faire un petit tour à la *junk shop*, pour voir s'il y avait quelques disques d'occase intéressants. Puis j'ai appelé Warner Chapell pour leur dire que je venais prendre mon argent et celui de Topper.

En quittant Warner, je me disais qu'on était tombés sur des types bien. Ce Rob Dickins ne râlait jamais et payait sans rechigner. Il nous recevait toujours en personne et je trouvais ça réglo. Après tout, c'était quand même le boss de Warner Chapell pour l'Angleterre. Ça ne se passe pas comme ça en France, non... Et puis, on pouvait parler musique. Un jour, il m'a donné le dernier disque de David Bowie, *Let's Dance*, en me demandant d'écouter le guitariste, un certain Stevie Ray Vaughan, et d'en prendre de la graine. Il avait raison, le bougre. Ce Stevie jouait comme une bête et son blues se mariait parfaitement avec la musique de David Bowie. Bravo. J'adore découvrir un nouveau truc et, ce coup-là, Rob avait marqué de beaux points.

J'ai remonté Oxford Street, comme on pouvait le faire avant, et à Marble Arch, j'ai pris vers Notting Hill Gate. J'adorais aller vers ce quartier de Londres. Portobello était devenu notre rendez-vous obligatoire le samedi après-midi, à la place de King's Road. On y retrouvait les potes et on achetait tout en deuxième main. J'ai coupé vers Ladbrode Grove et je me suis garé dans Basset Road.

Je n'y étais plus revenu depuis la mort de Pete. La Triumph Bonneville était toujours stationnée devant la maison. Je me suis demandé ce que Conover allait en faire. Peut-être devait-elle la vendre. À moins que Grace, la mère de Pete, ne veuille la récupérer. Ça ne m'aurait pas étonné.

— Hello, c'est Henry.

J'ai entendu des pas qui descendaient l'escalier et Conover m'a ouvert. Elle était superbe. Je l'aimais beaucoup et je savais qu'elle comptait sur moi. On s'est serrés l'un contre l'autre. Les Anglais et les Américains ne se font pas de bises, mais s'étreignent. Notre étreinte fut forte et intense. Lorsqu'elle m'a relâché, j'ai vu qu'elle avait les yeux humides.

— Ça va aller, Conover. Ça va aller.

— On est bien obligés, Henry. Tu sais, c'est pas facile.

Pas facile n'était pas le terme exact. Ça devait être terrible. Ça l'était pour moi, alors pour elle... Et ils venaient à peine de se marier.

— J'imagine. Mais maintenant, tu as un homme à la maison.

— Yeah, c'est cool. Il est en pleine forme. Merci pour lui, Henry.

— C'est normal, et c'est rien.

— Tu sais, il est amoureux de mon amie Suzanne.

— Ouais, il me l'a dit au téléphone.

— Tu vas voir, elle est super. Et je vais te présenter Jezira.

Tout en parlant, nous sommes arrivés en haut de l'escalier. Là, elle m'a pris pour me serrer à nouveau dans ses bras.

— Tu sais, je t'aime. Tu étais l'ami de Pete et il t'aimait beaucoup.

— Moi aussi je l'aimais. Et je t'aime aussi, Conover.

On était en train de se la jouer comme dans les films américains, mais je dois avouer que l'émotion était palpable.

Quelle histoire ! Quelle sale histoire...

— Et moi, tu ne m'aimes pas ? a demandé Topper qui nous avait rejoints.

Nous n'avons pas compris à qui il s'adressait et, dans un bel élan, nous avons répondu tous les deux en même temps :

— Of course ! Bien sûr !

Et nous avons éclaté de rire. Puis on a ouvert les bras pour prendre Topper entre nous.

— Bien sûr que je t'aime, lui a dit Conover.

On s'est serrés tous les trois au milieu de la pièce, où une blonde assise sur le canapé nous regardait, la larme à l'œil. Elle a les cheveux mi-longs, les yeux bleus et des taches de rousseur.

Elle s'est levée en souriant. Elle portait un tee-shirt blanc sur un jean délavé. Elle était franchement magnifique. J'ai lâché Topper et Conover.

— Henry, je te présente Suzanne, m'a dit Topper.

Je lui ai tendu la main mais elle s'est approchée pour m'embrasser sur les joues.

— Bonjour... Bonsoir... a-t-elle dit en français, avec un accent tout mignon.

— Merci.

Alors que j'embrassais Suzanne, j'ai entendu un autre mot en français. Je me suis retourné et, de l'autre côté de la pièce, sur un divan qui fait face à celui où était assise Suzanne, j'ai remarqué une très jolie fille, avec de longs cheveux bruns frisés et qui avait l'air plutôt grande.

— Jezira ?

— Oui !

— Tout le monde parle français, ici, lui ai-je lancé en français.

— *What* ? Qu'est-ce que tu dis ? m'a-t-elle répondu en anglais.

— Ah, je croyais que tout le monde parlait français.

— C'est le seul mot que je connais et c'est Topper qui me l'a appris.

— Moi, je sais en dire plus, a dit Suzanne.

— Quoi ? a demandé Jezira.

— Voulez-vous coucher avec moi...

— ... ce soir ! a terminé Jezira.

Tout le monde a ri. Topper avait l'air fier de lui et Conover était contente. C'était plutôt sympa.

J'ai regardé Jezira. Elle était vraiment très jolie. Avec un air oriental, presque métisse africaine. Elle s'est levée et, oui, elle était grande. Environ un mètre quatre-vingt. Elle portait une robe beige, peut-être en lin, qui semblait voler autour d'elle. Sacré brin de fille.

— Alors, c'est toi, Henry.

Elle s'est rassise sur le divan et Conover à côté d'elle.

— Yeap.

Et je me suis assis en face d'elles, sur l'autre divan, rejoint par Topper et Suzanne, qui se tenaient la main. C'était marrant, et j'adorais.

— Topper nous a tellement parlé de toi.

— Ah oui ? ai-je répondu en jetant un œil vers le Roméo.

— Tu es corse ?

— Of course.

— Of course... Of course... a-t-elle répété en rigolant. Il nous a dit que c'est un endroit merveilleux.

— Of course...

Ça les faisait sourire. Faut dire que « of course », que je prononçais « of corse », a été une de mes réponses préférées durant tout mon séjour en Angleterre. En dehors du fait que c'est une réponse hyperpositive, ça me collait bien. Plus tard, j'ai appelé la compagnie de management que j'avais montée : Of course he can. Là, le jeu de mot était parfait et me correspondait parfaitement. Et c'était encore plus positif.

— Tu peux te baigner à cette époque de l'année ?

Elle démarrait une discussion que je pouvais tenir des heures. En plus, j'en revenais. Chaque fois que je reviens de Corse, elle me manque et je l'aime encore plus. Les autres écoutaient. De temps en temps, Topper entrait dans la conversation. Il connaissait l'endroit.

Tout en parlant de mon île, je regardais Jezira. Elle était très jolie avec ses yeux vert clair et son visage très fin.

— Et toi, tu viens d'où ?

— Des States.

— D'accord, j'avais compris à ton accent, mais tes origines ? Suzanne doit avoir des origines européennes, peut-être suédoises, ou irlandaises. Mais toi, tu m'intrigues.

Elle s'est redressée et a croisé les jambes. J'ai remarqué, au moment où la jambe droite est passée sur la gauche, qu'elle ne portait pas de culotte.

— Mon arrière-grand-mère était cherokee.

— Cherokee...

J'avais devant moi une fille qui était un quart indienne. Voilà peut-être pourquoi elle ne portait pas de sous-vêtement...

— Elle aussi avait les yeux verts. Disons que j'ai les mêmes yeux que mon arrière-grand-mère.

J'ai toujours été fasciné par les Indiens et leur histoire. Alors, j'ai voulu encore mieux connaître cette fille. Elle a continué son récit et j'ai appris que du côté de son père ils étaient irlandais, et que du côté de sa mère il y avait du sang mexicain. Cela expliquait son magnifique teint hâlé.

Elle a recroisé les jambes dans l'autre sens et j'ai rejeté un coup d'œil. Confirmation. Je l'ai regardée droit dans les yeux.

— Et... Tu m'écoutes ? Tu es toujours là ? m'a-t-elle demandé en souriant.

Avait-elle parlé pendant un bout de temps ? Avais-je décroché ? Je devais penser à ce petit triangle entre ses jambes que j'avais vu et que j'avais envie de revoir. J'étais paré. Il suffisait qu'elle recroise les jambes encore une fois.

— Non... Euh oui... Je suis ici. Je réfléchissais.

— Pas de souci.

Et elle a croisé les jambes à nouveau, en me faisant son plus beau sourire. Elle avait bien vu que j'avais jeté un œil et elle m'avait fait un cadeau. Elle était jolie, très jolie, et franchement, Topper et moi nous étions peut-être trouvé deux copines.

D'ailleurs, en parlant de Topper.

— Où est Topper ? ai-je demandé en regardant Suzanne à côté de moi, qui elle aussi avait bien vu le jeu de Jezira et appréciait en souriant.

— J'sais pas.

— Conover ?

Conover a sorti la tête de la cuisine.

— Je fais du thé. J'arrive.

— Tu m'apprendras à jouer de la guitare ? m'a demandé Jezira.

— Je t'apprendrai ce que tu veux. On peut commencer tout à l'heure.

— Génial. Topper m'a dit que tu jouais bien.

— C'est gentil de sa part. Mais où est-il ?

— J'sais pas, a-t-elle répondu, comme Suzanne.

— Ce que je vais te demander est ridicule, mais, dis-moi, on a parlé longtemps, là, tous les deux ?

Elle m'a regardé avec des grands yeux.

— Oui. Environ vingt minutes. Tu voulais tout savoir de mes origines. Mais tu avais l'air de planer. Tu pensais à quoi ?

— Euh... Rien. Je t'écoutais... Et je te regardais.

— Oui, j'ai vu.

Et elle a recroisé les jambes... Je devais avoir l'air con, car à chaque fois mon regard devait se planter pile poil entre ses jambes. C'était plus fort que moi.

Conover est arrivée avec le thé.

— Tu veux du thé ?

— Oui, mais où est Topper ?

J'ai dû demander ça un peu sèchement. Je ne sais pas pourquoi, mais je voulais absolument savoir où il était. Tout le monde me répondait « J'sais pas » comme si c'était sans importance.

— Il a dû aller aux toilettes.

— Mais ça fait un bout de temps qu'il y est. Je vais aller voir ce qu'il fait...

— T'en occupe pas, m'a dit Conover, étrangement inquiète.

— Je vais aller lui dire que le thé est prêt.

— N'y va pas, Henry !

D'un coup, j'ai compris. Non... Je ne pouvais pas y croire.

— Comment ça, « n'y va pas » ?

— Tout simplement, n'y va pas, m'a répondu Conover avec une petite voix, en m'implorant des yeux.

— Conover, non, pas ça !

Je me suis levé et je me suis dirigé vers les escaliers, pour monter vers la salle de bains où j'avais trouvé Pete mort, vers cette image que je n'oublierai jamais...

— N'y va pas, Henry ! a répété Jezira.

Putain ! On aurait pu avoir une belle histoire tous les deux. Mais je savais que lorsque je serais redescendu, revenu de cette salle de bains où je comptais bien aller, je ne remettrais jamais les pieds chez Conover et je ne la reverrai peut-être plus.

Je ne l'ai même pas regardé. J'ai monté l'escalier, longé le couloir, et frappé trois petits coups à la porte vitrée.

— Topper ?

Pas de réponse.

— Topper ?

Mon cœur battait quand j'ai tourné la poignée. La porte n'était pas fermée. Je l'ai poussée, et je l'ai vu, assis sur les toilettes, la manche gauche retroussée, un élastique dans la main droite, une seringue à ses pieds, inconscient...

Après Pete

Après la mort de Pete, ça n'a pas été simple, voire impossible. On a appelé James Eller pour jouer de la basse. Il était déjà venu m'aider sur le premier single des Flying Padovani's, et il a été tout de suite d'accord. L'idée était d'aller en studio et d'enregistrer quelques morceaux. J'avais écrit de nombreuses musiques et, même si Steve Allen peinait pour écrire des paroles, pendant la période où Pete avait répété avec nous, on avait réussi à préparer d'excellents morceaux.

Mais il y avait Topper, et je ne savais pas quoi faire avec lui.

On était allés tous ensemble à l'enterrement de Pete à Hereford. L'endroit d'où il venait. Ni Chrissie ni Martin Chambers, les seuls rescapés maintenant des Pretenders originaux, n'avaient été les bienvenus à la cérémonie organisée par Grace Farndon, la mère de Pete.

Pete Townsend était venu à la cérémonie religieuse et était reparti juste après. Nous, nous avions suivi toute la famille chez Grace. Après les funérailles, en redescendant vers Londres dans ma Morris Traveller, avec Kristina, Topper et Pete Mc Carthy, on s'est arrêtés dans une cafétéria sur l'autoroute. J'y ai vu une borne d'arcade Asteroids, le fameux jeu vidéo, et je m'y suis précipité.

Asteroids, on ne connaissait que ça. Il y en avait un dans la réception du studio de répétitions, et Pete Farndon et moi y jouions tout le temps. On se tirait la bourre mais je ne suis jamais arrivé aux chevilles de Pete, un maître absolu à ce jeu. Son nom de joueur était « Knoby », un jeu de mots avec « knob », qui veut dire « bite ». Dans ce genre de jeu vidéo, comme les Space Invaders ou autres, à la fin de la partie, si notre score était bon, la machine nous classait parmi les meilleurs. En général, je n'avais jamais l'occasion d'y inscrire mon pseudo, sauf si la machine venait à peine d'être installée...

Il peut sembler inopportun d'aller s'éclater sur un jeu dans un moment pareil, mais c'était sûrement pour moi une façon de penser à Pete, de lui rendre une sorte d'hommage. Et d'ailleurs, chaque fois que je vois une telle machine, je pense à lui. J'ai fait un bon score mais pas suffisant pour être classé. À la fin de la partie, la machine a fait défiler les meilleurs scores jamais enregistrés. La première place revenait à un certain « Knoby ». Knoby ! Ce mot ridicule m'a rempli de joie et j'ai appelé tous les autres pour qu'ils voient ça. J'étais sûr que Pete était là. J'ai senti sa présence. Je le revoyais avec son sourire ravageur et sa banane – je parle de sa coupe de cheveux – en train de s'acharner sur la machine. Hallucinant.

Après la mort de Pete, plus rien n'a été pareil. Comme après la mort de ma mère, dix ans plus tard. Bien sûr, le show devait continuer. Mais c'était difficile.

Je me suis retrouvé à porter Samouraï – un nom trouvé par Pete – à bout de bras, flanqué d'un Topper qui avait replongé dans la drogue et d'un Steve Allen en pleine crise existentielle et en panne d'écriture. Pete me manquait terriblement. C'était d'ailleurs lui qui m'avait appelé pour monter ce groupe, juste après avoir quitté les Pretenders. Seul Mickey Gallagher réussissait à me donner encore du plaisir.

Quand je pense qu'on nous considérait comme un groupe de premier plan, comme la fantastique réunion d'anciens membres des Clash, de Police, des Pretenders et des Original Mirrors. Foutaises... Il ne restait plus qu'une bande de nazes, oui ! Clive Banks, encore lui, a bien essayé de nous soutenir. Rob Dickins aussi. Et Pete Townsend, qui nous a accueillis dans ses studios d'Eel Pie. Et puis on a jeté l'éponge. Ou plutôt, elle est tombée toute seule sur le ring... Les boxeurs ne pouvaient plus boxer. Toute envie avait disparu. Toute envie, ou toute raison, ou toute capacité. En tout cas, fin des transmissions.

J'ai assez vite retrouvé Chris Musto. Ensemble, nous avions les Flying Padovani's. C'était déjà ça. Ce groupe était une famille à laquelle je me suis encore raccroché. La famille, toujours elle. Chris se sentait toujours un Padovani, moi aussi, alors on s'est dit qu'on pourrait toujours recommencer. Malheureusement, Paul Slack, qui se débattait dans son divorce, n'a pas suivi le mouvement.

Lorsque Paul nous a lâchés, Chris et moi avons rejoint Kim Wilde, qui avait fait un carton avec son single « Kids in America ». On a enregistré et, surtout, monté un groupe pour faire sa promo, en Angleterre et partout en Europe, où on faisait beaucoup de play-back sur « View From a Bridge » ou « Cambodia ». Jouer avec elle nous rapportait pas mal ; et puis, on voyageait beaucoup. Kim était la fille de Marti Wilde, qui avait eu beaucoup de succès en Angleterre au temps de Cliff Richard. Il la manageait et son frère, Ricky, lui écrivait les chansons. Lorsque nous n'étions pas en voyage promo, nous étions en studio chez Rak Records, le label de Mickie Most, le « faiseur de tubes ». On y rencontrait Hot Chocolate, ou Sting qui venait y enregistrer. Il arrivait tout seul, en moto, et personne ne le reconnaissait sous son casque. Rickie et Kim m'ont demandé de leur présenter et il a été adorable, finissant par faire une partie de basse sur un des morceaux que Kim enregistrait. Kim était jolie et sympa, mais à tendance suicidaire. Son père et son frère lui mettaient beaucoup de pression, sans parler de Mickie Most. Quand on grandit dans une maison pleine de disques d'or et qu'on ne connaît que ça, ce n'est pas évident. Elle m'a dit, un après-midi, tranquillement, que si les ventes tombaient, elle penserait sérieusement à se suicider.

On a quand même fait ensemble des voyages mémorables, les maisons de disques mettant sur la table tout ce qui pouvait nous faire plaisir, payant toutes nos fantaisies dans des hôtels somptueux, et nous, fidèles à notre image de rockers, ne nous privions de rien... Que ce soit à Zurich, avec les quatre lascars de Queen, dans le restaurant de Giger, le type qui avait dessiné le monstre dans *Alien*, ou avec quelques fous du groupe Madness dans une boîte de Bruxelles puis dans une chambre d'hôtel avec les danseuses du show télévisé...

Il y a aussi eu l'aventure des Subterraneans avec Nick Kent, Glen Matlock et Chris Musto. C'était pourtant bien parti. Nick composait de bonnes chansons. Il n'avait pas de guitare et je lui avais passé ma Fender Jaguar verte. Il l'adorait. Son truc, c'était de s'accorder en open tuning de sol, comme Keith Richards. Ça m'a fait du bien de jouer avec lui, car je devais essayer de comprendre et de suivre les accords qu'il faisait sur la guitare. Du coup, au début, j'ai carrément accordé ma guitare en sol, comme lui, et je reproduisais les positions de ses doigts. Je suis repassé ensuite sur un accordage normal. En revanche, j'ai vraiment aimé les harmonies que donnait cette technique et aujourd'hui je ne joue pratiquement plus qu'en accord de sol. On a répété un bon mois dans le local de Vauxhall, tout en continuant les Flying Padovani's avec Chris. C'était un grand plaisir de jouer avec Glen Matlock, qui était mon ami depuis longtemps et que je retrouvais toutes les nuits, dans des bars ou des clubs où il était le plus souvent en bordée noire. Glen buvait beaucoup à l'époque et il n'avait rien à faire. Aujourd'hui, il est complètement sobre. Avec les Subterraneans, on s'était bien préparés et on avait booké le Screen on the Hill, un ancien cinéma, à Notting Hill Gate, où on devait donner notre premier concert. Beaucoup de monde en parlait. En bien. Mais Nick, qui avait sorti un superbe single, « My Flamingo », sur Demon Records, a eu peur. Je ne sais pas s'il a pensé que les gens l'attendaient au tournant ou si, tout simplement, il ne s'en sentait pas capable, mais il a disparu de la circulation la veille du concert. Nous n'avons plus eu de ses nouvelles pendant un mois.

Il y a eu aussi l'aventure Armande Altaî, qui était venue à Londres enregistrer un album avec Thierry Mathiosek et Philippe Quilichini, un bassiste corse, ainsi que Antoine Giacomoni, grand photographe au miroir à néons magiques. Ça m'a aussi permis de rencontrer Bunny Rizitelli, qui revenait d'une tournée en Chine avec Jean-Michel Jarre, et qui tapait sur sa batterie comme une bête. Maître Bunny... Philippe me voulait pour les séances, et, bien sûr, j'ai été très flatté qu'on s'intéresse à ma petite personne, en tant que guitariste de session. J'avais carte blanche pour mes interventions. Mais il y avait beaucoup trop de drogue qui circulait. De l'héroïne. Encore et toujours. Toute l'équipe se camait, sauf Armande et Bunny. Difficile de regarder les gens dans les yeux, lorsqu'ils n'ont plus de pupille. Cette aventure m'a surtout permis de faire réviser mes grattes et mon ampli, en plus de gagner de l'argent.

Après l'album d'Armande, j'ai attaqué, avec Philippe, celui de Nico, vieilles retrouvailles pour moi. Elle ne se souvenait pas de notre rencontre quand, avec Police, nous avions joué avant elle, qui se produisait avant Docteur Feelgood dans un festival à Colmar en 1977, juste après le concert que Gong avait donné à Paris, le fameux concert où Mike Howlett avait embauché Andy Summers, Sting et Stewart Copeland pour former Strontium 90. Comment pouvait-elle se rappeler, la pauvre ! Je ne suis pas sûr que Paul Mulligan, qui ramenait les Feelgood en avion le lendemain, s'en souvienne.

En plein album de Nico, Philippe s'est endormi au volant de sa voiture sur une route qui le conduisait de Londres vers Paris et a percuté un arbre de plein fouet. Mort sur le coup.

Je préfère me rappeler des séances d'enregistrement que j'ai faites avec Steve Naive, le pianiste d'Elvis Costello, un génialissime tripoteur de claviers. John Waters était en train de cartonner avec son film *Hairspray* et, pendant sa tournée de promotion en Angleterre, il a été invité au célèbre show de Jonathan Ross sur la BBC. Steve Naive et Steve Fishman travaillaient sur l'émission, ils s'occupaient de la musique. Le problème, c'est que quand un réalisateur fait de la promo, comme faisait John Waters, les programmateurs passent des extraits de ses films, normal ! Alors, John a paniqué, car ses films étaient remplis d'instrumentaux de guitares de Link Wray, et il ne lui avait jamais payé de droits ! Comme la BBC tenait à être en règle, John s'est dit que, s'il commençait, quelqu'un s'apercevrait que c'était la première fois. Et si on lui demandait de verser les arriérés... Une seule solution : refaire les musiques. Steve m'a appelé pour enregistrer des morceaux de guitare dans le style de Link Wray, qui ressemblaient à du Link Wray, qui avaient le goût de Link Wray, mais qui n'en étaient pas. J'en ai été extrêmement flatté. Cette reconnaissance m'a véritablement rempli d'émotion. J'étais un peu malheureux pour Link Wray, mais si fier d'avoir été appelé.

À la fin de l'année 1983, j'ai rencontré Miles Copeland dans le foyer d'un théâtre bourré à craquer pour un concert de Johnny Thunders. Il buvait un verre avec John Curd, le promoteur du spectacle, et lorsqu'il m'a vu, il a eu l'air très heureux.

— Henry, ça fait une paye ! Tu vas bien ?

— Bien sûr.

Comme toujours, j'avais des perspectives et mon optimisme naturel reprenait le dessus. Alors je lui détaillai toute une liste de projets, qui étaient loin de mobiliser toute mon énergie et toute ma passion, mais que je me devais d'avoir pour survivre.

— Viens me voir demain au bureau. Je monte un label indépendant, IRS Records. On ne fait que du rock, ça devrait te plaire. On est distribués par CBS et, comme ils ont leurs bureaux internationaux à Paris, je veux en monter un là-bas.

— OK, à quelle heure ?

Quelques mois plus tard, en avril 1984, j'ai pris ma Morris Traveller, ma veste à franges de chez Johnson and Johnson, et j'ai déboulé chez Marc Zermati qui m'a hébergé chez lui, rue des Petites-Écuries, le temps de trouver un appartement.

J'étais reparti pour un tour. J'avais survécu. Je ne jouerais plus de guitare pendant un temps, mais j'étais toujours dans le rock'n'roll. Ouf !

Rock'n'roll, part 2

Je crois bien que c'est Gary Glitter qui a sorti un « Rock'n'-roll, part 2 »... La face B de son single « Rock'n'roll ». Quel titre !

Depuis, Gary Glitter s'est fait arrêter pour pédophilie ! Pourtant, assister à ses concerts était un sacré trip. Je l'ai vu plusieurs fois à Londres et mon meilleur souvenir date de son passage à La Venue, en 1981 ou 1982. Un vrai « *glitter show* », avec des escaliers sur scène. Le groupe attaquait le riff de « Rock'n'roll » dans le noir, puis un spot se posait sur une paire de fesses, moulée dans un habit de lumière gris métal, qui se trémoussait en rythme... Tout le public chantait. Les musiciens faisaient durer le plaisir et nous chantions encore plus fort. Vous connaissez le truc. La sauce montait petit à petit et le riff de guitare nous prenait au ventre. Nous adorions ce son et, évidemment, j'étais devant la scène pour étudier la technique du guitariste. Maintenant, je sais !

Toute la période « glitter » ou glam rock avait marqué l'Angleterre dans les années 1970. En France, seul Bowie avait vraiment eu du succès, alors que de l'autre côté de la Manche, le plus connu et le plus aimé était sûrement Marc Bolan et son groupe T Rex. Un vrai rocker, disparu trop tôt, avec sa fiancée, dans la collision de sa Mini contre un arbre, le 16 septembre 1977. Un des arbres les plus vénérés du pays. Tous les punks adoraient Marc Bolan. Et des groupes issus de la new wave – courant qui partait dans tous les sens, qui se cherchaient une voie – se sont mis à reprendre certains de ses morceaux, comme « Telegram Sam », « Metal Guru » ou « Cosmic Dancer ». On en redemandait.

Quant à moi, je me demandais comment j'allais gérer mon rock'n'roll, part 2. Partir de Londres était une sacrée décision. J'y avais passé sept ans. Sept années fantastiques, riches en événements et en rencontres. Mais, comme d'habitude, je fonçais sans me retourner.

Je ne connaissais presque plus rien de la France et je parlais avec un accent anglais ! Dans ma bouche, avec ma dégaine, ça devait être presque ridicule... Le genre de type qui se la joue ! Mais comment faire ? Lorsqu'on entend pour la première fois des mots étrangers prononcés avec le bon accent, impossible de retourner en arrière. Essayez de me faire dire « Flying Padovani's » autrement qu'à l'anglaise. Impossible.

Évidemment, Paris n'était pas Londres. Surtout pour le rock'n'roll, surtout après ces sept années. Et puis je rentrais pour démarrer un nouveau business. Heureusement, le label que nous montions avec Miles Copeland, Jay Boberg, Carl Grasso, Steve Tannett et quelques autres était un label comme peu ont existé.

Dans la foulée, nous allions découvrir, signer et développer des groupes comme REM, Fine Young Cannibals, The Fleshtones, The Lords of the New Church, Wall of Voodoo, The Bangles, The Gogos, William Orbit, The Alarm et tellement d'autres tous aussi géniaux.

Si je vous dis aussi 3 O'clock, Les psychédéliques... C'était nous. Let's Active, le groupe de Mitch Easter qui produisait REM... Pareil. Doctor and the Medics... Aussi. The Cramps...

Encore nous. Qui d'autre ? Concrete Blonde, ce groupe hallucinant de Los Angeles, avec Johnette Napolitano à la voix et à la basse.

Mon job consistait à m'occuper de l'international et des premiers bureaux qu'on montait à Paris. Ça a débuté comme ça.

Je suis retourné à Londres deux ans plus tard pour monter une autre succursale. J'y suis resté deux ans, puis j'ai fait un tour à Amsterdam pendant trois ans, et je suis retourné à Paris pour y finir ma carrière.

Comme d'habitude, et c'est surtout une habitude française, on se faisait refouler par beaucoup de gens du business qui n'aimaient pas les groupes qu'on amenait, comme les journalistes d'ailleurs. Toujours la même histoire. Aujourd'hui, ces journalistes (on dirait qu'ils ont des postes à vie...) parlent de REM et se souviennent de leurs débuts difficiles, oubliant pour la plupart qu'ils ne les aimaient pas, qu'ils les méprisaient dans leurs articles et qu'ils ne m'aidaient pas beaucoup. Ils racontent avec émotion les premiers pas du groupe dans le monde du rock, mais, entre vous et moi, heureusement que le public ne s'y est pas trompé.

Je me rappelle parfaitement ceux qui aimaient et ceux qui n'aimaient pas – ce qui est encore acceptable... Mais il y avait aussi ceux qui vous affirmaient sans le moindre doute que ce groupe ne pouvait pas marcher. Bien joué, les gars !

Et comme dit encore Alain Lahana, qui était leur tourneur en France et qui travaille toujours pour eux vingt ans plus tard : « Si tous les mecs qui disent qu'ils étaient à l'Eldorado pour REM en 1984 y avaient vraiment été, on n'aurait pas eu de problèmes de billetterie ! »

Il y a environ un an, le groupe est passé à Bercy. Pour l'occasion, il fallait bien que chacun se fende d'un article dans lequel il déclarait son amour pour REM depuis leurs débuts ; c'est plus poli, non ? Alors, un idiot, je ne sais pas lequel, a écrit un beau papier dans lequel il racontait qu'il les avait découverts avec leur premier disque, *Murmur*, etc. Grossière erreur, car leur première sortie s'appelait *Chronic Town*, un mini-album illustré d'une tête de gargouille sur fond bleu, comme on les appelait. Une révolution ! Ce qui est accablant, ce n'est pas qu'un journaliste se trompe – ça arrive –, mais que tous les autres journaux, ceux qui se targuent d'être des branchés de premier choix, aient recopié l'article sans vérifier. Hallucinant ! Par conséquent, pratiquement tous les articles parus sur REM lors de leur concert parisien font débuter la discographie du groupe avec *Murmur* !

Donc, il fallait se battre ! Se battre encore et toujours pour le rock'n'roll.

Toute ma vie, je me suis battu pour lui et, aujourd'hui, je m'aperçois que j'ai eu la chance de ne faire que ça. Pas évident mais je me suis accroché !

J'ai toujours pensé que, si d'aventure je me sentais seul, je savais où retrouver mes amis. Dans ma collection de disques ! Tous ces vrais amis, qui m'ont permis de croire que je pouvais tout changer, ou, en tout cas, apporter ma pierre à la construction d'un monde meilleur, qui m'ont permis de rêver que je pouvais rester le dernier homme libre sur cette planète ! Et s'il n'en reste qu'un...

Les jours de déprime, à Londres, je sortais. Dans la rue, je trouvais de la compagnie dans le regard des passants, et dans les clubs, il n'y avait que mes frères... de rock'n'roll.

En écrivant ces lignes, je repense à tous ces gens que j'ai croisés et j'ai envie de me rappeler leurs noms.

Comme celui de Tiny, notre roadie avec les Electric Chairs. On l'appelait Tiny (minus) parce qu'il était énorme. Il était fan de rockabilly, avec des pattes énormes, qui avançaient sur son visage poupin, et des tatouages partout, qui dépassaient de l'encolure de son tee-shirt. Dans le creux de ses coudes, il s'était fait tatouer des charnières... avec les vis ! Pendant nos tournées, il montait et démontait le matériel sur la scène. Pendant les concerts, il se mettait en coulisse, de mon côté, et il assurait la sécurité en jetant des regards méchants. Ça suffisait ! Il prenait aussi beaucoup de speed. Pas de fumette, rien que du speed. J'adorais ce mec qui s'occupait si bien de nous. Cependant je ne savais pas qui il était, ni d'où il venait. Il a travaillé pour nous jusqu'à la séparation du groupe. Puis il a disparu. Il était très fier de traîner avec des musiciens de rock. Il adorait ça et sûrement aurait-il aimé en être un. Il était prêt à tout pour nous, et je pense qu'il attendait de nous cette reconnaissance, cette marque d'appartenance au monde du rock'n'roll.

Pourtant, c'était lui, plus que nous, le rock'n'roll.

Des types comme lui, complètement intégrés dans ce monde-là, il y en avait des dizaines. On les croisait lors des concerts, les nôtres ou ceux des autres groupes. Ils nous arrangeaient le coup pour rentrer et, à la fin de la soirée, on buvait une bière en les écoutant raconter leurs histoires de tournées... des histoires de mecs, de drogues, d'alcool et de filles. Des histoires de rock'n'roll. On était bien ensemble.

Je veux aussi me rappeler de tous ces groupes qui nous ont éclaboussés de leur talent et qui ont eu la classe de se retirer, de splitter, de disparaître quand il fallait.

Je me souviens, à l'époque des Electric Chairs, de Siouxie and the Banshees. Siouxie était une grande prêtresse, très belle, toujours bien habillée – la mieux habillée d'entre toutes –, naturellement élégante, intelligente. Wayne et elle étaient complices. Elles allaient aux toilettes des filles ensemble ! Siouxie cautionnait Wayne. Nos groupes étaient devenus amis et on allait aux mêmes fêtes. On s'est connus lors du tournage du film *Jubilee*, dans lequel Wayne faisait une apparition.

Wayne avait rencontré Adam Ant – qui ensuite formerait Adam and the Ants, groupe punk ayant eu un gros succès en Angleterre au début des années 1980 –, qui tenait le rôle principal avec Jordan, une autre prêtresse du punk, et ils lui ont présenté le réalisateur, Derek Jarman. Wayne a obtenu le rôle d'une rock star travestie qui s'appelait Lounge Lizard et qui se faisait assassiner par un gang de punkettes, jouées par Jordan et Toyah, entre autres.

Sur la bande originale, était crédité un de nos morceaux : « Paranoia Paradise ». Wayne a aussi eu un rôle dans le film sur les Sex Pistols, *The Great Rock'n'roll Swindle*. Wayne avait déboulé à Londres avec une aura de comédien. Je ne sais pas comment elle a réussi à imposer ça. Il est vrai qu'à New York son image de proche de Lou Reed, Andy Warhol et des autres artistes avant-gardistes avait fait le boulot. Elle avait ce côté : « Je suis intelligente et j'ai une conscience politique. » Dans le genre : « Sois toi-même et éclate-toi, je te respecte tant que tu me respectes », on ne trouvait guère mieux que Wayne. Et que des personnes comme Siouxie.

En 1978, les groupes qu'on aimait étaient nombreux. Les Clash, bien sûr. Rien à faire, c'étaient nos héros. Siouxie and the Banshees aussi. Ne pas oublier les Jam. Encore une fois, ce groupe de Mods était absolument génial sur scène, aussi bon qu'en studio, et Paul Weller était un sacré bonhomme. Avec leur manager, son père, M. Weller, ils formaient une famille unie. On les adorait.

The Only Ones. Parlons là d'un groupe qui, à cause de la drogue, est passé à côté d'une carrière gigantesque. Un vrai groupe de rock, qui marchait plutôt bien. On manquait rarement une occasion d'aller les voir sur scène. Plus tard, je suis devenu très ami avec John Perry, le guitariste. Il jouait avec une telle facilité ! Même dopé jusqu'à la moelle, il assenait des riffs imparables. Le chanteur Peter Perrett écrivait les textes, genre « poète maudit » : il était beau gosse, plaisait aux filles et chantait vraiment bien. Je me demande ce qui lui est arrivé. On doit énormément à tous ces gens. J'ai adoré leur « Another Girl, Another Planet ». Ce 45-tours est toujours présent sur ma platine. Superbe !

Les Buzzcocks. Pas de look mais quelles chansons ! Deux leaders, plutôt étonnants. Des voix nasillardes et des mélodies qui rentraient à l'intérieur pour ne plus ressortir. Un *songwriter* incroyable, ce Pete Shelley.

N'oublions pas les Slits. On les appelait les Sex Pistols au féminin. Sûrement plus parce qu'elles fréquentaient les originaux. Elles jouaient bien, aimaient le reggae et leurs concerts étaient de vrais happenings. Et puis Ari Up (qui sonnait comme Hurry up – dépêche-toi), les Undertones, pour la voix de Feargal Sharkey – « Teenage Kicks » est lui aussi toujours sur ma platine.

Et les Ramones. Les Ramones au Lyceum ! Quel concert ! On y était allés en bande avec Wayne et toute la troupe, Debbie Harry et les autres membres de Blondie. Après le set, on s'est retrouvés à Dingwalls. Johnny Thunders s'est même disputés avec Wayne. Elle a voulu le frapper parce qu'il la chambrait sur sa poitrine. Pour s'échapper, il a escaladé le box où on dînait et a renversé une pile d'assiettes. Lee Childers, son manager, a payé sa tournée !

Et que dire des Stranglers. Je les ai vus partout. Même à Reading. Nous adorions ce groupe. L'intro de basse de « Peaches » résonne encore dans ma tête. Lorsque je l'entends, je me revois avec mes amis au Music Machine et toute la salle qui se lève pour aller danser.

Jean-Jacques Burnel, je l'ai rencontré bien plus tard, lorsque, avec les Electric Chairs, j'ai enregistré en français « J'attends les marines ». J'étais dans le squat à Queensgate Place quand le téléphone a sonné. Quelqu'un voulait me parler.

— C'est moi, Henry.

— C'est toi qui chantes « J'attends les marines » ?

— Oui.

— J'adore cette chanson ! C'est Jean-Jacques Burnel, des Stranglers, à l'appareil.

— Oui, je sais qui tu es.

— Tu n'as pas envie d'aller boire une bière avec moi ? Je suis à Londres.

— Bien sûr !

C'est comme ça qu'on s'est retrouvés dans un pub et qu'on a parlé de tout et de rien, de musique et de langue française, de rock et de psychédélisme.

Quelques années plus tard, alors que je vivais dans ma maison de Camberwell, deux amies sont venues me retrouver pour dormir avec moi. L'une était bassiste, enfin apprenait la basse, et l'autre conduisait des camions. Elles voulaient partir en tournée, jouer dans des groupes, être dans cette ambiance. J'étais déjà sorti avec la bassiste, mais pas encore avec l'autre ; et je me suis dit que les deux dans mon lit, ça risquait de le faire...

Elles venaient de passer un moment avec les Stranglers qui travaillaient sur leur nouvel album. La bassiste m'a parlé d'un riff de basse de Jean-Jacques sur un titre, un truc étrange avec des mesures à trois temps et certaines à quatre. Elle m'a joué en avant-première la ligne de basse qu'elle avait retenue : « Golden Brown ». Sacré Jean-Jacques !

Tout ça, c'était notre monde. On savait qu'ils étaient nos amis.

Et il n'y avait pas que la musique qui nous intéressait. Tout ce qui gravitait autour comptait aussi. En 1978, on lisait les journaux et on regardait la télé. On dévorait le moindre article musical, le *Melody Maker*, le *NME*, le *Record Mirror*, les magazines comme *Zig Zag*, les fanzines, les journaux quotidiens, à la recherche des chroniques à la gloire de notre monde.

On regardait *Fawlty Towers*, avec John Cleese, et on en parlait. On admirait Kenny Everett, le fou furieux. Il était comme nous, de notre âge, homosexuel, et il faisait l'enfer. Comment avait-il pu décrocher sa propre émission de télé ? Aucune idée, mais ce n'est pas nous qui nous en plaignions. On adorait son humour caustique. Évidemment, on ne manquait jamais *Top of the Pops*, où on guettait les apparitions de nos groupes préférés. Le classement était établi sur les ventes de singles, donc ça pouvait arriver. Il y a eu effectivement quelques hits punks. Et, chaque fois qu'ils passaient à l'écran, on avait l'impression que c'était nous. Je ne sais pas qui est le premier à y être arrivé, quel a été le premier morceau de cette new wave à entrer dans les charts. Peut-être Tom Robinson avec « Glad to Be Gay » (Heureux d'être homo)... Peut-être les Stranglers... Mais sûrement pas les Sex Pistols ! Quand Siouxie a été diffusée avec « Hong Kong Garden », c'était toute la new wave qui envahissait les foyers anglais et qui passait à la télé.

Nous étions également accros aux soap operas, les séries télévisées comme *Coronation Street* qui existaient depuis toujours – rendez-vous tous les jours, à la même heure –, et tout le monde en discutait. Très *British working class*. Leur vie en parallèle à la télé.

C'était ça, notre Angleterre, notre monde à nous. Entouré par les gens qu'on adorait. Mais aussi de ceux qui nous haïssaient. Il en fallait. Il y en a eu !

À l'unisson, nous haïssions Margaret Thatcher. Maggie ! The Iron Lady, la dame de fer. On était tous d'accord. Mais aussi Tony Blackburn, un présentateur télé à la noix, et des gars comme John Travolta, que maintenant nous aimons tous, mais qui à l'époque était lié aux Bee Gees et à la disco. Le voir se trémousser sur leurs morceaux nous rendait fous. Et je ne vous dis même pas à quel point on ne supportait pas les Bee Gees et toute cette musique. L'horreur absolue !

Dans le même sac, on mettait Bob Geldof, ou même Billy Idol, que les punks ne pouvaient pas souffrir. Ils ont changé, et Bob Geldof, qui, au début, était un « vendu » avec son groupe The Boomtown Rats, s'est bien rattrapé avec son Live Aid. Billy Idol avait eu du succès assez rapidement, mais on pensait qu'il instrumentalisait la new wave. Enfin, c'est comme ça qu'on le ressentait.

Aujourd'hui, et je reparle de la France puisque j'y vis, les artistes cirent les bottes des présentateurs télé et même des politiques. Qu'est-ce que vous voulez que je vous dise ! Des rockers, des types qui vous parlent de rock'n'roll et qui n'ont aucune conscience politique, si fiers d'avoir leur nom comme entrée du dictionnaire du rock français ! Une bande d'ânes !

En France, j'adore Rachid Taha. Pour moi, c'est peut-être le seul rocker français. Évidemment, quand je dis rocker, je parle de ceux qui vivent dans le monde que j'ai exposé plus haut. Rachid en fait partie. Et je sais que les journalistes de rock en France se demandent encore s'ils peuvent et doivent faire des interviews avec lui ! Le genre de mecs qui s'intéressent à Rachid Taha, c'est plutôt Mick Jones des Clash ou même Robert Plant et Brian Eno... mais pas les Français !

L'autre jour, avant son concert au Bataclan, il a donné une interview au *Monde*. Bien sûr, le journaliste lui a posé une question stupide :

— Chanteriez-vous avec un chanteur juif ?

Il y a qu'en France qu'on peut poser cette question. Et elle était tellement bête qu'elle méritait une réponse intelligente, une réponse que seul un mec comme Rachid pouvait donner :

— Bien sûr, mais je choisis mon chanteur juif, je prends Lou Reed ou Iggy Pop !

Qu'est-ce qu'il espérait ce scribouillard du *Monde* ? Rika Zaraï ?

Secret Police Man

Dans notre monde, il y avait les gens qu'on aimait très fort, comme John Peel, qui défendait notre musique et qui l'a fait entrer à la BBC. Pour son show, les *John Peel Sessions*, on enregistrait nos morceaux en studio, et souvent les groupes avaient à disposition plus de matériel qu'ils n'en avaient d'habitude. On y jouait presque en *live*.

Dans notre monde, il y avait aussi les gens qu'on trouvait les mieux habillés, ceux qui inventaient notre mode, comme Siouxie, Johnny Rotten, les Jam, Debbie Harry ou les Clash. Il y avait les plus sexy, comme... toujours Siouxie, ou Debbie Harry et Kate Bush, que tout le monde aurait bien voulu coincer dans un coin !

Voilà notre univers. Et on était nombreux pour le construire. Ces anonymes qui ont écrit le grand livre du rock'n'roll... Le vrai... Le nôtre !

IRS Records

Je me rappelle m'être pointé chez CBS Records – c'était leur nom avant de devenir Sony –, rue du Château, à Pont-de-Neuilly, avec un blouson que j'avais acheté chez Johnson and Johnson, sur King's Road, en cuir, peau de panthère cousue sur les épaules et franges sur les manches. J'arrivais de Londres et je n'avais pas renouvelé ma garde-robe.

J'ai été reçu par Dennis Killeen, qui était à la tête du marketing international. Je suis sûr qu'il a bien vu que je n'avais aucune notion de la tâche qui me serait attribuée, mais il a dû se dire, en bonne personne tolérante qu'il était, qu'il n'y avait pas de raisons que je n'y arrive pas.

J'ai rencontré mes futurs collègues, qui travaillaient sur le répertoire CBS – Columbia, A&M, etc. –, on m'a présenté à ma secrétaire, Huguette, une charmante Jamaïquaine, et on m'a conduit à mon bureau. Huguette m'a apporté un café et je me suis mis à appeler le monde entier.

On était en avril 1984. Je logeais chez Zermati, rue des Petites-Écuries.

J'étais allé seul chez CBS. Aucun membre d'IRS ne m'avait accompagné. Ni Miles ni Steve. Personne. Je savais que Jay Boberg, le président de la compagnie, devait venir à moi tôt ou tard.

Voilà comment je faisais mon entrée dans cette nouvelle période de ma vie.

J'avais de l'argent, ma Morris Traveller immatriculée en Angleterre, et un budget pour sortir. Tout se présentait bien.

Ma première mission fut d'aller me balader en Europe pour rencontrer ceux qui travaillaient sur les produits IRS chez CBS. Je n'ai rencontré que des gens bien qui adoraient tous le label. Ils étaient tous jeunes et franchement la musique sur laquelle on misait leur plaisait vraiment. Le premier disque qu'on devait promouvoir ensemble, c'était justement *Murmur* de REM. Ça venait d'Amérique.

Pas évident, mais comme on ne s'attendait pas à concurrencer Michael Jackson, c'était tout à fait faisable ! Les millions de ventes, ce serait pour plus tard. Et avec une équipe qui en voulait, on ferait en sorte de ne pas perdre une seule vente. C'était ça, l'esprit d'IRS.

Moi, j'arrivais avec la réputation d'un ex-guitariste qui connaissait le milieu du rock. Ils pensaient que m'avoir avec eux leur ouvrirait peut-être d'autres portes, les rapprocherait des groupes de rock.

C'est ce que j'ai ressenti. Mais je ne savais pas si les groupes, eux, me regarderaient comme un musicien ou comme un type de maison de disques. Tous connaissaient évidemment Police, Wayne County and the Electric Chairs et certains peut-être même les Flying Padovani's. On aurait sûrement plein d'amis en commun, en tout cas avec les Anglais !

Évidemment, j'ignorais tout du job. J'ai dû dire et faire plein d'énormités au début. J'ai dû râler beaucoup, traiter les gens d'incapables, d'incompétents et d'ignorants. Je ne connaissais et ne voulais connaître que ce que j'aimais : le rock. Normal ! J'étais là pour défendre mes groupes, notre esprit.

De toute façon, j'ai toujours réussi à trouver un petit quelque chose qui me faisait aimer mon travail. Cette étincelle, celle dont je parlais au début, celle qui changeait tout, celle qu'on trouve toujours si on va chercher chez les gens leur meilleur côté, si on les laisse s'exprimer. Il y a du bon en chacun. J'en suis persuadé.

Cette aventure m'a beaucoup apporté.

Pierre Sissman était en charge du marketing en Europe. Il sortait d'une grande école et était aussi professeur d'économie. Dans un premier temps, il a dû me prendre pour un extraterrestre et certainement me rejeter. Malgré tout, il a eu la très bonne idée de me suggérer d'aller faire un tour chez les représentants de CBS France, afin que je puisse me rendre compte de la façon de vendre des disques, nos disques, en magasins.

Car, avant d'arriver sur les platines des acheteurs, ils passent par trente-six mille mains qui donnent chacune leur avis ! Et avant de pouvoir approcher le public, il faut convaincre les magasins, car s'ils ne prennent pas nos disques, personne ne les trouvera et nous, on n'en vendra pas ! C'est aussi simple que ça.

Quelle formation ! Alors je suis parti avec un type adorable, tout en tchatche, qui présentait et essayait de faire stocker nos disques. Bien sûr, ma présence à ses côtés, moi le responsable de l'international d'IRS, a fait que ce jour-là nos disques sont bien passés. Le représentant a fait un bon chiffre. Il me présentait comme un chef du label et moi j'en rajoutais une couche sur les groupes, les potins, les dernières nouvelles du front. Je rapprochais l'acheteur de la source... J'ai réalisé aussi combien tous les arguments de vente sont incontournables et que sans toute l'armada autour, il est très difficile de faire passer le message. Merci Pierre. Je n'ai jamais oublié cette leçon.

— Je n'arrive pas à y croire ! Ce groupe est le meilleur groupe *live* sur le circuit et on ne vend pas de disques !

C'est Carl Grasso qui a dit cette phrase. Il était vice-président d'IRS et s'occupait de tout l'aspect visuel. Quand Miles a démarré la compagnie avec Jay Boberg, Carl a été le premier à rejoindre l'équipe : IRS, ou International Record Syndicate. IRS, c'est un jeu de mots comme toutes les compagnies de Miles Copeland. C'est aussi Inland Revenue Services, les impôts aux États-Unis ! Rien que pour les tee-shirts, ça le faisait ! Imaginez notre slogan : « Mettez-vous les impôts sur le dos. » Les gamins trouvaient ça super. Miles a aussi monté une compagnie de tournées qui s'appelait FBI, pour Frontier Booking International... J'en passe et des meilleurs : CCCP, LAPD... L'inspiration venait de Police.

— Il faudrait trouver un concept de promo différent, lui ai-je répondu. Basé sur le *live*.

— Pas un album *live* des Fleshtones, il ne sera jamais assez bon. Et CBS n'en voudra pas...

— Ça dépend, Carl. Si l'album est tellement « *live* » qu'il sort tout de suite, ça peut marcher.

Tout en parlant, je pensais à quelque chose qui avait eu lieu à Londres. Je ne sais plus quel groupe avait enregistré une chanson *live* qui était sortie le lendemain en 45-tours. On l'avait tous acheté ! Non pas parce qu'il était bien – on ne savait rien de la qualité de l'enregistrement, il avait été fait la veille. Mais parce qu'il fallait l'avoir. C'était cool. L'urgence avait été créée et dans le rock'n'roll, l'urgence est la clé !

— Explique-toi

— On enregistre un album *live*, tellement *live*, tellement chaud, qu'il sort tout de suite et partout !

— OK, Henry, arrête de rêver et réveille-toi. Comment veux-tu faire ça ? CBS n'acceptera jamais !

— Carl, je suis sûr qu'on peut y arriver ! Je vais en parler, vérifier en combien de temps l'usine peut presser un disque. Ça ne doit pas être sorcier ! Ce qui prend le plus de temps, c'est de préparer une sortie, pour que tout soit prêt et en place. Mais là, l'argument de vente, c'est justement que la sortie est la plus rapide du monde. Que le groupe est tellement *live* qu'il enregistre et que vous l'avez chez vous le lendemain, comme si vous aviez assisté au concert ! Ça change les règles et ça nous fait une sacrée publicité. IRS frappe un grand coup ! Allez, Carl, réfléchis à mon idée.

— OK, Henry, comme il disait toujours, je vais y penser.

Je m'étais mis la pression tout seul. J'avais eu une idée, intéressante sûrement, mais ô combien difficile pour le débutant que j'étais. J'avais imaginé que le disque sortirait dans toute l'Europe le lendemain de l'enregistrement.

J'en parle autour de moi, et je trouve quand même des oreilles attentives. Les moins attentives étaient en France, comme d'habitude. Heureusement qu'il y avait Anne Philonenko, Hervé Defranoux chez CBS et Alain Lahana, le tourneur des Fleshtones. Des « Français » en or !

De toutes mes discussions il est ressorti que c'était impossible.

Je me suis rendu à l'usine qui avait en charge la production des disques, en Hollande, et j'en ai discuté avec Patrick, un Français. Il suivait la fabrication de tous nos produits, pochettes et galettes. L'idée l'a excité et il m'a donné toutes les échéances de fabrication. J'avais visité l'usine et ça m'avait plu. Toutes ces galettes en train d'être pressées. Tous ces disques qui attendaient leur tour.

Je regardais partout. Il y avait ceux des Clash ! Je me rappelle avoir pris une pochette qui n'était pas encore totalement imprimée. Celle de *Give 'em Enough Rope*. Il n'y avait que le bleu et le jaune.

Je l'ai toujours. Un trésor.

Depuis ce jour, j'ai gardé et collectionné toutes sortes de maquettes, pochettes en construction, masters, etc. Je dois avoir toutes les compositions des pochettes de REM, celles de nos autres groupes aussi, les films pour l'usine, ceux pour des posters, certains sublimes. J'en possède de plein d'artistes différents. Les gens les jetaient une fois utilisés !

Ce n'est pas la rareté de l'objet qui me pousse à l'acquérir. Plutôt le souvenir et sa place dans l'histoire du rock. Savoir que telle ou telle pochette a une erreur de couleurs et que, du coup, elle vaut cher, ne m'intéresse pas. Mais savoir et ressentir l'émotion d'une histoire en train de s'écrire, c'est troublant. Si ça, c'est être collectionneur, alors je le suis.

Patrick m'avait expliqué que ce n'était pas la fabrication qui prenait du temps, mais la mise en place précise de tous les éléments. Exemple, imprimer une pochette prend très peu de temps. C'est le design qui est le plus long. Tout ça a du sens.

En général, les groupes écrivent leur musique et ensuite réfléchissent à une idée de pochette. Parfois ils préparent tout en même temps, mais, à la fin de l'enregistrement, il faut les crédits exacts, les noms de gens qui ont participé, bla bla bla, et tous les remerciements. En plus, chacun dans le groupe donne ses idées, n'est pas d'accord avec les choix. Et les photos, n'en parlons même pas...

Donc, je me suis dit que si je voulais concrétiser mon idée, je devais réfléchir à tout ça et préparer la pochette avant. Ça a l'air simple, mais croyez-moi, ce n'était pas évident.

Alors, avec le manager, Bob Singerman, un gars qui dormait debout mais qui avait aimé mon idée, on s'est mis à cogiter : les morceaux, le design, les crédits. J'avais pensé à Serge Clerc pour le graphisme. Il connaissait les Fleshtones et aimait leur musique. En grand rocker qu'il était, il a accepté d'emblée. Ça partait bien. Le titre serait tout simplement *Live in Paris*.

Il nous a aussi fallu réfléchir sur l'ordre des morceaux, par exemple. Allez demander à un groupe ce qu'ils vont jouer sur scène dans trois mois et dans quel ordre. C'est comme demander quelle est la longueur d'une corde... Un vrai casse-tête ! Et puis, même si on se moquait du minutage car c'était du *live* – je devais quand même en donner une approximation pour la fiche technique –, il fallait prévoir les crédits, avoir le bon design. Plus j'avançais dans mon idée, plus je pensais : « Surtout, ne laisser personne d'autre que moi toucher à ce projet. »

Quand on croit à son idée, il faut aller jusqu'au bout. Non seulement c'est le pied de vivre ses rêves à fond, mais c'est le seul moyen d'avancer, malgré les empêcheurs de tourner en rond autour de vous qui ont toujours quelque chose à dire pour vous freiner.

Heureusement, tout IRS était avec moi, bien content de savoir que le nouveau venu, celui de l'international, était aussi barge qu'eux. Comme les membres de Fleshtones, qui ont compris que ce *live* serait sûrement un tremplin. Comme Alain Lahana qui, lui aussi, se battait pour ce groupe dont il aimait la musique et qui avait besoin d'un maximum de publicité et d'actualité pour vendre leurs concerts.

Mais il y a toujours les mauvaises langues et les inspecteurs des travaux finis. Si on les écoute, on ne fait rien. Et ce ne sont pas toujours ceux qu'on croit. Les types de l'international chez CBS m'ont soutenu. Pierre Sissman, encore lui, qui est plutôt du genre costard cravate, rien à voir avec moi, s'est lui aussi éclaté sur le projet. Il m'a beaucoup aidé.

Nul n'est prophète en son pays. Je pense à CBS France qui tout de suite m'a cassé. Je pense à des journalistes de rock parisiens (pas de noms !) qui n'aimaient jamais rien, surtout quand ils voyaient que certains risquaient de se passer de leurs conseils et faisaient fi de leurs critiques.

L'idée était lancée : on ferait une série de concerts à Paris, sur deux semaines, les mercredi, jeudi, vendredi et samedi. On se débrouillerait pour enregistrer tous les concerts de la première et sortir le disque le mercredi de la semaine suivante. Pas seulement en France, mais dans toute l'Europe.

Je suis allé voir Alain Lahana et on en a discuté. Je suis allé voir les patrons du Gibus, Jiri Smetana était dans le coup et il m'a présenté Gérard Taïeb, le patron. Gérard m'a pris pour un fou et m'a prévenu sans mâcher ses mots, car en plus, sur les conseils d'Alain, je demandais pas mal d'argent. Mon plan avait intérêt à marcher !

Ça commençait à prendre forme. Il nous fallait un studio mobile, un producteur, savoir où mettre tout ça, choisir les dates, la pochette, continuer à convaincre tout le monde, chercher des amis... Ne plus dormir, quoi !

Malheureusement, dans ce genre d'aventure, on a beau tout programmer, tout bétonner... il y a toujours un problème. Pas le producteur : on avait trouvé Richard Gotterher, parfait pour le projet. Pas le studio mobile : on avait pris Le Voyageur, le meilleur. Pas le club : le Gibus s'était lancé à fond dans l'affaire et, depuis ce jour, Gérard Taïeb est un de mes amis, sur qui je peux compter. Bref, on avait tout booké : avions, hôtels...

Toute l'Europe était au courant, tous les journalistes en parlaient, tous les disquaires attendaient. On ferait fabriquer quarante-cinq mille copies ! Incroyable, l'idée avait pris forme. Elle avait fait son chemin, toute seule, et elle était plus grosse que la musique. L'urgence était au rendez-vous.

Serge Clerc nous avait réalisé une pochette démente, rouge, très classe. J'adorais. Parfait pour les Fleshtones. J'avais de mon côté négocié tous les crédits et l'ordre des chansons qui apparaîtraient sur l'album.

La pochette a été envoyée à l'usine et imprimée directement.

On n'attendait plus que les Fleshtones.

Alain leur avait programmé un show dans un festival près de Bordeaux, pour se chauffer. Sont arrivés de New York Keith Strength, Jan Marek Pukulski, Gordon Spaeth et Bill Milhizer. Pas de Peter Zaremba, le chanteur !

Keith m'a expliqué qu'il était au Mexique pour se marier (!) et qu'il prendrait un avion le lendemain.

OK. Ça commençait. Alain n'était pas content. Le groupe était booké dans ce festival et le chanteur était absent !

Ce jour-là, un vendredi, il m'a demandé si cela me plairait de jouer de la guitare avec les Fleshtones et de jammer sur certains morceaux. Alain a toujours de ces idées ! J'ai accepté d'emblée et je suis allé passer la nuit au Gibus. On était tous excités comme des fous. On allait passer une semaine d'enfer.

Ce soir-là, j'ai rencontré une fille adorable, avec qui j'ai passé la nuit chez moi et, le matin, nous avons été réveillés par la sonnette de la porte d'entrée. C'était Alain qui venait me chercher pour m'emmener à l'aéroport. Je lui ai demandé s'il pouvait trouver un billet pour ma nouvelle amie. Il ne s'est pas démonté, et a assuré. Arrivé à Bordeaux, on a filé direct à l'hôtel et, avec ma copine, nous avons continué ce que nous avions déjà bien commencé la veille. Petite sieste, répétitions, concerts, comme des fleurs !

On s'est éclatés comme des fous avec Manu Dibango venu nous rejoindre. J'avais fait l'enfer sur « Tequila ».

Les Fleshtones savaient faire la fête. Un genre de garage revival, mix de fuzz et d'orgue cheap Farfisa, avec des sons et des vibrations années 1950 et 1960, et une dose de rhythm'n'-blues et de *surf music*... Voilà, grosso modo, ce que le groupe appelait leur « Super Rock » !

On est rentrés à Paris le dimanche, en minibus. On a roulé toute la journée en souriant bêtement.

Et Peter Zaremba n'était toujours pas là ! Il avait raté son avion et devait prendre celui du lendemain. Lorsque Peter est enfin arrivé, on l'a emmené directement à Canal+, pour une émission de télévision. Mais il ne pouvait plus parler. Il n'avait plus de voix. Pas du tout gênant quand on est chanteur d'un groupe et qu'on est à Paris pour enregistrer un album *live* qui doit relancer leur carrière ! Non, pas du tout...

Il avait bu pendant deux jours, il s'était marié, n'avait pas dormi, avait ingurgité une quantité industrielle d'alcool pendant le vol et était tout à fait hors service. Normal !

Évidemment, nous ne pouvions pas déprogrammer l'enregistrement. Je n'ai rien raconté à ceux avec qui je travaillais. J'essayais de rester très zen et Alain était vraiment impressionné par tant de calme. Pourtant, il y avait de quoi tuer Zaremba. Leur carrière se jouait en ce moment même, car n'oublions pas que mon idée avait germé pendant une discussion avec Carl Grasso, exactement parce qu'on se demandait comment vendre leurs satanés disques !

Le groupe a été d'accord pour jouer, ils étaient là pour ça. On ne pouvait plus faire marche arrière. Et puis, s'ils nous avaient posé un problème, j'aurais laissé Gérard Taïeb leur expliquer, en anglais pour qu'ils comprennent bien, que la comédie était terminée et qu'ils avaient intérêt à jouer ! Mais ils ont commencé à négocier les titres qu'ils voulaient jouer. Zaremba faisait tout pour attirer les autres membres du groupe de son côté. Je comprends bien, ils étaient solidaires et moi j'étais presque devenu un ennemi ! Tout a basculé.

Comme il ne pouvait pas chanter, Zaremba voulait tout revoir. S'engagea alors une négociation qui n'avait rien à envier à celle de Yalta !

Je suis resté campé sur ma position de professionnel de l'industrie du disque et j'ai défendu mon bifteck. Ils devaient d'abord jouer pour la presse, le mardi. Ils pourraient faire ce qu'ils voulaient. On brouillerait le son, les autres chanteraient et Peter ferait semblant. Et on s'en sortirait. Les journalistes seraient au bar… Ils seraient là ! Mais l'enregistrement se fera sur le mercredi, le jeudi et si possible le vendredi.

Un drame. Tout s'est passé ainsi. On a rigolé avec tous les journalistes qui étaient venus des quatre coins de l'Europe. Le Gibus était parfait pour ce genre de concert. Dehors dans la cour, Richard Gotterher s'arrachait les cheveux car Peter ne pouvait franchement rien chanter.

La nuit, Richard partait dans un studio près de la place de l'Étoile pour commencer le mix. Il n'y avait rien à en tirer. C'était abominable.

La voix de Peter commençait à aller mieux et le vendredi fut son meilleur jour. Et c'est cette prestation qu'on a gardée. Mais faut avouer que c'était quand même idiot. Tout ça pour ça.

Un taxi m'attendait le matin du samedi car je devais filer à l'aéroport avec les bandes qui constitueraient l'album.

Je savais que je devais m'assurer de tout et, après le concert, je suis allé avec Richard suivre le mix. Toute la nuit, leur manager a essayé de négocier avec moi. Prenant tout le monde à témoin, il me disait qu'il ne pouvait pas sortir cette merde.

Ils ont essayé de supprimer des morceaux. Je ne pouvais pas accepter, la pochette était prête et imprimée depuis longtemps ! Quarante-cinq mille disques à faire tout de suite. L'usine attendait.

J'ai tout de même réussi à m'extirper de cet enfer pour filer à l'aéroport.

Quand je suis arrivé à Amsterdam, Schipol, Patrick était venu m'attendre et nous avons filé direct à l'usine qui était ouverte ce samedi.

Il m'a semblé bizarre, presque trop facile de lui remettre les bandes magnétiques. Je venais de vivre un stress énorme et tout finissait là, comme ça.

Je n'avais pas dormi depuis quatre jours, et encore moins la nuit précédente, et lui m'a pris les bandes, les a données à un type qui gravait les matrices, et m'a tout simplement dit :

— Merci.

L'adrénaline qui me tenait n'avait plus de raison d'être. Je savais le projet dans de bonnes mains.

Nous avons reçu le disque à Paris le mardi.

On avait réussi notre pari et on en avait quarante-cinq mille copies dans les bacs. Pour les Fleshtones, c'était énorme. On ne parlait que de ça. Comme le club avait affiché complet, Gérard avait gagné de l'argent et il les paierait sans sourciller. Pourtant ils me tiraient la gueule pendant toutes les signatures que nous faisions chez les disquaires.

Ils sont remontés sur scène le mercredi de la deuxième semaine. Ce soir-là, Zaremba chantait bien, trop bien ! L'endroit était plein à craquer. Incroyable, ce buzz... Des héros !

Heureusement personne ne parlait de la qualité du disque.

Le lendemain je suis parti à Hawaii, pour une convention CBS, et j'ai reçu des compliments de toutes parts pour ce tour de force.

Le samedi, j'ai appelé le Gibus. Je suis tombé sur Gérard Taïeb. On n'entendait presque rien tellement il y avait du bruit.

— Tu es où ?

— À Hawaii !

— Fait beau ?

— Super beau, du soleil, et plein de femmes !...

— Tu as de la chance...

— Et toi, comment ça se passe ? Il y a du monde ?

— C'est incroyable, il y en a partout ! Je ne peux plus faire rentrer personne, mais les gens payent quand même pour être dans l'entrée ! J'en ai fait payer qui sont restés dans l'escalier...

Il était mort de rire. Il était content.

Le disque était nul, mais tout le monde s'en moquait. Il fallait faire partie de cet événement. C'est ça, l'urgence.

Just what the doctor ordered !

Avec le coup des Fleshtones, on avait montré ce qu'on pouvait réussir avec des bouts de ficelle et surtout qu'on avait des idées.

On engageait des groupes sans arrêt, en faisant attention à ne pas miser sur n'importe quoi. En général, les groupes qui nous rejoignaient signaient leur premier contrat.

On possédait une partie du marché que personne ne pouvait ou ne savait contrôler. Nos groupes étaient « risqués » pour les autres maisons de disques. Ça les rendait nerveuses. Nous, on savait garder les coûts bas et vivre selon nos moyens, pas au-dessus.

On avait des groupes comme les Cramps ou Wall of Voodoo. Ils pouvaient gagner leur vie sans être obligés de toucher le gros du public. D'abord parce qu'ils pouvaient tourner et faire des bénéfices tout en assurant leur promotion, et vice versa. Le système fonctionnait aussi comme ça.

On pouvait se permettre de travailler avec des groupes qu'on aimait, que nous trouvions importants, même s'ils ne devenaient jamais des monstres commerciaux. Le vrai luxe.

REM cherchait un label qui était assez grand pour toucher un maximum de gens mais suffisamment petit pour être proche d'eux, un label qui comprenne d'où ils venaient, ce qu'ils cherchaient, et qui puisse accepter leur comportement.

Maintenant, pour être honnête, il faut aussi savoir qu'ils avaient, avec l'aide de Ian Copeland, le frère de Miles, qui dirigeait une agence de tournée aux États-Unis, envoyé une cassette à toutes les maisons de disques. Ils avaient commencé à chercher avant de venir nous voir. Je crois qu'ils l'avaient aussi envoyé à Miles et qu'il ne l'avait même pas écouté... Mais, comme toujours, on n'était pas en tête de la liste. Ils avaient commencé en 1981 et, déjà à l'époque, Ian n'était pas n'importe qui. Il était l'agent de Police. Donc, les maisons de disques le respectaient et l'écoutaient. Pourtant, ce qui est si lamentable de leur part, c'est que personne ne l'a rappelé. Imaginez que REM avait tourné aux États-Unis en 1981 et 1982, et que personne, je dis bien personne, aucune maison de disques ne les a repérés !

Eh bien, quand Ian en a parlé à Jay, lorsque Jay les a enfin vus sur scène, à La Nouvelle-Orléans, après les avoir ratés plusieurs fois, nous les avons signés.

Encore une fois, non pas parce qu'on pensait pouvoir en vendre des tonnes, mais parce que Jay les avait trouvés bons, parce qu'il pensait qu'entre les tournées et le public qui revenait plus nombreux chaque fois on pourrait se débrouiller pour s'en sortir... Et le groupe aussi.

REM avait été à bonne école. Ils avaient vu avec quel dédain les grosses maisons de disques les avaient traités.

Du coup, ils voulaient être sur IRS.

Ils ont été très contents quand on leur a proposé de nous rejoindre.

Avec eux, on a appris beaucoup. Le rock changeait et ils y ont tant contribué. Leur public grandissait doucement mais sûrement. Et nous avec.

Leur album, *Murmur*, a été élu meilleur album de l'année en 1983 par *Rolling Stones*. Les ventes n'étaient pas au rendez-vous, mais le signal était donné. Cette année-là, Michael Jackson avait sorti *Thriller*... Pas rien. Il y avait Police aussi et

Synchronicity... Des gros albums. Je me demande ce qu'ont dû penser les grosses compagnies en voyant REM en tête. D'après moi, ils ont dû déposer des réclamations !

Nous, on jubilait. C'était ça notre truc, notre came, des groupes comme REM.

Mais la contrepartie était qu'on devait se les taper et accepter de les suivre dans leurs délires. Les vidéos, par exemple... Je me souviens de la vidéo de « So Central Rain (I'm Sorry) ». Michel Stipe était à fond dedans. C'était son truc et il avait des idées.

Il a insisté, et on n'a pu qu'accepter de filmer la vidéo en direct. Il refusait de chanter en play-back. En plus, le groupe était filmé en train de jouer derrière des paravents en tulle ! On a résisté car on essayait de faire de notre mieux pour les conseiller, surtout pour produire une vidéo qui entre selon les standards et soit diffusée par des médias comme MTV. On ne cherchait pas à faire « Thriller », mais bon, pourquoi faire compliqué quand on peut faire simple ? Rien à faire. Malgré tout, il faut rendre grâce à Jay et à Carl d'avoir accepté. Ils adhéraient ainsi à toute la philosophie du groupe. C'était aussi un des points forts du label. On écoutait et on apprenait de nos groupes, alors que les grosses maisons, en général, imposaient leurs décisions.

Bref, la vidéo n'a pas souvent été diffusée sur MTV, et, je crois, jamais en Europe. CBS se posait des questions. De toute façon, ils ont mis du temps à comprendre.

Le groupe sortait un album par an, tournait sans arrêt jusqu'à dominer totalement la scène underground. Il n'y avait pas mieux que REM, c'était alternatif, branché, obscur, intelligent, énigmatique, inspirant, avec une attitude, une identité et une direction.

Il n'existait rien de mieux, et pourtant personne ne nous aidait. Ce qu'il y a de génial avec ce genre de situation, c'est qu'un jour c'est trop gros et le système ne peut que faire avec.

On a sorti *Document* en 1987. Les fans étaient alors tellement nombreux et tellement à l'affût de la musique de REM que, la semaine de sa sortie, les ventes ont été suffisamment rapides pour propulser le groupe dans les dix premiers des charts américains !

L'histoire de notre label a été intimement liée à celle de ce groupe.

Incontestablement, ça a été un drame lorsqu'ils nous ont quittés. Mais comment faire ? Déjà, la somme que leur proposait Warners était sans comparaison avec ce que nous pouvions leur offrir.

On ne pouvait pas mettre en péril toute notre économie sur un seul groupe. Ce n'était pas notre façon de fonctionner. Warners a été bénéfique pour REM et on a été fiers de voir notre bébé grandir au point de devenir le plus grand groupe de rock. Ils ont eu raison d'accepter cette proposition et de continuer leur route. Nous sommes restés amis, évidemment. C'était une grande aventure humaine.

On avait ressenti la plus grande fierté déjà lorsque *Rolling Stones* nous avait donné leur couverture avec le titre « The best band in America ? », le meilleur groupe en Amérique ? C'était nous qui l'avions eue. Le reste... c'est du business.

Nous étions des agitateurs chez nos distributeurs. On faisait tout pour se faire remarquer. Lors d'une convention de CBS, je ne sais plus laquelle, à Vancouver je crois, on avait laissé traîner plein de cassettes, avec inscrit dessus « Michael Jackson demos ». Les participants se sont jetés dessus et sont partis les écouter en cachette dans leur chambre. C'était le nouvel album des Lords of the New Church !

On abreuvait le système de nos meilleures idées... J'en ai plein la baraque. Par exemple, on avait distribué des dossiers complets sur les problèmes auditifs que peut causer l'écoute de mauvaise musique. Quand les gens ouvraient, ils trouvaient avec le dossier une cassette de produits IRS.

Je crois qu'ils nous aimaient aussi pour ça. Nous les faisions rire et nous leur donnions bonne conscience. De toute façon, on se débrouillait. Le deal était simple. Ils nous filaient des avances sur des projections de ventes et nous, on dépensait au mieux. Avec notre façon de procéder, de gérer les budgets d'enregistrement, de marketing et de promotion, tout ce qu'ils devaient faire, c'était sortir nos disques.

Et comme il était écrit sur le contrat que, dès qu'un groupe tournait, le minimum était que le disque soit dans les bacs, à la fin, ils sortaient tout notre catalogue.

On insistait aussi tout le temps sur l'image du label. Je crois que c'est en 1979 que Miles, qui s'était amusé auparavant avec des labels comme Faulty Products, Illegal Records, A Step Forward Records, Deptford Fun City Records, est arrivé avec l'idée d'IRS. Encore une fois, les majors traînaient les pieds, et s'il a trouvé des partenaires, ce n'étaient que des indépendants, comme A&M, surtout parce qu'il était le manager de Police.

Toujours pareil.

Au début, c'était un logo arc-en-ciel qu'on trouvait à l'intérieur sur les galettes de vinyle. En 1981, Carl Grasso est arrivé avec le « IRS Man », l'agent secret, le type des impôts !

Ce logo, on le mettait partout. Et sous son ombrelle, on rassemblait nos groupes. Il était reconnaissable. Et vraiment très connu.

On sortait aussi beaucoup de compilations. C'était un bon plan qui nous permettait de faire connaître nos nouveaux groupes. On établissait ainsi notre son. Notre écurie.

Donc, on s'en sortait bien. Et, même si on cherchait les succès, les singles qui marchent pour pousser des albums, on n'était pas accros ni obnubilés par ça. On arrivait à développer nos groupes et, grâce au volume de ces disques mis ensemble, le système avait accepté de nous financer et nous laissait jouer dans notre bac à sable.

Marc Zermati

Marc et moi sommes des frères de rock'n'roll. Des acolytes. On n'a pas trop besoin de parler pour se comprendre. On apprécie pratiquement toutes les situations de la même façon, on reconnaît ce qui est cool ou pas, en tout cas dans notre monde à nous. On repère les imposteurs à deux mille kilomètres et on sait qu'il y en a beaucoup. Je crois qu'on a pas mal galéré tous les deux, parfois ensemble. Il m'a énormément appris sur la musique.

Il m'a souvent hébergé chez lui à Paris, et moi à Londres, à Amsterdam ou en Corse. On a eu nos périodes de bringues assez sérieuses. Marc a toujours respecté le fait que je ne prenais pas de drogues dures. Pas mal de gens autour de moi, autour de nous, ne s'en privaient pas. Chacun son truc. Il n'empêche que, quand il fallait rocker et donner sur scène, je n'étais jamais le dernier. Pas besoin d'être chargé pour ça.

Lorsque je suis venu vivre à Paris pour monter le bureau international d'IRS, Marc m'a donc hébergé chez lui, le temps que je trouve un appartement. Ensuite, j'ai passé deux ans à Bastille, et lui et moi nous retrouvions très souvent pour délirer ou aller voir des groupes.

On finissait très souvent au Gibus, à République.

Pendant les deux ans où je suis resté à Paris, entre 1984 et 1986, je finissais pratiquement toutes mes soirées là-bas. Je garais ma Daimler 1966 dans la rue et je retrouvais mes amis, Gérard et Fernand Taïeb. Ils ont toujours été plus que sympa avec moi et me mettaient chaque fois une bouteille de gin sur le comptoir. Marc venait souvent avec moi.

Un soir, il a débarqué avec Johnny Thunders. Je connaissais bien Johnny. Il était ami avec Wayne County et je l'avais rencontré en 1977 à Dingwalls avec Debbie Harry. Des retrouvailles entre New-Yorkais. Inoubliable soirée. Je me rappelle qu'au début, dans une de ces fameuses tournées Package punk que Miles Copeland avait organisées, on avait traversé toute l'Angleterre ensemble. Chaque soir, Stewart et moi étions collés devant la scène à regarder ce groupe hallucinant qu'étaient les Heartbreakers. Beaucoup de bruit, de scandales et de rock'n'roll. Lee Black Childers, un des meilleurs amis de Wayne et leur manager, avait du boulot. Une fois, au Eric's à Liverpool, les Heartbreakers ont refusé de monter sur scène ; derrière, en backstage, ça chauffait. Johnny est finalement arrivé tout seul avec sa sempiternelle Les Paul Junior TV blanche, et a fait une chanson en solo. Puis il avait annoncé : « Les Heartbreakers se sont séparés ! » Le public dans la salle s'est mis à hurler. Et Johnny a lancé : « Les Heartbreakers sont morts ! Nous sommes les Junkies ! » Et les autres, Walter, Jerry et Billy, ont déboulé. Sacré concert !

Ce soir-là, au Gibus, Johnny avait sa guitare et voulait jouer. Nous étions au bout du comptoir. J'étais bien allumé. Gérard Taïeb avait dû lui promettre un peu d'argent. Johnny était très doux.

— Henry, va chercher ta guitare.

— Johnny, je ne joue plus depuis longtemps.

— Ça ne s'oublie pas... *Come on !*

— Johnny, si je vais jusqu'à chez moi chercher la 335, il va y avoir du grabuge...

— Allez, vas-y, m'a dit Marc. Je viens avec toi.

On est partis à Bastille dans la Daimler grise, et on a fait l'aller-retour en un temps record.

Quand on est revenus, Johnny était toujours là avec Jiri Smetana et Freddy Lynxx, mini Fred, des Jet Boys. On est entrés, la caisse de guitare à la main. Dans la loge, Johnny m'a taquiné :

— Ça va aller ?

— Tu rigoles...

Je n'avais pas touché ma Gibson rouge depuis longtemps mais j'ai sorti la guitare, je l'ai accordée et je lui ai fait l'intro de « Jeff's Boogie », un morceau de Jeff Beck, comme ça, pour le calmer. C'est le genre de riff qui tue, en sol et hyper rapide.

— Johnny, fais attention. Tu sais que je vais t'exploser sur scène !

— Déconne pas, Henry, on est là pour s'amuser.

— Je sais, Johnny, je plaisante...

On est monté sur scène et on a fait une version diabolique de « Pipeline ». Johnny le jouait dans son set habituel, et moi je la connaissais bien pour l'avoir jouée des milliers de fois avec les Flying Padovani's.

À la fin de la jam, de retour en bout de comptoir, bouteilles de champagne à gogo, Marc, Gérard comme compagnie, Johnny a essayé pendant une heure de me persuader d'abandonner mon job chez IRS et de partir en tournée avec lui. Il partait en Scandinavie et devait aller au Japon. C'était tentant. Mais il y a un temps pour chaque chose. Je ne jouais plus. Je travaillais dans un label. Marc, Johnny et moi avons parlé des Flying Padovani's et de la vitesse de l'enregistrement de *Font l'enfer*. De choses comme ça...

Un peu plus tard, cette année-là, avait lieu une convention de disques à Paris, dans un grand hangar sur les quais de la Seine. J'avais un ami allemand, Willi, qui était de passage chez moi, et Marc nous avait convaincus de lui servir de chauffeur et de transporteur. Il avait besoin d'argent et il allait vendre des disques. Il avait installé un stand avec des collectors incroyables. Willi et moi l'accompagnions.

Après avoir fait le tour de la convention, on ne savait plus trop quoi faire. Marc venait de vendre un 45-tours russe des Beatles au président de leur fan club pour un bon prix et il était content. La pochette était géniale : une sorte de carte postale plastifiée, avec photo et gravure qu'on pouvait jouer sur un tourne-disque. Marc me racontait comment le type avait tremblé quand il avait eu l'objet entre les mains. Il aurait dû le vendre plus cher, il le regrettait, mais il avait trop besoin de tunes. C'est la vie...

Comme je commençais à m'ennuyer sec, j'ai décidé de casser les pieds à Marc. Le chambrer, quoi... Tout ça pour passer le temps, rigoler et surtout arracher une réaction, un sourire à Marc, en plus de ses grognements.

J'ai écrit sur un morceau de papier : « Je suis atteint de zermatose », j'ai mis du Scotch et, passant près de Marc, je lui ai donné une tape sur le dos, collant le message. Ça ne voulait rien dire, mais, en même temps, collé sur le dos, Marc, c'était énorme.

À partir de ce moment, la convention n'a plus été la même. Tout le monde était mort de rire. Marc parlait aux passants et, dès qu'il se retournait, ils s'esclaffaient tous. Lui ne trouvait pas ça drôle du tout et perdait son calme. Si sérieux et précis dans ses arguments de vente, il ne comprenait pas pourquoi personne ne le prenait au sérieux dès qu'il leur tournait le dos pour chercher dans ses bacs. Évidemment, cette histoire a vite fait le tour de la convention et on se bousculait devant le stand Skydog. Mais les gens regardaient et n'achetaient pas.

Quand quelqu'un lui a fait remarquer ce qu'il avait dans le dos, il a tout de suite compris : ce con de Padovani !

J'avais déjà disparu, avec une autre idée encore plus idiote en tête. J'avais remarqué que la fille qui de temps en temps lançait des annonces au micro en rajoutait un peu plus à chaque annonce. Son job était de passer des messages : « Monsieur machin, si vous cherchez tel disque, vous le trouverez au stand, bla bla bla. » Je la sentais qui mettait du cœur à bien faire son boulot. Mais la pauvre, elle devait aussi s'ennuyer. Je suis allé la voir, et je lui ai dit que j'avais su qu'un certain Marc Zermati était à la recherche d'un disque très très rare, qu'il le cherchait depuis longtemps, que je l'avais et que j'étais prêt à le lui céder. La convention était faite pour ça, non ?

— C'est quoi, le nom du disque ? Écrivez-le-moi bien, de façon à ce que je ne me trompe pas.

Sérieuse ! Et comme elle ne devait pas être de la partie et avait sûrement dû annoncer des titres et des noms d'artistes étrangers qu'elle ne connaissait pas, elle faisait attention. Elle ne connaissait d'ailleurs personne dans cette convention et encore moins Marc. Elle ne connaissait pas Marc Zermati, le gars le plus branché « rock'n'roll » sur la place de Paris. Je lui ai tendu un papier où j'avais écrit les renseignements :

— Voilà. Il le cherche depuis longtemps. Pour lui, ce sera une grande nouvelle. Un grand jour. Il va vraiment être content. Je vous laisse faire... Allez-y, annoncez-lui la bonne nouvelle !

— Faites-moi confiance, m'a-t-elle répondu avec un clin d'œil.

Elle a saisi le micro et, prenant le papier que je lui avais donné, elle a attaqué :

— Monsieur Zermati, ne cherchez plus !

Elle avait mis le ton. Superbe ! Elle a continué, d'une voix remplie d'émotion qui résonnait dans tout le hall :

— Le disque que vous recherchez depuis si longtemps n'est pas loin ! Nous avons ici un collectionneur qui va combler vos espoirs ! Il a avec lui le 45-tours « Kasatchok » par Rika Zaraï, en gravure péruvienne !

Elle avait mis l'accent sur le grand final de son annonce.

Toute la salle, qui s'était tue pendant cette annonce solennelle, a littéralement explosé de rire !

Je crois que Marc a rigolé, lui aussi. Cette histoire nous a fait rire longtemps. Encore aujourd'hui.

Marc s'est vengé par la suite en envoyant des mecs faire des annonces, du genre : « Henry Padovani, l'organiste de Police, signe ses disques au stand Skydog... » Un jour, il avait lu un article qui avait fait référence à moi en tant qu'« organiste de Police », et il avait toujours trouvé ça désopilant.

La fille du micro ne savait plus si elle devait annoncer ou pas. Ça fusait dans tous les sens. Cette convention a été une belle réjouissance.

Le rock'n'roll, c'est aussi beaucoup de rigolades.

Tout a un début...

Au bout de deux ans, Sony a racheté CBS. À ce niveau-là, ce n'est pas comme acquérir un nouvel ordinateur. La rumeur voulait que Sony s'offre en fait le catalogue de CBS pour ses produits lecteurs.

Retour en arrière. Avant l'arrivée des CD, on parlait vidéo : la VHS et la Betacam. Tout le monde est d'accord pour dire que la Betacam était bien meilleure mais lorsque les deux produits ont été lancés sur le marché, Philips, qui avait un catalogue énorme, a tout de suite proposé au public des cassettes préenregistrées. Les gens se sont jetés dessus et ont acheté les lecteurs qui allaient avec. Personne n'a jeté un second regard sur le système Betacam. Philips avait gagné la bataille des vidéocassettes. Pour ne pas refaire la même erreur avec ce qui s'annonçait comme la bataille entre le son et le support numérique, Sony s'est dit qu'il valait mieux acheter du catalogue, et ils ont avalé CBS. Pas idiot...

Ça n'avait rien à voir avec la musique, on est d'accord. D'ailleurs, j'aime bien aborder ce sujet avec tous les gens qui s'offusquent lorsqu'ils parlent de maisons de disques et d'artistes. Une chose est sûre, les majors vendent du disque. Pas forcément la musique qu'il contient. Le disque est un produit facturé à douze ou treize euros au prix de gros – quelque chose comme ça –, voilà ce qu'elles vendent. Sinon on les appellerait maisons de musique.

Les maisons de disques signent des artistes qui vendent de la musique. C'est ça, leur job. Je ne sais pas pourquoi les gens veulent leur trouver ou leur donner une définition noble, ou même culturelle.

Les labels sont différents, s'intéressent plus à la musique. Mais, tôt ou tard, ils se prennent la pression des distributeurs et là, ils rentrent dans leur système.

Le mieux, c'est de le savoir, de le comprendre, de l'accepter et de faire fonctionner le système pour ce en quoi tu crois. C'est ce que je pense et c'est ce que nous pensions à IRS.

Donc, Sony rachète CBS, quelques têtes valsent et nous, du coup, on déménage à Londres, emmenés par un Jorgen Larsen plus cool que jamais et un super Paul Burger sur les talons. J'ai toujours aimé et respecté Paul. Je lui ai d'ailleurs demandé d'être le parrain de mon fils et il a accepté. Paul est devenu plus tard le *chairman* de Sony Angleterre. La classe ! Bien sûr, la délocalisation fut difficile pour beaucoup de gens, générant principalement des problèmes familiaux.

Moi, j'étais le plus content. Retourner en Angleterre avec un travail et de l'argent. J'étais devenu directeur de l'international chez IRS et je m'en sortais plutôt bien. Nous nous en sortions plutôt bien, tous. On avait vraiment avancé avec REM, et des groupes comme les Lords of the New Church assuraient. On avait aussi signé un nouveau groupe, Concrete Blonde, vraiment génial, et on commençait à travailler de mieux en mieux avec William Orbit, qu'on avait signé avec Torch Song en 1984. J'aimais bien William et j'allais donc sûrement passer du temps chez lui.

Je me rappelle le jour où William m'a invité chez lui. Il y avait un studio, m'avait-il dit. Parfait. Il possédait aussi le *sound system* le plus démoniaque que j'aie jamais entendu dans une bagnole. On est arrivé chez lui. Très belle maison anglaise.

— On va au studio ?

— Allez...

On est entrés dans une cabine, assez petite et remplie de pré-amplis et de séquenceurs.

— Génial ! Où est la salle ?

— Tout est là !

— OK, je vois la salle de contrôle, mais où est la salle où les gens jouent ?

— Il n'y en a pas ! Tout se passe ici, dans la salle de contrôle.

Je venais de voir le premier home studio de ma vie. Tout se faisait là, avec des séquenceurs et des ordinateurs. Rien de comparable avec le genre de matériel qu'on trouve aujourd'hui dans tous les studios, home ou professionnels, mais c'était impressionnant. William m'a montré ce que serait le studio du futur.

Quand je pense comment on a ramé avec William ! Sa musique était franchement géniale et les sons qu'il tirait de son studio phénoménaux. Déjà en 1984, il m'abreuvait de versions longues, versions radio, *extended mix* et autres. Les types à CBS devenaient fous ! Tout le monde me jetait les disques à la figure.

Nous avons tenu le coup et tenté de l'imposer, mais c'était plutôt dur. On a dû faire cinq ou six albums avec lui, dont la série des fameux, et introuvables aujourd'hui, *Strange Cargo*.

Quand je discute avec Philippe Cohen-Solal de Gotan Project, il ne jure que par les disques de Torch Song. Il les connaissait à l'époque, comme certainement Madonna, qui a mis le pied à l'étrier à William pour la production de *Ray of Light*. Elle savait ce qu'elle faisait.

Je l'ai revu aux MTV Awards à Milan. Le même William, le succès en plus. Il a eu chaud, il aurait pu passer à côté.

Rentré à Londres, je suis retourné chez moi, dans ma maison de Camberwell. Kristina vivait toujours là. Je réintégrais le foyer !

J'ai retrouvé tous mes potes et j'ai repris la guitare ici ou là, avec des amis. Je me rappelle avoir joué une soirée avec les Flying Padovani's au Limelight, une boîte très branchée de Londres. Mes collègues d'IRS étaient là, même Jay était venu des États-Unis.

J'avais aussi ramené ma Daimler 66 de Paris. Elle avait passé du temps en France, mais était toujours restée immatriculée en Angleterre. J'avais mis ma Morris Traveller à la casse et m'étais payé la bagnole dont je rêvais ! Trop classe, *gun metal grey*, gris fusil métallisée, cuir rouge et boiseries.

Cette voiture en a vu de toutes les couleurs. À Paris, elle se garait partout, notamment sur tous les trottoirs, et si elle adorait tracer dans la nuit, on la voyait toujours garée devant le Gibus sur le coup d'une heure ou deux heures du matin.

Si les flics m'arrêtaient, en général je commençais à leur parler en anglais, genre le type qui ne connaît pas un mot de français, et là il fallait les entendre déblatérer sur les rosbifs. Ils me traitaient de tous les noms mais jamais ils ne m'ont gardé. Ils mataient la voiture et me soupçonnaient d'être un fils de riche, mais je m'en sortais toujours.

La petite histoire veut que Salomon Hazot de Garance était amoureux de cette voiture et, un jour, il m'a convaincu de la lui vendre. Le reste est une suite de galères toutes plus incroyables les unes que les autres qui sont arrivées à Salomon et sa nouvelle Daimler grise ; excédé, il a fini par la revendre. Celui qui l'a achetée à Salomon l'a vue prendre feu et brûler sous un appareil de lavage automatique ! Sans rien pouvoir faire. Cette histoire me désole pour Salomon, mais me fait toujours mourir de rire. Avec moi, elle n'a jamais bronché.

Une anecdote me revient. Alors que REM participait au festival Torhout-Werchter, je suis allé les rejoindre avec la Daimler. La voiture marchait tellement bien et était tellement agréable que je me suis retrouvé dedans avec Mike Mills, Bill Berry – il était un fan de vieilles bagnoles – et leur manager de l'époque, Jefferson Holt. Drôlement mieux que le bus.

Le lendemain, je me rappelle que Michael Stipe m'a annoncé solennellement que le jour où il réussirait à faire avec sa voix le son d'une baleine, il arrêterait de chanter ! Moi, je trouve qu'il s'en est vraiment rapproché très souvent, mais heureusement qu'il ne s'en est jamais satisfait, car sinon...

J'ai compris REM en Norvège, lors d'un petit concert en 1984. J'ai tout assimilé ce jour-là et ce fut un des plus beaux moments de ma vie. Je suis très fier d'avoir fait partie de cette aventure où le punk rock est devenu du rock alternatif. Quel impact !

Notre arrivée à Londres se passait plutôt bien. Mais je n'ai pas tenu plus de deux mois de vie commune avec Kristina. J'ai quitté la maison et suis allé loger chez mon ami Pete Mc Carthy.

Au même moment, j'ai rencontré Fanny, à Paris. Elle avait programmé Timbuk 3, un de nos groupes, sur une émission de Christophe Dechavanne où elle travaillait. Coup de foudre et catastrophe ! Je venais de passer deux ans en France et il fallait que je la rencontre alors que j'étais retourné à Londres et qu'elle habitait Paris !

Là, c'est devenu compliqué pour moi. Je rentrais à Paris tous les week-ends où je pouvais. Je logeais à l'hôtel Esmeralda, devant l'église Saint-Julien. Trop beau, trop romantique. Nous avons donc décidé de vivre ensemble en Angleterre et nous avons pris une maison à Forest Hill. Fanny était tombée enceinte et c'était génial.

… Et tout a une fin

En prendre plein la figure, c'est ce qui nous est arrivé lorsque, la même année, IRS Records a perdu REM parti chez Warners, Fine Young Cannibals, partis chez MCA et Belinda Carlisle. Elle, on avait oublié de resigner son option de contrat…

Les deux premiers n'y pouvaient pas grand-chose.

REM arrivait en fin de contrat et Warner avait aligné six millions de dollars alors que nous ne pouvions en proposer que trois. Et leur contrat en valait bien plus, plutôt quatorze… Alors ils ont dit oui, normal, et leur ascension a continué.

Aux États-Unis, on était distribué par MCA et c'est donc eux qui vendaient pour nous Fine Young Cannibals. L'album était génial, les vidéos superbes, et le disque est monté jusqu'à la première place. Tout le monde se rappelle de « Johnny Come Home » ou de « She Drives Me Crazy »… Ça marchait à mort. Bien sûr, MCA a commencé à faire les yeux doux au groupe, dénigrant notre travail, notre façon de fonctionner, bref nous cassant non-stop auprès du groupe, sortant les billets et tout le reste, et un jour le groupe nous a annoncé qu'ils voulaient signer en direct chez MCA. Bien sûr, tout gentils qu'ils étaient, MCA nous refilerait une royauté sur les ventes de leurs prochains disques. On était piégés. On l'a fait.

La seule satisfaction que tu peux avoir dans ces cas-là, c'est que le naturel revient toujours au galop. Ces grosses maisons de disques ne savent pas gérer ce genre de groupe au succès fragile et ne savent pas dans quelle direction les accompagner.

Le disque suivant chez MCA s'est planté en beauté et le groupe a splitté.

IRS était bien plus qu'un label. C'était sûrement le meilleur label de disques indépendants au monde. Nous étions au tournant où le punk rock devenait rock alternatif, on remettait les guitares pop dans la musique underground, on retournait au garage ; nous avions une conscience politique, et la musique s'en ressentait. On travaillait constamment, nos groupes tournaient continuellement, sortaient des disques tout le temps, travaillaient ensemble, une solidarité exemplaire régnait entre eux – ils jouaient par exemple à tour de rôle les premières parties. On les protégeait, on les amenait doucement vers le haut, on mélangeait les genres. Notre musique avait un son rock à la fois traditionnel et moderne. On œuvrait vraiment bien tous ensemble, il n'y avait pas de directeurs artistiques, tout le monde amenait des groupes. Une vraie équipe de guérilleros... de guérillerocks, devrais-je dire !

Deux éléments ont été déterminants dans le succès et la force du label.

D'abord Police, qui était managé par Miles Copeland, le chef spirituel du label, comme on l'appelait, qui donnait à tous nos protégés une chance de se montrer avec eux. Pratiquement tous ont pu faire des premières parties pour le groupe numéro un de l'époque.

La deuxième était la naissance et l'éclosion de MTV. Nous étions le label parfait pour eux et leur confiance en nous était totale, au point que la chaîne nous donna de la place pour un show mensuel : *The Cutting Edge*. Cette émission était une vitrine pour la scène rock émergente aux États-Unis. Carl

Grasso était la personne qui travaillait à la conception et au montage du programme, et nous ne proposions pas seulement des groupes IRS. Justement nous étions ouverts et honnêtes sur ce point. En fait, nous diffusions tous les groupes que nous aurions pu signer, qu'ils soient chez nous ou ailleurs ! Le concept était là.

En France, en 1984 ou 1985, Canal+ avait d'ailleurs acheté les droits de ces émissions et c'était Antoine de Caunes qui en incorporait des passages dans ses propres émissions rock. *The Cutting Edge* était unique et une grande source d'inspiration pour tous.

Nous aurions préféré que les émissions soient diffusées comme Carl les avait conçues, dans leur totalité et dans leur identité, mais l'intention était sûrement la bonne.

IRS avait une identité, un sens du propos et une détermination qui ont transformé l'underground rock.

J'y étais comme un poisson dans l'eau. Je m'étais impliqué à nouveau totalement dans ce tourbillon de rock'n'roll.

Lorsque notre contrat avec Sony a pris fin, nous avons signé une nouvelle distribution avec EMI. Je suis parti m'installer à Amsterdam pour monter un nouveau bureau international sous la bienveillance de Roel Kruize, un senior d'EMI qui me montrerait toutes les ficelles du métier. Un type extraordinaire. J'étais maintenant vice-président du label, en charge de l'international, je gagnais beaucoup d'argent et j'avais une splendide maison de trois étages en plein centre d'Amsterdam, dans le Jordaan, sur le canal Brouwersgracht. Le rêve.

Le rêve était réel pour moi, avec ma famille, avec Fanny et notre fils Aliosha. Je continuais à voyager partout. J'avais une autre Daimler, une Dino. Je buvais de la très bonne bière. Les gens étaient sympas et tolérants. Tous mes amis venaient me rendre visite et fumaient de l'herbe comme si ça devait changer de mode. Tout roulait.

Je travaillais depuis sept ans à IRS. Dans le même temps, certaines personnes nous quittaient. Le label changeait, et nous avions pris la perte de ces trois artistes si importants pour nous en pleine figure. Il a fallu revoir à la baisse toutes les projections de ventes, ça commençait à devenir difficile, tellement que nous avons dû réduire certains effectifs.

Lorsque le label était au top et qu'il a fallu gérer la crise, des étrangers à la boîte – Jay, notre président, n'avait pas dû penser à mal – sont venus polluer notre démocratie, comme par exemple le service des ressources humaines... Chez nous ! Des types qui évaluaient notre travail, définissaient la mission du label, comme si on avait besoin de ça. Évidemment, dans les rangs, ça jasait, ça conspirait, ça sentait le roussi. Nous ne pouvions plus travailler et développer nos groupes comme avant, les décisions étaient pratiquement toujours liées à l'argent et beaucoup moins à la musique, aux pressions du distributeur. Tout se transformait, MTV avait changé, les groupes ne cherchaient plus à signer à tout prix chez IRS, le label cool. Ils préféraient aller voir directement le distributeur.

Nous avons commencé à accepter qu'il était très difficile de rester toujours devant, que nous devions nous adapter, et nous savions tous qu'il fallait maintenant essayer de limiter les dégâts plus qu'autre chose.

Nous avions aidé à transformer la culture rock et elle nous rattrapait, nous dépassait.

On s'était plantés, comme plein de gens avant nous, comme sûrement après nous, le système nous avait remarqués et nous allions y passer, c'était évident. On allait se faire piller. Se faire bouffer. Mais on était prêts. On n'en avait pas envie mais on était prêts.

Secret Police Man

Good bye, Amsterdam. Roel Kruize, le grand manitou d'EMI, a pris sa retraite et nous sommes revenus à Paris passer les dernières années... Jay a quitté la compagnie, Carl l'avait fait depuis longtemps déjà, et un jour on a tous commencé à réfléchir à un autre job.

Amsterdam

Rentrer d'Amsterdam fut une chose difficile. Elle est tellement belle et agréable. C'est la ville que j'ai le plus appréciée.

J'avais la chance de vivre dans le plus beau quartier, le Jordaan. L'ancien quartier juif, celui qui est traversé de canaux de toutes parts, celui des entrepôts, aujourd'hui transformés en maisons.

J'habitais sur le Brouwersgracht, à la jonction avec le Herengracht. Tous les deux sont des canaux. Des bateaux devant la maison, des gens dedans. À Amsterdam, et même dans toute la Hollande, tout le monde pisse dans les canaux, avant de rentrer chez soi, comme dans la chanson de Jacques Brel. Le soir, ils ouvrent des écluses, l'eau monte et une grande vague nettoie tout. Une grande chasse d'eau. Il y avait des vélos partout ; j'avais le mien. Quand on rentrait un peu saouls, on essayait d'en voler. Tout le monde le faisait, le mien m'a été taxé plein de fois. Ou alors, trop saoul, je n'arrivais pas à le retrouver.

Certains soirs, avec mon pote Harrie, on prenait son petit bateau à moteur et on filait sur les canaux. On s'arrêtait devant un club, on accrochait l'embarcation avec une corde et on entrait. La bière était à deux florins, disons un euro. Et on passait d'un club à l'autre. Je ne vous dis pas comment l'esquif tanguait en fin de soirée.

Harrie ne fumait pas de shit ou d'herbe. Moi non plus. Mais quand on se balade à Amsterdam et qu'on passe devant les *coffee shop*, pas besoin de fumer. Tabagisme passif !

Et puis le quartier rouge... Des endroits déments.

L'hiver, il faisait si froid que les canaux gelaient. Dans la journée, les gens s'installaient dessus, avec des chaises et des tables, et ils discutaient tranquillement. Nous, on ne faisait plus le grand tour pour rentrer chez nous : on traversait carrément les canaux à pied.

Un jour, Sig Sigworth, qui s'occupait de toute la fabrication des produits IRS, est venu à Amsterdam parce que Sony, arrivé en fin de contrat de distribution, devait nous remettre tout le catalogue qu'ils avaient eu le droit d'exploiter pendant quelques années. Il était venu vérifier que rien ne manquait.

Évidemment, dès qu'il est sorti de l'avion, je l'ai emmené chez moi, il a posé ses affaires et nous sommes ressorti direct pour aller boire des bières. Amsterdam est légendaire pour sa fumette, qui est légale, mais aussi pour son quartier rouge, là où les filles, les prostituées, sont en vitrine.

Donc on a récupéré un ami et on a commencé la tournée des bars, avec comme direction générale le quartier rouge.

Et on a attaqué. On commandait trois bières à chaque coup. Ça faisait six florins, environ trois euros. Chacun sa tournée, et on parlait d'IRS, des anciens, des nouveaux, de EMI, de musique, de tout et de rien.

Doucement et après moult bières, on a atterri dans le quartier rouge. Il y avait une quantité de gens, surtout des gars qui marchaient tout doucement dans les rues en regardant les vitrines dans lesquelles de superbes nanas à moitié nues souriaient bêtement à chaque passant. Elles avaient des genres de petits miroirs de chaque côté de la porte vitrée, des sortes de rétroviseurs qui leur permettaient de « sentir » l'arrivant et vite prendre la pose « sexy »...

Il y en avait pour tous les goûts. Des grosses, des maigres, des petites, des grandes, des Noires, des Blanches, des Arabes, pas mal d'Asiatiques, sublimes, qui devaient être en fait des transsexuels, enfin plein de filles qui se donnaient pour environ cinquante florins, environ vingt-cinq euros...

Comme elles sont vraiment pas mal, ce n'est pas cher... Sig n'en croyait pas ses yeux. On s'est approché.

— Vas-y Sig, demande !

Il en avait vu une qui lui avait bien plu, juste à l'entrée d'un bar, La Vie en rose.

Sig s'est approché de la porte en la regardant et elle lui a entrouvert en souriant.

— C'est cinquante florins... Suck or fuck ? a-t-elle dit en anglais.

Sig a répondu :

— OK, je vais réfléchir !

On était morts de rire.

— Une bière, vite une bière ! a réclamé Sig.

On est entrés dans le bar. Sombre, presque une boîte de nuit, avec des filles en soutien-gorge et porte-jarretelles derrière le bar... Exactement ce qu'il nous fallait.

On s'est installés au bar et on a commandé trois bières, comme d'habitude.

— Dix-huit florins, a demandé la fille.

— Combien ?

— Dix-huit florins, a-t-elle répété.

On s'est regardés, et on s'est dit qu'on était tombés dans un piège à touristes. Tant pis, j'allais payer et on irait ailleurs.

— OK, mais je trouve que c'est cher, non ? Dans le quartier et partout ailleurs la bière est à deux florins. Ici, vous la faites à six ?

La nana derrière le comptoir m'a expliqué :

— À minuit il y aura un loto, un tirage au sort... Vous voyez le numéro là, en haut du ticket... Eh bien, si c'est ce numéro qui est tiré, vous gagnez et vous pouvez baiser gratuit !

— Gratuit ?

— Oui. Vous pouvez choisir la fille que vous voulez et vous pouvez baiser gratuit !

— Ah... C'est toujours comme ça ?

— Oui. Un tirage toutes les heures... Si vous ne gagnez pas à minuit, on recommence à zéro et on refait un tirage à une heure du matin.

Sig et mon ami, qui avaient écouté derrière mon épaule, m'ont dit en chœur :

— C'est trop cool ici !

Et Sig a ajouté :

— *Waoh, man, Amsterdam... So cool.*

On a vidé nos bières et on en a vite commandé d'autres.

Et encore d'autres, juste avant minuit, pour avoir d'autres tickets, avec d'autres numéros, pour mettre le plus de chances de notre côté. Car, même si la bière était plus chère qu'ailleurs, elle pouvait rapporter gros... C'était un bon plan, cette loterie. En tout cas, c'était une bonne surprise et une bonne idée ! Et ça attirait du monde... Le bar était plein. Tous les types avaient leurs talons de ticket étalés devant eux.

On approchait de minuit et le tirage allait commencer.

— 0126074... Est-ce que quelqu'un a ce numéro ?... Personne ?... 0126074 !... Personne ?... Mademoiselle, pouvez-vous tirer un autre numéro ?

Une femme, la seule cliente dans le bar, plonge la main dans le seau à champagne qui contient les talons des tickets.

La serveuse l'a choisie comme on choisit un enfant lorsqu'il faut une main innocente. Elle était française, une touriste certainement, venue s'exciter dans le quartier rouge avec un mec qu'elle n'avait pas l'air de connaître depuis longtemps. La main de l'innocence...

— 0126367 ! Est-ce que quelqu'un a ce numéro ?

Évidemment, on a tous regardé nos talons de ticket.

J'ai entendu Sig déclarer :

— C'est le mien !

— Non ? Montre ! Montre !

C'était son numéro !

— Ici ! Ici ! Sig, le roi ! gueulai-je du comptoir. *The king ! The king !*

Le type qui fumait cigarette sur cigarette au coin du bar s'est approché avec sa tête de rigolard.

— Montre.

Il lui a pris le ticket et l'a montré à la fille du bar.

Elle l'a approché de la petite lampe à côté de la caisse et a opiné du chef.

— Vous avez gagné ! Vous pouvez aller choisir une fille et baiser gratuit... Super, non ?

Sig nous regardait avec des yeux tout ronds. Il n'y croyait pas. Nous non plus d'ailleurs. C'était complètement surréaliste.

— Qu'est-ce que je fais ? a-t-il demandé à la serveuse.

— Vous allez dans les allées à côté du bar et vous choisissez. Si personne ne vous convient, vous pouvez me choisir, moi !

Elle avait l'air toute fière en disant ça.

Sig est parti dans les couloirs, la moitié du bar lui a emboîté le pas, et nous aussi. On voulait voir qui il allait choisir.

À la sortie, était postée celle à qui il avait parlé en arrivant. Elle avait pris la pose et lui souriait. Elle avait compris qu'il avait gagné et pensait qu'elle serait choisie.

Sig faisait le difficile et voulait toutes les voir.

Finalement il est retourné dans le bar et il s'est adressé à la fille du comptoir :

— C'est avec vous que je veux y aller !

— OK.

Et, se retournant vers l'autre fille qui était avec elle :

— Tu surveilles tout ? Je reviens...

Sig l'a suivi.

Quelle histoire. Le mec arrivait de Californie, il n'était là que depuis quelques heures et déjà il avait une histoire à raconter.

Et quelle histoire ! La légende d'Amsterdam ferait le tour de tout IRS et même d'EMI.

Là était le rock'n'roll.

Dans la musique, dans le label, l'ambiance n'était plus la même.

Et quant au reste, la vie s'en chargeait. Ma mère était morte d'un cancer du foie et Fanny était enceinte d'une fille qu'on avait décidé d'appeler Fédora. Fédora, Marie, Lorenza. Marie était pour ma mère.

Conçue pendant un voyage à New York, à l'hôtel Mayflower sur Central Park, au printemps 1992, elle naîtrait en France l'année suivante, le 20 janvier.

À Chartres, très exactement.

Paris again

« Il faut avoir des couilles pour devenir une femme. » C'est Wayne qui un jour a écrit ça.

C'était son rock'n'roll. Son karma.

Et moi qui retournais en France, à Paris, qui n'avais plus tellement d'illusions sur le label qu'EMI était en train de bouffer, comment faire pour retrouver le mien ?

J'avais changé. Il me fallait coûte que coûte une autre bataille. Pas évident lorsqu'on a deux enfants et qu'on est habitué à un certain confort.

Jay avait quitté la compagnie et, avec Miles, on cherchait des idées.

La première a été de monter ensemble une boîte d'édition.

Évidemment, on n'a pas fait comme les autres. Plutôt que de ramer à envoyer à des maisons d'édition des chansons pour des artistes qui cherchaient des titres, et qui de toute façon n'arrivaient jamais au bout – Toc toc. Hello, là-dedans. Y a-t-il quelqu'un dans ce business qui fait son boulot ? –, on a décidé d'organiser et de payer pour que nos auteurs-compositeurs rencontrent directement les artistes en mal d'inspiration ou à la recherche de chansons.

Miles a un château dans le Périgord. Un château du XIVe siècle, avec des douves, des tours, et environ trente chambres. Le château de Marouatte, qui avait appartenu au comte de Jarnac, vous savez, celui qui a fait le « coup de Jarnac » ! Le coup tordu avait été fait par le comte dans la cour de son château. Il se battait en duel, suivant des règles strictes. Le comte n'en avait eu cure et il a frappé son adversaire à la jambe pour le tuer ensuite. L'empaffé. Voilà, le premier « coup de Jarnac ».

Rien à voir avec Miles, me direz-vous... Ce château était parfait pour ce que nous voulions faire.

Et nous voilà en train d'inviter la terre entière à ce que nous avions décidé d'appeler « Le printemps des troubadours ».

Ce n'est pas n'importe qui qui a répondu à l'invitation : des gens comme Brian Adams, Cher, Zucchero, Patty Smythe (pas Patti Smith), Jeff Beck, Stewart Copeland, Stanley Clarck, Vinx, Chris Deptford, Jools Holland et bien d'autres, des *songwriters* dont le nom ne vous dira rien mais qui avaient signé des tubes dans le monde entier, des mecs de country music, et bien sûr nos auteurs-compositeurs, qui eux n'en croyaient pas leurs yeux.

Ces artistes venaient seuls, sans manager – on a fait exception pour Cher –, on leur garantissait qu'il n'y aurait pas de presse ou autre média, qu'ils seraient transportés, logés, nourris, blanchis à nos frais. Tout ça pour que nos auteurs-compositeurs aient la chance de leur exposer leur travail. Pas mal, non ? On était en 1993... Par la suite, nous avons vu notre idée reprise, ici ou là.

On prenait vingt-cinq artistes-auteurs-compositeurs par semaine sur une période de deux semaines, et avec deux potes, Daniel Graeff de LA et Torquill Creevy de Londres, on organisait les séances de travail, et on disséminait le tout dans des petits studios d'enregistrement qu'on avait montés dans différentes salles du château pour que les équipes ainsi formées puissent pondre et enregistrer leurs chansons. C'était assez génial.

— OK, Cher, Pat et Kevin, studio un.

Les mecs partaient, sans broncher. C'était le deal.

— Brian, Jeff et Marc, studio deux.

On montait les équipes vers dix heures du matin et on allait se reposer jusqu'au déjeuner dans la grande salle à manger du château. Les artistes revenaient vers treize heures. On déjeunait tous ensemble et on remontait d'autres équipes pour l'après-midi.

Le soir, après dîner, on emportait à boire, beaucoup à boire, dans la salle d'honneur et là, les équipes nous chantaient ce qu'elles avaient composé dans la journée. On écoutait, et une fois que tout le monde avait joué, on branchait le matériel dans la salle d'honneur, le feu ronflait dans la grande cheminée, et on jammait ensemble jusqu'à pas d'heure. Je prenais une guitare et moi aussi je rentrais dans le coup. Je ne vous raconte même pas le pied que c'était.

On jouait de tout mais le top ç'a été de jammer sur « Bang Bang » avec Cher.

Cher, nous l'avions contactée car on savait qu'elle cherchait à écrire un nouvel album. Elle était arrivée avec un jour de retard, dans une limousine, à vingt-deux heures, elle portait des lunettes noires et était accompagnée de son manager. Elle ne nous a pas calculés et a rejoint directement sa chambre. Le manager avait fait monter plusieurs caisses d'une eau gazéifiée spécialement pour elle, qu'ils avaient amenées de Los Angeles. Vous voyez le genre. Tous avaient été excités à l'idée de la rencontrer et nous sommes tous retournés dans la salle à manger. De toute évidence, ils n'avaient rien compris au film.

On avait décidé de faire comme si de rien n'était et de ne pas forcer la situation.

Le lendemain, elle n'est pas venue au petit déjeuner et, du coup, n'a fait partie d'aucune équipe. Elle n'est pas venue au déjeuner non plus, mais s'est fait monter un plateau dans sa chambre.

Là, on a commencé à l'avoir mauvaise. Miles est allé lui parler, et finalement a réussi à faire en sorte qu'elle se joigne à nous. Pat Mac Donald s'y est collé et je me rappelle le voir rejoindre Cher dans un studio... On aurait dit un agneau qui partait à l'abattoir.

Le soir, Pat nous a raconté qu'elle avait été charmante, très coopérative et pleine d'idées.

Son manager est venu s'excuser, prendre un plateau et l'emmener à Cher dans sa chambre. On s'en moquait. Au contraire, on avait décidé que ce soir on allait faire l'enfer, s'éclater sans elle et à fond. On allait lui montrer !

Emmenée par une Patty Smythe déchaînée, on est allés dans la salle d'honneur et on a commencé. Les jams s'enchaînaient et l'ambiance était incroyable. Les filles se sont réparti les *backing* vocaux avec trois micros près de l'entrée ; ça jouait fort et bien. En plein milieu d'une impro de soul, la porte s'est ouverte et Cher est apparue. Elle a demandé aux filles si elle pouvait se joindre à elles. Elle a commencé et on a entendu sa voix chaude et grave qui renforçait les chœurs ! Elle était rentrée avec une de ses fameuses bouteilles d'eau minérale « spéciale Cher » et voilà qu'elle a pris un verre de vin. Le manager Billy Sammoth était là lui aussi. La soirée fut mémorable et a fini très tard.

Le lendemain, elle était pile à l'heure pour le petit déjeuner et la formation des équipes. Radieuse, elle parlait avec tout le monde. Ça s'embrassait, ça papotait, l'ambiance était parfaite. On a remis de l'ordre dans tout ça, genre : « Silence dans les rangs. » C'est fou comme toutes ces rock stars ont besoin d'autorité. Ils adorent. On a renvoyé Cher avec Pat.

J'avais rencontré Zucchero à Londres quelque temps auparavant dans un restaurant indien. J'étais avec une amie et je l'ai vu arriver avec Paul Young. Je l'ai reconnu car en 1991 ou 1992, il passait tout le temps sur MTV avec « Senza una donna ». C'était un tube qui était diffusé en boucle.

Comme je préparais cette réunion, je suis allé à leur table. Je connaissais bien Paul du temps des Q Tips à Londres – il reprenait superbement tous les titres d'Otis Redding – et lorsqu'il a sorti « Wherever I Lay My Hat », son premier tube. Il m'a accueilli et m'a présenté à Zucchero, à qui j'ai parlé en italien. Il en a été impressionné. J'ai expliqué à Paul ce que je faisais et je l'ai invité. J'ai traduit pour Zucchero et, comme il ne perdait jamais une occasion, il m'a donné le téléphone de son manager, Michele Torpedine, en m'expliquant qu'il cherchait des chansons pour son prochain album. Je l'ai invité lui aussi.

Parfait. J'ai appelé le manager de Zucchero et c'était une fois oui, une fois non. Franchement très compliqué.

Je me suis dit qu'il ne viendrait jamais jusqu'à un coup de fil au château qui m'a annoncé que Zucchero arriverait ce soir en voiture.

Et, effectivement, le soir, une grosse Mercedes 500 cabriolet s'est garée dans la cour du château. Il était accompagné de Renzo Bertinelli.

J'ai bien expliqué à Zucchero qu'il pouvait rester, qu'il était invité, mais que son acolyte n'était pas le bienvenu. Désolé, rien de personnel dans ma décision, mais c'est la règle pour tout le monde. Comme il était tard, on est convenu que Renzo resterait ce soir et partirait le lendemain.

Zucchero a dîné, nous a suivis partout et s'est éclaté dans la salle d'honneur avec les autres, surtout lorsqu'il a entendu Cher complètement libérée aux chœurs.

On a mis Zucchero et Renzo dans une chambre et, le lendemain, Zucchero a déboulé au petit déjeuner, en boxer short et avec un tee-shirt sur lequel était tout simplement écrit « Zucchero ». Top classe ! Renzo est arrivé ensuite. On était un peu cassés ce matin-là. Il avait raté la formation des équipes. Pas grave, on a décidé de parler et on lui a montré comment les sessions se passaient. On en a profité pour lui redire que Renzo ne pourrait pas rester.

Zucchero était impressionné de se retrouver au milieu de ces rock stars, avec l'ex-manager de Police et avec des gens capables d'organiser ce genre de rassemblement. Il était bluffé et nous a dit assez vite qu'il cherchait des gens pour s'occuper de ses affaires. Encore une fois, il ne perdait pas de temps.

On a discuté de possibilités et d'idées. Il parlait en italien et je traduisais. Pendant ce temps-là, Renzo a convaincu les cuisinières qu'il pouvait faire des spaghettis comme personne n'en avait jamais mangé.

Tout le monde s'est retrouvé pour le déjeuner. Cher aussi. De toute évidence, elle s'éclatait. Elle était sexy, draguait un peu, combinait avec les filles, souriait sans arrêt et nous montrait des dents d'une blancheur éclatante... avec ses yeux de biche, aïe, aïe, aïe, quelle femme ! Elle était trop craquante. Elle prenait toute la place. Quel charisme...

Renzo est sorti des cuisines, vêtu d'un habit blanc que lui avait passé la cuisinière, un foulard rouge et blanc autour du cou, très cuisinier italien, et un grand plat de spaghettis pour trente personnes. Il chantait un air sicilien genre : « O sole mio ». Pied intégral. Zucchero y est allé de son refrain et tout le monde l'a imité. Il s'est placé derrière Cher et a commencé à chanter en italien.

Elle a reconnu la chanson :

— C'est ma chanson ! C'est « Bang Bang ».

Et elle s'est jointe à lui. Ils formaient une sorte de Sonny and Cher, moitié anglais, moitié italien. On s'est dit qu'on ne pouvait pas ne pas l'accepter. L'ambiance était à son maximum.

J'ai une vidéo de ce moment. Je ne sais pas qui a filmé et je ne sais pas qui me l'a envoyée. Mais elle est chez moi, avec cette scène absolument incroyable.

Renzo est resté tout le temps que Zucchero est resté.

Il nous a expliqué qu'il ne pensait pas venir jusqu'ici parce qu'en fait il avait trop à faire en Italie. Mais Zucchero, qui ne voulait pas venir seul, l'a emmené avec lui sans lui dire qu'il se rendait dans un château du sud de la France et qu'il pensait y rester une semaine !

Renzo n'avait rien pris, même pas un sac. Et s'il s'éclatait bien avec nous, tout en ne parlant pas un seul mot d'anglais, il a passé son temps à essayer de convaincre Zucchero de rentrer chez lui. Il s'accrochait à Cher qui flirtait avec lui.

Il nous a aussi expliqué qu'il avait été chanteur en Italie et que, justement, il avait fait une reprise de « Bang Bang » en italien.

Ils sont restés quelques jours de plus, juste le temps de célébrer avec nous les cinquante ans de Miles. Une fête médiévale assez géniale, où on s'adoubait entre nous !

On était partis le matin à plusieurs voitures pour Périgueux. Cher était du voyage, ainsi que Zucchero, Renzo et quelques autres.

Comme on a quitté le château assez vite, Zucchero n'a pas eu d'autre choix que de nous accompagner à Périgueux en boxer short, avec des grandes chaussettes et un tee-shirt à son nom, sa tenue de prédilection du matin ! Impossible de passer incognito, et il n'avait pas l'air d'un imbécile là-bas, tiens !

Cher a acheté une plaque en fonte pour la grande cheminée du château de Miles, qu'elle a payée deux mille dollars, avec sa carte Visa Gold où il était simplement inscrit : Cher.

C'était son cadeau. Ensuite, on est allés dans un bar à Périgueux et elle a « champagnisé » la salle.

Cher se régalait vraiment.

Au bout d'une semaine, elle a tenu à rentrer avec tout le monde en train alors que son manager tenait la limousine à disposition, puis elle a invité tout le monde à dîner à Paris et à faire la fête. Quelques semaines plus tard, elle virait son manager, rencontrait Roger Davis, enregistrait un nouvel album, et « Believe » devenait numéro un mondial. Trop fort.

Des amis m'ont dit qu'elle avait recréé à Los Angeles les repas que nous faisions au château. Un soir, ils m'ont appelé de chez elle. Ils étaient pratiquement tous là-bas et n'auraient raté le repas pour rien au monde. J'ai discuté avec elle. On s'aimait bien. Je l'ai revue quelques années plus tard au festival de San Remo, où j'avais rejoint Laetitia Casta qui présentait les cérémonies et que j'aidais en italien – Laetitia et son père Dominique sont des amis.

Cher m'a sauté au coup.

— Henryyyyyyyyyy ! Qu'est-ce que tu fais là ?

Je l'ai vue un soir sur Canal+, à *Nulle part ailleurs*, et elle avait avoué que les trois meilleurs souvenirs de sa vie étaient la naissance de son fils, son Academy Awards pour *Éclair de lune* et la semaine qu'elle avait passée dans un château médiéval du sud-ouest de la France. J'étais chez moi et ça a été un des plus beaux remerciements que j'ai eus dans ma vie.

Ces conventions au château ont eu lieu au printemps et en automne pendant quelques années. Puis, Miles a arrêté car Daniel, Torquill et moi, les membres fondateurs, n'y participions plus.

Juste après son passage, Zucchero m'avait demandé de le manager ; en juin 1994, on signait notre contrat.

J'avais trouvé un job. Un vrai.

Il Volo

— Maintenant, Henry, tu as un vrai job !

C'est ce que toutes mes relations du monde de la musique me disaient. Manager. On était en 1994.

Zucchero n'avait pas attendu très longtemps pour nous annoncer. Il avait viré son manager, Michele Torpedine, et organisé une conférence de presse à Milan dans les locaux de sa maison de disques, Polydor.

Il était déjà très connu. Il avait eu beaucoup de succès avec « Senza una donna » mais, bizarrement, ses ventes ne décollaient pas à l'étranger. C'était Paul Young chez Sony qui avait vendu le disque de « Senza une Donna » et non pas Polydor.

Polydor et Torpedine avaient échoué, de toute évidence. Ils n'avaient pas réussi à capitaliser sur le succès du single, qui était passé partout et surtout sur MTV.

C'est bête, ça arrive et c'est comme ça.

Torpedine, qui ne parlait pas un mot d'anglais, avait peur de s'exposer. Chaque fois que Zucchero avait une ouverture, il faisait tout pour la bloquer.

C'est l'histoire de la chèvre de Monsieur Seguin, avec Zucchero dans le rôle de la chèvre et Torpedine dans celui de Monsieur Seguin. Après coup, j'ai compris pourquoi lorsque j'avais invité Zucchero au printemps des Troubadours, ça ne s'était pas idéalement passé. C'était Torpedine qui torpillait le projet et qui rejetait la faute sur Zucchero.

Dans ce cas précis, la chèvre a finalement rencontré « le loup » que nous étions et elle a planté Monsieur Seguin.

Torpedine en a fait trois tonnes, blessé dans son amour-propre, surtout perturbé par le fait que les gens apprennent qu'il avait été délaissé pour d'autres.

Zucchero s'en est séparé en 1994, et pendant toute la période où je l'ai managé, c'est-à-dire jusqu'en 2000, Torpedine a fait croire aux gens qu'il était encore son manager !

Hallucinant ! C'était un autre monde. D'autant que Torpedine était tout sauf un imbécile. Peu de temps après, il manageait Andrea Bocelli avec le succès qu'on connaît. Bien plus gros que Zucchero pourtant, mais il continuait à raconter cette histoire. Son occupation favorite semblait être : torpiller ce que nous entreprenions. Il nous a même intenté un procès.

En effet, Torpedine s'était retrouvé au milieu d'une affaire fiscale assez difficile puisqu'il avait corrompu un inspecteur des finances et produit de fausses déclarations. Il gagnait à l'époque énormément d'argent avec Bocelli.

La presse en parlait sans cesse, en général en ces termes : « Le manager de Zucchero dans des problèmes financiers ! » ou alors « Le manager de Zucchero corrompt un inspecteur des finances », etc. Ça devenait pénible et ça nous faisait du tort.

J'ai consulté des amis, des avocats qui m'ont conseillé de bloquer la rumeur avant qu'elle fasse trop de dégâts. Pour faire cesser cette mauvaise publicité, j'ai fait publier une lettre très simple qui disait que « le manager de Zucchero n'avait pas de soucis fiscaux et que nous n'avions volé personne puisque le manager de Zucchero n'était pas Michele Torpedine mais Messieurs Copeland et Padovani, et ce depuis juin 1994 ».

Il nous a attaqués pour avoir sali son image, et nous a demandé des dommages et intérêts énormes.

Eh bien, croyez-le ou pas, nous sommes allés deux ou trois fois au tribunal à Bologne et la justice italienne étant aussi lente que la française, l'affaire n'a jamais été réglée.

Bienvenue dans le monde du management. Ça changeait de celui du rock alternatif. Mais, en même temps, ça ne m'impressionnait pas. Il suffisait de garder les yeux sur l'objectif, ne pas se laisser distraire.

Le premier truc qu'on a fait avec Zucchero, ça a été Woodstock. Miles s'est débrouillé pour nous mettre en rapport avec Universal qui tirait les ficelles du festival, même si c'était un original, Michel Lang, qui était l'organisateur. Vous vous rappelez, le jeune frisé dans le film de Woodstock, celui qui se baladait en moto tout terrain et qui accueillait Janis Joplin ou Jimi Hendrix. Ce type-là, qui avait l'air de fumer quarante-trois mille joints par jour...

On a monté un groupe, avec Michael Schrieve à la batterie – le gamin qui tapait comme un sourd avec Santana pendant le Woodstock de 1969 –, répété à New York et on y est allés.

Tous ensemble, on est rentrés dans un sacré trip. On a fait la totale : départ en bus de Manhattan, remontée vers Woodstock, un bateau qui vous emmène près du site – ou un hélicoptère, car on avait le choix –, arrivée en van, après avoir traversé des zones immenses de tentes et de campeurs, pour débouler backstage en plein milieu des bois. Une fois que vous êtes là, vous humez un air tout à fait « vintage » de musique et de jeunesse, de souvenirs et de présence intacte.

Sérieusement, nous avions l'impression d'être entourés de fantômes. Michael Schrieve nous servait presque d'initiateur. Nous l'avions tous vu avec Santana dans le solo de batterie de

« Soul Sacrifice ». Qui ne l'avait pas vu ? Il avait dix-sept ans à l'époque. Et il était là avec nous. Je repensais à tous mes amis de Lapsus, mon premier groupe à Salon-de-Provence, et en particulier à Fido, le batteur.

Je possède aussi une vidéo de notre épopée à Woodstock. Du départ de l'hôtel à l'arrivée. Car on avait avec nous une équipe de cameramen qui devait rapporter des images en Italie. Zucchero était le seul Européen à y participer. L'Europe sans l'Angleterre, s'entend !

Nous avons eu la banane toute la journée et Zucchero était aux anges. Il parlait à tout le monde dans un anglais vraiment basique. Il y avait encore du travail à faire sur ce point.

À la fin du set et de « Mama », son morceau de bravoure, il voulait faire chanter la foule avec lui et pour les haranguer il leur a crié « Lower », qui veut dire « moins fort ». La foule s'est exécutée. Il ne comprenait pas. Il leur a redit « Lower, Lower ! » avec insistance et eux chantaient de moins en moins fort, évidemment ! Il voulait en fait qu'ils chantent de plus en plus fort et il aurait dû leur dire « Louder ! ». C'est bien à ça qu'il pensait.

Lorsqu'on a monté la vidéo pour l'Italie, on a supprimé ce passage et on est allés chercher la foule qui se pressait devant la scène où se produisait Joe Cocker. Ils étaient environ cent mille. Au montage, ça faisait franchement mieux que les centaines de personnes que nous avions eues, dont deux avec des drapeaux italiens.

J'avais aimé. Franchement. Je me suis dit que je pourrais m'identifier au combat que cherchait à mener Zucchero. Il avait une superbe voix. Indéniablement ! Et il savait écrire des chansons magnifiques et commerciales à la fois.

Il voulait trouver sa place dans la grande mer du show-business mondial. Mais, pour les Ritals, le monde du rock n'offre guère de place. Il n'y en a que pour les Anglais ou les Américains. Et pourquoi pas nous ? Moi aussi j'avais trimé pour trouver ma place, et je savais qu'il fallait se battre pour la conserver. Je connaissais bien maintenant le système du show-business. Je sortais de dix ans de travail avec IRS et rien n'avait jamais été facile pour nous.

En regardant ses chiffres de vente, ses possibilités de tournée et le support inconditionnel de la part de Polydor Italie, je me suis dit que l'on pourrait certainement faire des miracles avec Zucchero.

À IRS, on travaillait avec des bouts de ficelle, et on ne gaspillait rien. Ici, on avait des budgets assez énormes. Colossaux, pour l'indépendant que j'avais été.

Le projet Woodstock avait été évalué à deux cent mille dollars. En fait, on n'en retirait que de la promo, rien d'autre. De l'image pour l'artiste, c'est tout.

Au départ, Stefano Senardi, président de Polydor Italie, avait un peu tiqué, mais avait très vite accepté. Mais je me suis toujours demandé d'où sortait l'argent.

Avec les multinationales, je me disais qu'on allait pouvoir s'éclater. Travailler mais se faire plaisir. Et faire les choses dont on rêvait. Ne pas penser à ce que ça coûterait. Faire gaffe quand même, mais penser gros. Penser développement à grande, très grande échelle.

Je pourrais écrire trois tonnes d'histoires vécues avec Zucchero. Nous en avons même vécu plus. Nous avons sillonné la planète, notre musique sous le bras, pendant cinq ans.

Et souvent, si certains de mes amis « puristes » (j'aurais plutôt dû mettre les guillemets à amis...) me reprochaient de faire du « commercial », ils ne comprenaient pas que mon combat était carrément le même que le leur.

Zucchero était comme moi. Il ne lâcherait jamais. Ça se voyait. Il en voulait trop.

Sa bataille serait la mienne, et la mienne serait la sienne. Nous serions deux monstres de travail et de ténacité, et nous étions déterminés à y arriver.

Passer un mois à enregistrer son album à La Nouvelle-Orléans, avec Johnny Johnson au piano, cool et débonnaire, l'homme à qui Chuck Berry a volé tous ses riffs, avec Leo Nocentelli, des Meters, à la guitare, ou Jeff Beck, Stewart Copeland, et j'en passe… Que des bons. Évidemment que ça me branchait.

Fendre la foule à Los Angeles pour jouer à la House of Blues avec l'équipe des Blues Brothers, Jim Belushi, le frère de John, et Dan Akroyd, Little Richard et Steve Cropper n'est pas le genre de moment que vous oubliez facilement et qu'aucun de mes « amis » n'aurait eu envie de manquer… Et ce n'était que le début.

Juste après notre rencontre et Woodstock, ce sont les premiers événements que nous avons organisés.

Et puis, tout s'est enchaîné… L'album, notre premier ensemble, a été un succès énorme et la machine ne s'est plus arrêtée.

Nous avons joué partout, préparé les trucs les plus délirants et parfois même les plus fous. Le plus aberrant fut probablement lorsque, à Noël, nous avons monté un concert sur une montagne des Alpes italiennes, à deux ou trois mille mètres d'altitude. À midi, il y avait quatorze mille spectateurs ! Ils payaient leur billet en prenant le télésiège. En raison du froid mordant, les roadies nous ont haïs !

Nous avons fait des rencontres sublimes. Il y en a tellement que je ne peux pas toutes les citer sans en oublier. Surtout que seuls des noms comme Bono, Aretha Franklin ou BB King résonneraient à vos oreilles et que peut-être le nom de John

Hammond, que nous avions pris en première partie, ne vous dirait rien.

Comme je le raconte souvent à mes amis, j'avais l'impression d'être un membre de l'équipage appelé pour piloter un Boeing 747 parce que le pilote avait eu un malaise ou avait sauté en parachute. On m'avait mis aux commandes de l'engin et mon premier job serait de le tenir en l'air. Je ne réfléchissais même pas à l'atterrissage. On avait le temps... Le vol était agréable, les sièges confortables, les passagers plutôt cool, la destination inconnue, on avait du kérosène et plein d'idées.

On dit souvent que la beauté est dans l'œil de celui qui regarde. Et moi, cette aventure me plaisait. Je me suis efforcé de remettre dans tout ce que je faisais avec Zucchero tout ce que je savais et que j'avais appris en vingt ans de rock'n'roll. Ce voyage a duré jusqu'en 2000. Et je mettrais deux ans à m'en remettre.

Ladies and gentlemen, il Maestro Luciano Pavarotti !

— *Padovani, qui si beve cosi* ! Ici, on boit comme ça !

Luciano Pavarotti me montrait comment on devait boire le vin. Il mélangeait du rouge avec du blanc mousseux, et ça donnait une boisson agréable.

Le temps était superbe pour un mois de décembre. Ça me faisait des vacances. Son serviteur avait installé une table dans le jardin de sa maison qui domine le petit port de Pesaro, sur la côte Adriatique.

Je l'appelais « Maestro », comme la plupart des gens qui s'adressaient à lui. Zucchero, lui, l'appelait directement Luciano et ils se tutoyaient.

Nous étions cinq à table : Zucchero, Terri Robson, qui travaillait pour Decca Records et qui accompagnait constamment le maestro, un ami du maestro et moi.

— *Grazzie, maestro*... Elle a raison, c'est très bon comme ça.

Je lui parlais à la troisième personne de courtoisie, une façon de deviser que je maîtrisais parfaitement grâce à mon père qui me l'avait enseignée il y a bien longtemps.

M'adresser à lui ainsi lui plaisait. Il reconnaissait le respect que je lui portais, en tout cas ma politesse. En plus, mon père m'avait fait aimer l'opéra. J'étais donc tout à fait à l'aise pendant ce déjeuner. Et je lui citais des vers de *Manon*, qu'il a chantés aussitôt, en français.

— Que cette main est froide, laissez-moi la réchauffer...

Il a continué en me regardant :

— Il fait si sombre, pourquoi rester dans l'ombre...

Je connaissais la musique par cœur et j'ai fredonné la suite de la mélodie avec lui. J'avais l'impression qu'on devait nous entendre à l'autre bout de la ville.

Tout le monde a applaudi et Zucchero a crié :

— *Bravo ! Bravo ! Luciano, sei troppo forte* !

Bien sûr, pour moi, c'était le pied le plus absolu.

Je pensais à mon père. Quand j'allais lui raconter ça ! Je pensais aussi à Charlotte qui attendait des nouvelles dans l'hôtel de Pesaro, avec une équipe de télé sur le pied de guerre depuis la première heure ce matin.

Charlotte Delachaux travaillait avec Dominique Cantien, une productrice de télévision qui, elle, bossait avec Tim Newman. Dominique et moi étions très liés. Elle me demandait souvent des coups de main sur des émissions. Je connaissais beaucoup d'artistes internationaux et leurs managers, alors, très souvent, court-circuitant les maisons de disques françaises, je les contactais directement. Et je lui obtenais rapidement les réponses ou confirmations de stars comme Andrea Bocelli, Elton John, Joe Cocker, Sting, Texas, etc. Et évidemment Zucchero. Comme j'étais aussi le manager des Muvrini, j'en profitais pour les placer partout. Ils ne sont jamais passés autant à la télé. Grâce à Dominique Cantien, qui avait une attirance particulière pour ce groupe... Mais aussi grâce à Zucchero. Il était souvent demandé pour des émissions télé et c'était légitime puisqu'à l'époque il était numéro un en France avec « Il Volo ». Tout se fait comme ça en France, par copinage. Aujourd'hui, les Muvrini ne passent plus beaucoup ou carrément pas du tout en télé. Allez savoir pourquoi.

En attendant, sur ce coup, Dominique m'avait carrément demandé d'être producteur associé : Charlotte, Tim, Dominique et moi. L'émission s'appellerait *Hymne à la voix*, serait présentée par Frédéric Mitterrand, filmée au Théâtre de l'Odéon, et Yves Bigot, directeur des variétés pour France 2, l'avait déjà achetée.

Je m'étais mis au travail. Comme d'habitude, j'amenais les Muvrini et Zucchero. À travers ce dernier, j'avais aussi contacté Luciano Pavarotti, et ces deux-là devaient faire un duo sur « Va Pensiero ». Une adaptation que Zucchero avait faite d'un morceau de Giuseppe Verdi, Jo Green, comme il disait. Un classique. Catherine Costa, qui officiait pour Dominique sur le casting de l'émission, avait travaillé Universal au corps et avait organisé la venue du Maestro à Paris. Bref, tout était au point.

Zucchero et moi étions installés à Paris à l'hôtel Costes pour deux jours, aux frais d'Universal. Nous sommes allés à l'Odéon la veille de l'émission pour les répétitions. Les décors étaient magnifiques. Tout le monde était là. Jean-François des Muvrini était tout excité car on allait diffuser dans l'émission un bout de la vidéo que j'avais organisée pour « Terre d'oru », avec la participation de Sting, Laetitia Casta, Maria Grazia Cucinotta, Raoul Bova, les ballets Momix, etc., et il avait déjà en tête ce qu'il allait répondre à Frédéric Mitterrand lorsque celui-ci lui demanderait comment il avait fait pour réunir tout ce beau monde... Il dirait simplement : « Des rencontres humaines. » Ça marchait à tous les coups, même s'il ne connaissait, dans ce cas, aucun des participants et encore moins le réalisateur, Stefano Salvati, qui était en fait le vidéaste de toutes les vidéos de Zucchero. Mais bon... ça le faisait.

Je sentais que Catherine Costa était tendue. J'adore Catherine que je connais depuis 1984, lorsqu'elle exerçait ses talents de programmatrice à RMC et qu'elle me donnait un sacré coup de main sur la plupart des groupes que je gérais pour IRS. Elle me dit que Pavarotti n'est pas à Paris, que Universal et Decca n'arrivaient pas à lui confirmer quoi que ce soit et que ça sentait la galère à plein nez.

Évidemment, Dominique posait des questions sur le Maestro – il était le clou de l'émission –, et on lui disait que tout allait s'arranger, qu'il finirait bien par arriver. Peut-être même demain.

Le problème, c'est qu'évidemment elle avait vendu le programme à France 2 grâce à la participation de Pavarotti. Et l'avoir dans une émission, ce n'est pas rien. Yves Bigot avait été impressionné. J'en ai parlé à Zucchero et il m'a demandé de vérifier directement avec Nicoletta, la secrétaire et maîtresse du ténor. Il n'avait pas envie de s'en occuper.

Comme elle était injoignable, j'ai appelé Terri Robson qui travaillait avec Decca sur Pavarotti.

Terri m'a répondu que le Maestro n'avait pas envie de bouger, et que de toute façon Decca n'avait pas vraiment confirmé quoi que ce soit, bla bla bla... Oui, c'était une belle galère.

Mais bon, chaque problème a sa solution.

Après les répétitions, après avoir laissé filer Zucchero à l'hôtel avec la limousine de Polydor, nous nous sommes retrouvés tous dans un coin du théâtre et Dominique a laissé éclater sa colère. Je faisais équipe avec Catherine car il était hors de question de lui laisser porter le chapeau. Après tout, avec ce genre de personnage, j'aurais peut-être dû aussi m'inquiéter davantage et faire jouer un rôle à Zucchero. Il était clair que Catherine s'était fait planter par Decca. Il était aussi évident qu'aucune des personnes de la maison de disque ne parlait directement au Maestro. Tout le monde en avait peur. Du coup, rien n'était simple.

J'ai dit à Dominique que nous allions trouver une solution et j'ai suivi Catherine jusqu'à sa voiture, garée rue Racine, juste devant Flammarion. J'en ai profité pour lui montrer la vitrine d'un magasin génial qui vendait des reproductions en plâtre de statues et d'autres objets en bronze. Tout cela ne lui a pas vraiment remonté le moral.

Le lendemain matin, Dominique m'a réveillé en me demandant si Zucchero pouvait interpréter une autre chanson au pied levé pendant l'émission, au cas où Pavarotti ne viendrait pas. Elle m'a assuré qu'elle me revaudrait cette faveur. Elle n'avait pas besoin de me le dire, car du coup Zucchero se retrouvait presque avec un « spécial Zucchero » à la télévision française, à jouer quatre chansons dans le show ! N'importe quel manager voulait entendre ce genre de truc. Je lui confirmais sur-le-champ que ce serait fait.

Comme j'étais debout, j'en ai profité pour appeler Terri Robson sur son portable. Elle m'a confirmé que le Maestro était chez lui en Italie et qu'il n'avait aucune intention de venir à Paris. Alors que je lui rappelais l'importance du show pour lui, l'importance du duo pour Zucchero, etc., elle m'a répondu que l'on pourrait sûrement rattraper le coup si on reprenait tout à zéro... et que si l'on pouvait se débrouiller pour venir le filmer chez lui, à Pesaro, il ne pouvait qu'être sensible à ce genre de démonstration d'amour, que son ego en serait flatté, et qu'il accepterait sûrement.

On avait enfin une réponse et en même temps, peut-être, une solution.

Dans l'après-midi, Dominique me donnait le feu vert. Ce n'était pas évident mais faisable. Zucchero chanterait au cas où et il fallait estimer les coûts de l'opération en Italie. En plus, comme toujours en télé, c'était une question de vie ou de mort. Yves Bigot avait acheté Pavarotti, et il le lui fallait !

J'appelai mon ami Stefano Salvati, le réalisateur de vidéos, et il me rassura en me disant qu'en Italie tout est possible.

Avec son producteur, il allait se mettre au travail immédiatement et voir s'il y avait un théâtre ou autre chose où il pourrait tourner.

Le show sans le Maestro s'était bien déroulé, mais il restait encore du boulot avant de livrer la bande à France 2. De plus, on était aux pièces ! Il fallait tout boucler dans les dix jours.

Mais en Italie, comme disait Stefano, tout est faisable.

Son producteur et lui, toujours à l'affût d'un bon plan, avaient déjà tout organisé. Il n'y avait pas de théâtre à Pesaro, mais un hôtel où il pourrait sûrement monter, dans la grande salle de conférence, une scène et reproduire à l'identique celle du Théâtre de l'Odéon. Il ajouta qu'en cadrant serré personne n'y verrait quoi que ce soit. Stefano avait déjà tenté maintes fois ce genre de magouille avec brio, notamment celle pour la vidéo de Zucchero à Woodstock. Sacrés Ritals... En plus, malgré tout le travail que ça représentait, ça ne nous coûterait pas cher.

Je me suis mis d'accord avec Terri Robson, Zucchero et Stefano, et nous avons prévu l'enregistrement une semaine plus tard. Franchement, c'était de la grande organisation.

Charlotte, Amalia, qui assurait la promo télé chez Polydor, et moi avons pris l'avion pour Venise où nous avons loué une voiture et sommes allés directement à Pesaro.

À l'hôtel, nous attendions Stefano et son équipe. Ils nous ont montré la scène qu'ils avaient construite dans la salle de conférence de l'hôtel et nous ont rassurés tout de suite. Ils avaient visionné les images de l'émission tournées à Paris et c'était vraiment bien fait. On n'y verrait que du feu. Magnifique et fantastique.

Nous avons passé une bonne soirée au bar de l'hôtel et le lendemain, Zucchero nous a rejoints à l'hôtel, tout seul, vers dix heures du matin.

Tout le monde était sur le pied de guerre. Terri avait été prévenue que tout était prêt et que, comme convenu, nous attendions le Maestro pour onze heures.

Sur le coup de onze heures, le portable de Zucchero a sonné.

— Henry, Luciano veut que j'aille le voir chez lui.

— Zu, mais c'est lui qui doit venir ici... Tout le monde est prêt !

— Qu'est-ce que tu veux que je te dise... Il me demande de passer.

— OK. Attends deux secondes, j'en parle avec Charlotte.

Je suis descendu dans la salle de conférence. Elle était au milieu de la pièce et regardait tous les Italiens qui s'affairaient. On entendait la voix de Stefano, qui avait installé une régie dans une pièce à côté et vérifiait toutes sortes de connexions et de câblages. Elle devait stresser mais ne le montrait pas. Absolument charmante.

— Écoute, s'il doit y aller, qu'il y aille ! Mais tu as vu l'heure qu'il est. Il faut qu'il le ramène.

— Je sais. Et lui aussi, il sait...

— Fais comme tu veux... Tranquille...

— Tu sais quoi, je vais y aller aussi. Comme ça, je ferai en sorte qu'on n'y passe pas trop de temps.

— Bonne idée ! Tu y vas, tu les ramènes et on fait la prise tout de suite.

— Compte sur moi !

— Stefano, tu m'entends ?

Une voix sort d'un moniteur.

— Si. Voilà le Corse.

— Oh, *bastardo*, je vais avec Zucchero chez Pavarotti et on revient.

— N'y passez pas deux heures. Nous, on est prêts.

— Non, non. J'y vais et je le ramène.

Je suis passé prendre Zucchero qui m'attendait dans la loge et qui m'a dit :

— Il m'a rappelé et maintenant il me propose de déjeuner !

Ça commençait bien. J'imaginais déjà la situation.

— Ça va aller... De toute façon, c'est l'heure de déjeuner.

— Enfin, Zucchero... Pas vraiment, mais on n'a pas le choix, non ?

— Écoute, on y va et on verra bien... En ce moment, il est au régime. On ne va pas manger beaucoup.

— OK. On y va. Mais on revient tout de suite... Je compte sur toi. Et je ne vais rien dire à Charlotte, sinon elle va paniquer. T'es garé où ?

— Juste devant.

— C'est la Mercedes que tu as achetée à la Rainforest ?

Zucchero avait remporté les enchères d'un gala de charité organisé par Sting, celui de la Rainforest, quelques mois plus tôt à New York, dans un grand restaurant juste après le concert au Carnegie Hall où il avait chanté « Va pensiero ». On avait passé une soirée d'enfer. Il avait misé plus qu'Elton John et du coup on avait dû se débrouiller pour ramener ce coupé Mercedes en Italie. Une histoire de fous !

— Oui.

— *OK, let's go.*

Lorsqu'on est arrivés, après avoir serpenté jusqu'au-dessus de Pesaro, on a trouvé le Maestro attablé avec Terri dans le jardin, devant une petite maison, toute simple.

Il a crié :

— Zucchero !

Et nous a invités à nous asseoir à sa table.

— Tu connais Padovani ?

— *Si.* Ça va ? m'a-t-il demandé en français.

Il avait l'air en pleine forme. Une chemise hawaiienne, un jean blanc, un grand foulard bariolé autour du cou.

Je l'ai salué, puis j'ai fait la bise à Terri.

Il a placé Zucchero à sa gauche et moi à sa droite. Terri était à côté de Zucchero, et l'ami de Pavarotti, qui venait d'arriver, s'est installé entre Terri et moi.

— Comment va Blu ?

Blu, c'est le fils que Zucchero venait d'avoir avec Francesca.

Ils se sont mis à parler de famille. Franchement, un bon moment.

Mon portable a sonné. Charlotte :

— Alors, vous venez ?

— Attends, on vient à peine d'arriver.

— OK, mais faites vite.

— Pas de souci.

Je ne pouvais pas lui dire que nous étions installés dans le jardin à une table et qu'on s'apprêtait à manger alors qu'ils étaient sur des charbons ardents en bas de la colline. Non, je ne pouvais pas.

Et la discussion a repris. Le serviteur nous a amené un grand plat de charcuterie. Zucchero adorait. Luciano aussi. Je croyais qu'il était au régime. Il m'a passé le plat.

— Mange, Padovani ! Mange !

Et pour lui faire plaisir, j'ai rempli mon assiette de mortadelle.

On parlait de terrorisme quand mon téléphone a resonné.

C'était un Nokia modèle haut de gamme, celui qui s'ouvrait en deux pour faire apparaître un clavier et un grand écran... Un ordinateur, quoi. Il me servait beaucoup, surtout pour envoyer ou recevoir des fax lorsque j'étais sur la route avec Zucchero. Mais là, la sonnerie que j'ai programmée ne le faisait pas du tout. J'avais enregistré une sorte de message qui disait : « *Chiamata per il signore Padovani... Chiamata per il signore Padovani...* » (appel pour Monsieur Padovani), et en plein déjeuner c'était lourd.

Tous me regardaient. J'étais un peu gêné en répondant.

C'était Charlotte. Je me sentais mal.

— Qu'est-ce qui se passe ? Vous arrivez ou quoi ?

Je me suis levé pour marcher un peu. Je les entendais reprendre la conversation sur le terrorisme.

Je parlais tout bas :

— Charlotte, écoute... On mange...

Elle m'a coupé :

— Quoi ? Vous mangez ? Tu es devenu fou ?

— Charlotte...

Je parlais de plus en plus bas alors qu'elle, de l'autre côté, criait.

— Charlotte, tu ne peux pas comprendre...

— Comment ça, je ne peux pas comprendre ? Est-ce que tu te rends compte qu'ici tout le monde vous attend ! Vous êtes en train de déjeuner, et tu me dis que je ne peux pas comprendre. T'es dingue !

Elle avait raison d'être énervée, mais je devais garder mon calme.

— Tu as raison, Charlotte, mais ce n'est pas évident.

Pavarotti m'observait en parlant à Zucchero, la bouche pleine. Je sentais qu'il savait qu'on parlait de lui.

Zucchero me regardait en me faisant ses yeux d'ami. Merci !

Terri scrutait le vide. Elle aussi avait ses problèmes avec le Maestro et elle devait avoir l'habitude.

— Bon, je ne peux pas continuer à te parler, ce n'est pas poli...

— Tu te fous de moi ? a-t-elle hurlé.

— Charlotte, mangez un morceau de votre côté. Profitez-en. Je ne peux pas te dire quand est-ce qu'on arrivera... Dans pas longtemps, c'est sûr...

Je ne pouvais pas lui dire que, parti comme c'était parti et vu qu'on avait à peine entamé la mortadelle, ça risquait de durer un moment.

— Henry...

Je ne l'ai pas laissée finir.

— Je te rappelle dès que je peux !

— Henry...

Sa voix s'était apaisée. Elle se calmait. Elle était tout sauf idiote, et elle savait bien que je ne le faisais pas exprès.

— Quoi ?

— OK, je fais manger l'équipe, mais fais-les bouger.

— Promis. Je fais de mon mieux.

J'ai raccroché et j'ai éteint mon portable. Ça a fait plaisir à Pavarotti.

— C'étaient ceux de la télévision ? m'a-t-il demandé.

J'ai acquiescé.

— On ne peut pas déjeuner tranquilles maintenant !

Il a pris Zucchero à témoin :

— Ils nous emmerdent, ces producteurs de télévision.

Il me regardait et, même si j'étais moi aussi un producteur de télévision, en tout cas sur cette émission, je faisais signe que oui avec la tête.

Zucchero était mort de rire.

— Terri ! demande-t-il en anglais. C'est quoi cette émission que je dois faire à Paris ?

— Maestro, c'est la remise du ballon d'or à Zinedine Zidane, la semaine prochaine.

— Eh bien, je n'irai pas !

— Quoi ? Mais Maestro, c'est confirmé !

Terri s'était réveillée.

— Je m'en fous !

— Mais maestro, on fait aussi le journal télévisé de TF1.

— Je m'en fous !

— Maestro...

— *Terri, don't push me* ! Ne me pousse pas !

La pauvre ! Je me suis dit que je devais maintenant la jouer fine car ce type était capable de tout. Et dire que Charlotte avait pu imaginer qu'on se la coulait douce à déjeuner avec Pavarotti ! Si elle avait entendu ce que j'entendais, elle aurait explosé.

Il m'a regardé.

— Et puis, partir en avion avec tous ces terroristes...

Terri est intervenue alors que Zucchero commençait à dire qu'il était d'accord avec ça.

— Mais, Maestro, pour nous ce n'est pas pareil... Vous avez demandé un avion privé !

— Terri, stop ! Ne me pousse pas !

La voix était montée d'un cran.

Zucchero me regardait, l'air de dire que pour nous ce n'était pas gagné. Je pensais à Charlotte et j'ai tenté quelque chose. Je l'ai fait pour m'attirer la sympathie de Pavarotti et aussi pour le brancher sur ce que nous étions venus faire ici à Pesaro, car j'avais l'impression qu'il avait oublié. On n'avait pas encore parlé de l'émission et de l'équipe qui nous attendait à l'hôtel.

— Maestro, si vous ne voulez pas... Si vous ne pouvez pas aller à Paris...

Ouf, j'ai bien fait de changer de verbe, c'était mieux.

Il m'a regardé, intéressé.

— ... Ce que nous pourrions faire, vu qu'à l'hôtel nous avons une équipe de télévision prête à vous filmer, vous et Zucchero, puisque nous devons enregistrer « Va pensiero » un peu plus tard, après manger...

J'essayais de tout placer, de lui rappeler qu'on tournait un show de télévision et qu'on était là pour ça.

— ... et que c'est pour ça que nous sommes ici...

Tout le monde m'écoutait, impressionné par tant de courage.

Pavarotti me regardait en mangeant sa mortadelle.

— ... nous pourrions enregistrer une déclaration, que nous donnerions à TF1 ou à Zinedine Zidane... Enfin, vous voyez ce que je veux dire... Comme ça, vous ne perdriez pas la face...

La bouche pleine, il a lancé :

— Voilà ! Padovani, tu es génial !

Il était de toute évidence très heureux de mon idée.

— Tu vois, Terri, voilà quelqu'un qui me trouve des solutions !

Terri était dégoûtée.

Elle me racontera plus tard qu'elle préparait avec Universal et TF1 ce voyage à Paris depuis pas mal de temps, que ça avait été un gros boulot, avion privé, motards, la totale, et que Pavarotti était vraiment gonflé de tout annuler mais qu'elle avait l'habitude.

En tout cas, Pavarotti s'intéressait maintenant à mon cas.

Je continuais.

— Savez-vous qu'on l'appelle Zizou ?

— Ah, non.

— Dans le message enregistré, vous pourriez vous adresser à lui en l'appelant « Zizou ».

— Ah, oui...

Et de sa voix superbe, il a attaqué :

— Mon cher Zizou... Génial, Zizou ! Golden Boy ! Padovani, c'est toi, le génie. Ah, cela me plaît.

Zucchero, souriant, comprenait que j'avais retourné la situation à notre avantage et que le Maestro allait tôt ou tard aborder les raisons de notre venue.

— Je vais la faire, votre émission... Hein, Zucchero ? Toi et moi, on va chanter « Va pensiero ».

Quel soulagement ! Je pouvais respirer. Si seulement Charlotte avait assisté à ça.

Il a ajouté :

— Je vais la faire, ta télévision... Mais, d'abord on va aller dormir !

Il me souriait, sans pour autant me donner le choix.

— Eh oui, après le repas, il faut faire la sieste ! Hein, Zucchero. La sieste !

Un pas en avant, deux en arrière, comme dit la chanson de Bruce Springsteen. C'était reparti.

Je décidai de ne rien dire et de participer à la conversation comme si de rien n'était. Je trouverais bien une autre occasion.

Après le café, il nous a invités à l'intérieur.

Pendant qu'ils rentraient tous dans la maison, j'ai rallumé mon portable et je me tenais à l'écart en les observant.

Pavarotti s'est mis sur le divan, a déboutonné un peu son jean blanc, a placé une chaise devant lui et posé les pieds dessus.

Pendant ce temps, le téléphone qui venait de trouver le réseau m'informait par un nombre hallucinant de petits bips que j'avais dû être l'homme le plus recherché de la planète.

Avant même que je puisse composer le numéro de Charlotte, la sonnerie a retenti. C'était elle !

— Allô ? Henry, tu es fou ou quoi ? Ça fait trois heures que je te cherche ! Tu ne te rends pas compte ?

— Charlotte...

— Vous arrivez ? m'a-t-elle demandé, la voix inquiète.

— Il veut dormir...

— Attends, je me pointe et je vous tue tous, toi, Pavarotti, Zucchero... Tout le monde ! Ici, plus personne ne croit que vous allez venir ! Christian veut rentrer à Paris !

— Quoi ?

— Qu'est-ce que tu crois ? Tu as vu l'heure ?

J'ai regardé ma montre. Il était déjà deux heures et demie.

— On s'en moque de Christian.

— Oui, on s'en moque peut-être de Christian, mais tu vois, les autres, ils commencent à paniquer.

— Les Italiens, ça m'étonnerait. Ce sont les rois de l'improvisation. En Italie, c'est toujours galère, et à la fin on arrive à tout faire...

— Je m'en fous, Henry... Tiens, tu vas voir, je te passe Stefano.

— *Pronto.*

— Vous faites quoi, Padovani ?

— On vient de finir de déjeuner...

J'entendais son rire d'hyène.

— J'en étais sûr... Et là, il se passe quoi ?

— Il s'est installé pour dormir.

Il a encore rigolé. Il devait croire que je bluffais. Il m'a demandé :

— Sérieux ?

— Oui, sérieux. Mais bon, là, j'y retourne. Je dois réussir à le sortir de là et le faire venir.

Et j'ai raccroché. Ils avaient compris que j'étais très mal et que je faisais de mon mieux.

Je suis retourné à l'intérieur. Pavarotti m'a vu arriver.

— Padovani, ne t'en fais pas... Je la ferai ton émission.

Qu'est-ce que je pouvais répondre à ça ?

— OK, Maestro... Merci.

— Demain !

— Sérieusement, Maestro...

J'étais cramoisi. Je lui parlais avec la plus grande des politesses et avec ma voix la plus douce.

— Nous avons une équipe en bas...

— Et moi je n'ai pas de chef d'orchestre. Il me faut un chef d'orchestre, sinon je ne peux pas...

Je ne comprenais plus rien à rien. Qui avait parlé de chef d'orchestre ? Ou était Terri ? Qu'est-ce qu'il allait se passer maintenant ?

— Demain, on pourra trouver un chef d'orchestre !

Zucchero s'est mis au piano et la conversation a bifurqué sur le prochain « Pavarotti and friends » organisé chaque année et auquel, comme une sorte de mascotte, il participait chaque fois. J'en avais déjà fait deux avec lui. Il lui a suggéré d'inviter Joe Cocker et lui a parlé d'une chanson qu'ils pourraient chanter ensemble. J'ai mentionné que je pourrais en parler à REM. Et on continuait à discuter. Pavarotti me montrait aussi du doigt des photos dans des cadres accrochés au mur. Des photos de lui gamin. Il y en avait une où on le voyait en tenue de gardien de but dans une équipe de foot... Extra !

Soudain, nous nous sommes aperçus que Pavarotti s'était endormi. Je n'y croyais pas. Il était déjà trois heures et cela faisait grosso modo quatre heures que Zucchero et moi étions partis.

Nous nous sommes retrouvés dehors, avec Terri.

Elle m'a expliqué qu'elle avait appelé son chef d'orchestre et qu'il allait arriver. Elle a ajouté qu'avec Pavarotti tout pouvait arriver, que c'était toujours comme ça. Il joue la star jusqu'au bout.

Zucchero m'a dit qu'il n'y arrivait pas et qu'il ne savait pas comment faire pour m'aider.

J'ai rappelé Charlotte pour lui annoncer que Pavarotti dormait.

J'ai cru qu'elle allait exploser. Elle m'a dit que Christian était parti pour l'aéroport. Je lui ai répondu que Pavarotti avait besoin d'un chef d'orchestre maintenant. Elle était dans une colère noire.

Elle le traitait de tous les noms. Je lui ai demandé de se calmer et je lui ai expliqué que nous aussi on vivait un enfer, qu'on n'abandonnait pas, qu'on avait trouvé un chef d'orchestre, qu'il arrivait, qu'il fallait nous faire confiance et qu'on allait y arriver même si Pavarotti voulait enregistrer l'émission demain !

Elle s'est tue. Silence. Elle devait se dire qu'il ne restait plus qu'à prier...

On a raccroché.

J'ai jeté un œil dans le salon. Il dormait toujours...

Une nouvelle fois, Charlotte m'a contacté. Elle était très inquiète. Les responsables de l'hôtel étaient venus lui annoncer qu'ils allaient avoir besoin de la salle pour la soirée et qu'il fallait démonter le matériel pour six heures !

— Henry, il faut qu'il vienne, maintenant.

— OK... J'y retourne. Envoie la fille du maquillage. On va trouver quelque chose. Terri et Zucchero vont m'aider... Ne t'affole pas... On va se débrouiller.

Je ne savais pas ce que j'allais faire, mais je lui parlais le plus gentiment du monde. Elle ne méritait pas ce qu'elle était en train de vivre.

J'ai réuni Terri et Zucchero. Il m'a sorti une réplique que je n'ai toujours pas oubliée :

— Henry, tu es seul sur ce coup-là ! Il n'y a rien que je puisse faire...

Il avait abandonné. Comme Terri.

— Je vais le réveiller !

— *Good luck* ! ont-ils lancé, en chœur.

Ils m'ont regardé entrer dans le petit salon.

Il était là, dans toute sa splendeur. Sa barbe, ses cheveux noirs, son visage de diable... Comme la photo qu'Anton Corbijn avait prise de lui.

Plus tôt, dans la salle de bain, j'avais aperçu des bouchons de liège qu'il brûlait et qu'il utilisait pour se noircir les sourcils et la barbe, comme au théâtre... Le coquet ! J'avais trouvé ça génial... Un grand, un maestro, un vrai. Avant de nous recevoir, il avait dû se maquiller, et d'une certaine façon, je pensais qu'on y arriverait... Il s'était préparé.

J'ai cru déceler un mouvement dans ses sourcils.

Un œil, un seul, s'est ouvert, le sourcil correspondant bien relevé.

— Calma, Padovani.

— Maestro ?

— Si...

— On a un petit problème.

J'avais dit « *un problemino* ».

Il a répété, interrogatif :

— *Un problemino ? Che problemino* ?

Je lui ai expliqué, presque en chuchotant, comme s'il dormait toujours et que je lui parlais dans son rêve, que l'hôtel allait avoir besoin de la salle car une soirée y était organisée, que nous aurions à démonter le matériel et que donc il faudrait y aller assez rapidement...

Il a ouvert les deux yeux et il a gueulé :

— *Cosa* ?

Le volume auquel il avait poussé ce mot était hallucinant. Je n'avais jamais entendu ça. Une puissance qui m'a soufflé.

J'ai dû sursauter, même faire un bond. Quel moment !

Je n'avais pas peur, mais le cri était impressionnant.

Il avait enlevé les pieds qu'il avait posés sur le dossier de la chaise pour se reposer et il était maintenant assis.

Il a pris le téléphone et composé un numéro.

Zucchero, qui avait dû entendre le cri, était arrivé sur le seuil :

— Ça va ?

— Pas de souci...

Pavarotti avait trouvé quelqu'un au bout du fil.

— Ici Pavarotti ! Passez-moi le directeur de l'hôtel... Oui, Pavarotti... Oui, Luciano Pavarotti... Oui, le chanteur d'opéra... Oui, Il Maestro...

Son interlocuteur ne devait pas le croire et lui hurlait de plus en plus fort.

— Ici Pavarotti. Bonjour... Comment ça, il y a une soirée ?... Dans la salle en bas ?... Là où ils ont installé la télé ?... Quoi ?... On veut la faire demain ?... Comment ça, pas possible ?... Oui, demain ! Mais personne ne m'avait dit qu'il y avait une soirée... Oui, c'est un problème... Oui, je la remercie... Non ! Personne ne m'a rien dit... C'est pas possible...

Il vociférait avec une voix très haut perchée. Le directeur ou la personne à l'autre bout du fil devait avoir très peur.

J'ai paniqué un peu et je voulais partir. Zucchero voulait partir. Tout le monde voulait partir.

Luciano Pavarotti avait le visage déformé par la colère et il était encore plus imposant.

J'ai demandé à Zucchero :

— On y va ?

Il m'a regardé et a répondu :

— OK.

Pavarotti finissait sa conversation un peu mieux qu'elle n'avait commencé. Nous lui faisions des signes avec la main qui signifiaient qu'on s'en allait.

Quand il a raccroché, il s'était calmé, avait compris que l'histoire de la conférence était vraie, et il m'avait semblé comprendre qu'il avait dit qu'il allait venir.

— Luciano, a dit Zucchero, on y va ?

— Non, attendez.

On ne pensait qu'à une chose : quitter cet endroit.

— On t'attend en bas, a ajouté Zucchero.

— Non !

Encore un cri. Et Luciano s'est redressé.

Là, le jean blanc qu'il avait déboutonné pour ne pas être gêné et s'endormir tranquillement sur le divan a glissé et tombé à ses pieds, laissant apparaître son slip, rouge. Énorme et rouge !

Zucchero et moi nous sommes regardés. Le serviteur s'approchait de son patron pour l'aider. Et lui, penché en avant pour essayer de remonter le jean, criait :

— Attendez-moi... Attendez-moi...

La scène était complètement surréaliste. J'en ai vu des choses dans ma vie, mais cette scène est gravée à jamais. Je pensais à Charlotte. Quand je lui raconterais cette histoire ! Qui me croirait ?

Zucchero et moi nous sommes enfuis, hilares. Pendant que le serviteur lui remontait son pantalon et l'emmenait vers la chambre, Luciano criait toujours : « Attendez-moi ! »

On est montés dans la Mercedes et, au moment où on a atteint la grille de sa propriété, on a croisé un barbu qui arrivait et qui nous a salués. C'était le chef d'orchestre.

On a filé vers l'hôtel et je crois qu'on a rigolé jusqu'en bas de la colline.

On a déboulé dans la salle où on a retrouvé Charlotte effondrée, et des garçons de l'hôtel qui déjà commençaient à amener des chaises et des tables. Les hommes de Stefano traînaient et tous étaient abattus.

J'ai hurlé :

— Branle-bas de combat !

Tous ont sursauté. Charlotte s'est précipitée.

— Tout le monde sur le pont !

— Alors ?

— Il va arriver !

Elle a regardé sa montre. On aurait dû être partis depuis cinq heures.

— Tu en es sûr ?

— Certain ! Je te raconterai...

Mon téléphone a sonné. C'était Terri.

— Henry, on part. On arrivera dans le parking sous l'hôtel dans exactement trois minutes. Viens nous y rejoindre, et soyez prêts à filmer.

J'ai raccroché.

— Charly ! Il arrive ! Je vais l'attendre dans le parking.

Et, me retournant vers Stefano :

— Préparez-vous !

À son tour, vers les autres :

— *Tutti pronti* !

J'avais déjà repéré le parking. Au moment où j'y suis arrivé, une grosse Mercedes glissait sans bruit jusqu'à moi. Il était là !

Le chauffeur lui a ouvert la porte arrière et l'a aidé à sortir. Je croyais qu'il se serait changé mais il était habillé de la même façon, chemise hawaiienne et jean blanc. Le fameux jean. Et il devait avoir le non moins fameux slip rouge dessous !

Il m'a souri et m'a salué comme si de rien n'était.

Il s'est fait accompagner jusqu'à l'ascenseur. Je les ai laissés monter et j'ai pris les escaliers.

Je suis arrivé avant eux. La porte s'est ouverte. Ils sont sortis et je les ai dirigés vers la salle. Pavarotti a lancé :

— *Ciao a tutti* !

Il s'est dirigé directement vers la scène, passant devant Charlotte que j'ai entendue dire, comme à elle-même :

— Tant pis, on le filme comme ça !

Il a monté les marches du petit escalier que nous avions fait construire pour l'occasion, aidé par le serviteur, et s'est placé au beau milieu de la scène. Il s'est retourné, a enlevé sa chemise, nous montrant son dos énorme, poilu, et le laquais lui a passé une chemise blanche et une veste de smoking. Il a gardé son jean blanc.

Puis il s'est retourné et nous a souri. Son sourire est légendaire et c'est celui-là qu'il arborait. On était là. Il était là ! Les caméras étaient prêtes à faire leur boulot. Lui aussi.

Il était tout pardonné.

« Ladies and gentlemen, Il Maestro Luciano Pavarotti. »

Zucchero et Net Aid

— Tu sais, Henry, pourquoi, d'après moi, Bono m'a demandé de l'accompagner à la guitare sur scène ce soir...

Je l'ai coupé net.

— Non, Zucchero ! C'est à moi qu'il a demandé de jouer avec lui. Il ne t'a rien demandé, à toi. C'est à moi qu'il a demandé. Et moi, comme je suis sympa, je t'ai refilé le plan !

Zucchero m'a regardé, choqué. Il n'avait rien à répondre. C'était la vérité et il le savait. Sur ce, j'ai quitté sa loge. Excédé...

Sa loge était un mobile home, sur le parking du Giants Stadium à New Jersey, où se tiendra dans quelques heures le concert de Net Aid que Bono organise.

Dehors, de nombreux mobile homes et énormément de monde. Ça bougeait, ça allait et venait, ça tournait, ça parlait, ça se reconnaissait, ça s'embrassait, ça rigolait... Je me suis assis sur une chaise pliante à côté de la très jolie jeune femme qui nous servait d'accompagnatrice. Une vraie Américaine avec une mâchoire musclée au chewing-gum et un accent parfait, comme dans les films. Elle était à la fac, n'était jamais venue en Europe et adorerait visiter Paris... Bref, le genre de discussion qui vous déstresse.

Dans la foule, j'ai reconnu Miles Copeland qui remontait l'allée de mobile homes. Il s'est arrêté à ma hauteur :

— Ça va ? Qu'est-ce que fait Zucchero ?

— Rien. Tu sais ce qu'il vient de me dire ?

Et je lui ai raconté.

Il a rigolé. Nous managions Zucchero depuis 1994 et franchement, si le succès avait été au rendez-vous, le personnage n'était pas comme je me l'étais imaginé. Tous les artistes sont pareils. Ils ne pensent qu'à eux, ramènent tout à eux et vivent dans un monde inventé et usurpé. Zucchero n'échappait pas à la règle.

— Henry, m'a dit Miles, « *People are shit* ».

C'était l'expression préférée de Miles Copeland, « les gens sont de la merde ».

— Viens, on va grignoter quelque chose, a-t-il continué.

J'ai pensé à Zucchero un instant. Il allait manger seul dans sa loge. Son repas lui serait apporté par Fabrizia, son assistante. Il ne sortait pratiquement jamais, ne se mélangeait que très peu avec les gens, ne visitait aucune ville que nous traversions, ne rencontrait que très peu de locaux.

Miles et moi sommes allés vers une sorte de cafétéria installée au beau milieu du parking. La cafétéria des VIP. Et des VIP, il y en avait. Tous ceux qui comptaient dans la musique et son business aux États-Unis étaient présents. Miles saluait tout le monde et tout le monde venait le saluer. Certains me connaissaient et je les saluais aussi. Sinon, Miles me présentait : *« My partner Henry Padovani. »*

Miles a managé tellement de monde que Zucchero ne l'impressionnait pas du tout. Pour moi, c'était différent. Zucchero était le premier artiste que je gérais. Je m'y étais investi complètement.

Voilà quatre ans que je sillonnais la terre entière avec lui. Quatre ans aussi que je le défendais envers et contre tous, quatre ans que je le protégeais. Je pensais que, entre Miles et moi, il était bien à l'abri...

En fait, son pire ennemi, c'était lui-même. Les gens disaient que nous étions des bons managers et que nous faisions du bon travail. Il n'avait jamais eu autant de succès en termes de ventes et de reconnaissance, surtout à l'étranger. Je l'aimais bien, mais j'avais de plus en plus de doutes quant à ses qualités humaines. Je commençais à douter aussi de la véracité des exploits que ses biographies lui prêtaient.

Enfin, nous étions à New Jersey et contents d'y être. Quel chemin de croix pour arriver jusqu'ici ! Zucchero avait repéré dans un journal un article dans lequel Bono parlait de son intention d'organiser un concert. L'idée était d'alerter l'opinion sur la dette des pays sous-développés. Zucchero m'a appelé :

— Henry, je dois en être.

C'était toujours comme ça. Zucchero repérait les bons plans – en fait, il était constamment à l'affût –, et m'appelait. Entre mes connexions et celles de Miles, on se débrouillait toujours pour le placer. En tout cas, on essayait. Et, quoique les gens puissent en penser, ou imaginer, les Woodstock, les MTV Awards, etc., ont été un travail de sape et de négociations. À ce niveau, ce sont les relations qui font la différence.

Bien sûr, on nous contactait aussi, le plus souvent, pour des charités. D'entrée, Zucchero demandait : « Combien ils payent ? » ou « Qu'est-ce que j'en retire ? ». Comme une charité est une charité, les organisateurs proposaient rarement de l'argent, en général seulement la prise en charge des frais – certaines charités vous proposent de l'argent... Ensuite, il demandait : « Qui y va ? » Tout le monde attendait tout le monde. Dans ce genre d'exercice, Zucchero n'était pas seul. « Charité bien ordonnée commence par soi-même. » Ça semblait être la règle du jeu pour tous les artistes. Donc, rien n'est jamais confirmé jusqu'au dernier moment. On inventait une excuse – une bonne –, on laissait croire qu'il aurait adoré faire ce concert et on se laissait une porte ouverte, au cas où un gros artiste décidait d'y participer. Dans ce cas, subitement,

Zucchero, comme tous les autres, se débrouillait pour se libérer.

Net Aid appartenait à la catégorie supérieure. Ils annonçaient du beau monde, et puis c'était Bono.

— OK, lui ai-je dit, je vais voir ce que je peux faire. Je vais contacter Bono.

En fait, ça tombait plutôt bien. Comme j'avais invité Bono et sa femme, en juillet 1998, pour assister à la finale de la Coupe du monde à Paris, et que Bono m'avait remercié mille fois, qu'il m'avait promis de me renvoyer l'ascenseur et que notre amitié commencée quelque temps auparavant ne demandait qu'à s'affirmer, je me disais que je ne devrais pas avoir de soucis à au moins lui demander si Zucchero pouvait participer à son Net Aid. Comme on dit en Corse : « *dumandare e legge* », demander est légal. Comme d'habitude, j'envoyai un fax à Bono. Je savais que tôt ou tard il répondrait.

Je commençai à vérifier autour de moi, auprès de notre agent Phil Banfield, Miles et d'autres, mais personne n'était au courant de ce concert.

Évidemment, j'avais régulièrement Zucchero au téléphone et à chaque conversation, il me demandait si j'avais des nouvelles et me rappelait qu'il tenait à tout prix à le faire.

C'était la force de Zucchero. Quand il voulait quelque chose, il ne lâchait jamais.

C'était pénible mais c'était sa façon d'arriver à ses fins.

Il se voyait déjà avec son attachée de presse, Marina Testori, en train d'annoncer la nouvelle aux médias : « Zucchero, le seul Italien présent à Net Aid. »

Zucchero le premier... Zucchero le seul... Zucchero ci... Zucchero ça... C'est le genre de communiqué de presse que faisait Marina.

Il suffit de lire la biographie que distribue sa maison de disques ou d'aller sur son site Internet. C'est ainsi qu'il se différencie des autres. Il n'a peur de rien, il y va carrément. Quand on a fait Woodstock, Marina avait trouvé : « Zucchero, le seul représentant de l'Europe continentale ! » Il aurait bien voulu écrire « le seul représentant européen », ça aurait fait mieux, mais il y avait des Anglais !

Au début, Miles et moi avions un peu honte de cette attitude. Nous venions du rock. Et ça, ce n'était pas vraiment rock'n'roll... Mais on avait une mission. On était managers. Et peu à peu, on s'y est fait. D'autant que le public aimait ça et surtout ne demandait qu'à y croire.

Donc, au bout d'un mois de jalons posés un peu partout et d'incessantes relances de la part de Zucchero, si le concert semblait être une vraie possibilité, on n'avait pas avancé et personne ne nous invitait ni ne nous ouvrait de porte. J'avais même eu Harvey Goldsmith, le promoteur anglais qui est derrière tous les grands événements rock au téléphone, et ça ne semblait pas évident du tout. Le pire était que Zucchero considérerait notre échec comme une faute professionnelle. Comme si avoir l'idée suffisait.

Mais les managers servent aussi à ça : subir et essayer. Toujours ! On n'a jamais baissé les bras.

Zucchero était prêt à tout pour participer à Net Aid et avait même annoncé qu'il accepterait de se produire seul avec sa guitare, sans groupe. Alors, nous proposions cette formule : jouer avant tout le monde. Nous aussi nous étions prêts à tout.

Mais Miles et moi savions très bien que Zucchero ne jouait jamais seul avec sa guitare. Ça commençait comme ça et puis, à la fin, il essayait toujours d'amener son groupe avec lui, une choriste, un musicien en plus...

De toute façon, le mot « seul » ne veut rien dire avec Zucchero. Déjà, il a une assistante en permanence avec lui. Obligatoire. Et un manager. Obligatoire aussi. Et puis un *tour manager*, au moins.

Zucchero s'entourait toujours de sécurité.

J'ai toujours pensé qu'il avait tort car je crois sincèrement qu'il ne devrait pas avoir peur de jouer seul avec une guitare. Non seulement il en est tout à fait capable, et moi qui ai souvent eu l'occasion de l'entendre en privé, j'en sais quelque chose ; mais toujours avoir besoin d'être entouré alourdit inévitablement la logistique. C'est dommage pour les occasions ratées, pour nous et pour le public.

En fait, au début, quand je l'ai rencontré, il avait même une personne sur scène qui chantait avec lui et qui renforçait sa voix dans les refrains et autres parties difficiles. Cette personne s'appelait Mino Vergnaghi. Ce qui était ridicule car la voix de Zucchero est sans aucun doute une des plus belles voix qui existent au monde.

Ce qui était remarquable c'est qu'au lieu d'être sur scène en tant que choriste, comme on le voit avec tous les groupes ou chanteurs, Mino était caché. Sur le côté ou derrière la scène. Il faisait bien plus que ça pour Zucchero. En plus de chanter avec lui, il faisait défiler sur un écran les paroles des chansons, au cas où Zucchero ne s'en rappellerait pas. Peut-être était-ce pour cette raison qu'il le cachait ? Mino, qui était un très bon chanteur et un extraverti – peut-être est-ce la véritable raison qui poussait Zucchero à le cacher ? –, aurait voulu s'exprimer sur scène et il souffrait de ne pas être là. D'ailleurs, un jour, alors que Zucchero lui a lancé deux ou trois insultes de la scène car les paroles ne défilaient plus correctement, Mino a décidé de le lâcher.

Le moment avait été unique. Zucchero l'a traité de trou du cul.

— Hey, buss'del'cul'... Tu fais avancer les paroles ?

Tout le monde l'avait entendu car il avait lâché ça dans le micro. La chose la plus hilarante, c'est que le public a entendu une réponse, elle aussi dans la sono... Avec la même voix – et pour cause :

— Trou du cul toi-même !

Mino en avait assez depuis pas mal de temps. Il tenait le coup car il avait besoin d'argent, et l'ambiance des tournées, des studios, lui plaisait vraiment. Mais cet épisode a été la goutte qui a fait déborder le vase. Ça n'en valait plus la peine. Le public médusé a vu Zucchero engagé dans une dispute verbale, dans laquelle « sa propre voix » lui répondait !

Absolument surréaliste.

Beaucoup de choses ont changé ce jour-là, car on aimait tous Mino. Il était en fait un intermédiaire auprès de tout le monde, et quand il est parti, je crois que la plupart des gens qui ont eu à négocier en direct avec Zucchero se sont rendu compte du genre de personne qu'il était.

Mais revenons à Net Aid.

Au même moment, nous avions programmé quelques concerts en Amérique et nous avions laissé des dates libres autour de celles de Net Aid – à part une possibilité dans un casino à Atlantic City le soir même, mais nous avions vérifié que nous pouvions faire les deux, en faisant le trajet New Jersey-Atlantic City en hélicoptère ! –, car c'était un argument très important auprès des organisateurs. Après tout, nous étions sur place. Comme pour dire nous sommes là, quoi qu'il arrive, à New York... Nous voulons apporter notre contribution. Le bla bla habituel. Pour les organisateurs, la présence de Zucchero garantissait une exposition importante pour le show et pour la cause qu'ils soutenaient en Italie. Ils savaient bien que Zucchero ne manquerait pas l'occasion d'en parler, et pas qu'un peu !

Les choses se sont débloquées quand Sting, qui avait été officiellement invité par Bono, a annoncé qu'il participerait. Dès ce moment, Miles et Phil Banfield ont pu à leur tour mettre la pression, car la présence de Sting, qui n'avait jamais eu autant de succès en Amérique depuis Police et son titre en duo avec Cheb Mami, était plus qu'important pour les télévisions. En plus, Miles promettait la venue de Cheb Mami.

Entre-temps, pour mettre toutes les chances de son côté, Zucchero avait eu l'idée d'appeler Pavarotti et de lui demander de participer au concert. Il lui proposait de chanter la chanson « Miserere » avec lui et Bono.

L'idée était géniale car du coup, lorsque j'ai fait circuler la nouvelle, Bono a réagi. Il aimait l'idée d'avoir Pavarotti sur son show. Sa présence aurait un impact médiatique immense. Donc, Bono est revenu vers moi et l'organisation de Net Aid nous a subitement pris en considération.

En somme, après tout le mal qu'on s'était donné, après tout ce temps passé à chercher une ouverture, on y arrivait enfin : Zucchero s'était frayé un passage.

Pavarotti, comme à son habitude, n'avait dit ni oui ni non. Il disait qu'il y penserait.

Mais comment imaginer qu'il ne puisse y participer ? Le Maestro séjournait à New York à ce moment-là et devait se produire au Metropolitan quelques jours après. Il était ami avec Bono, qui n'a jamais caché son admiration pour lui et avait contribué au « Pavarotti and friends ».

Zucchero était sûr de son coup. Il avait déjà alerté Marina Testori, son attachée de presse, qui avait préparé un communiqué annonçant que Zucchero, Bono et Pavarotti chanteraient ensemble « Miserere » en ouverture de Net Aid...

D'un coup, d'un seul, il anéantissait une fois de plus la compétition italienne et se mettait hors de portée. Je dois dire que ça sonnait bien : « Bono, Pavarotti et Zucchero ».

Le problème, c'est que le temps passait, et même si la presse l'avait annoncé, Pavarotti ne confirmait toujours pas sa participation. Zucchero le harcelait. Je harcelais Nicoletta Mantovani, sa secrétaire.

Pas de réponse. Il disait qu'il ferait son possible. Nous étions déjà en contact avec le réalisateur du show qui comptait sur nous pour confirmer sa présence. En fait, tout le monde nous harcelait à notre tour. Maintenant, tout le monde voulait Pavarotti. Zucchero, qui avait fait les premières pages des quotidiens italiens avec l'annonce de sa venue, commençait à se dire qu'il aurait mieux fait d'attendre un peu d'être sûr de son affaire.

Et puis, peu avant notre départ pour New York, Pavarotti annonce à Zucchero qu'il ne pourra pas jouer à Net Aid. En effet, l'assurance contractée par le promoteur du Metropolitan lui interdisait de se produire dans quelque endroit que ce soit avant ses concerts. Ayant eu précédemment un problème similaire qui avait entraîné l'annulation de ses concerts new-yorkais, il ne pouvait pas prendre de risque.

Zucchero était anéanti. Il savait qu'il allait passer pour un con. Surtout, il avait peur de ne plus participer. Moi, j'étais assez confiant. Depuis qu'on avait mentionné le nom de Pavarotti, le réalisateur télé et moi avions tellement discuté des détails de la participation de Zucchero que je pensais qu'ils ne pouvaient plus le virer.

Lui n'en était pas si sûr. Il flippait vraiment. C'était incroyable. Deux mois auparavant, il aurait tout donné pour être sur ce show, il aurait signé pour y faire n'importe quoi, du moment qu'il y était. Ce jour-là, alors que, finalement, on y était, il paniquait.

On a atterri à New York et on a décidé d'aller directement voir Bono en répétition au studio SIR. Luciano Luisi, Fabrizia Capriati, Zucchero et moi.

La première personne que l'on a rencontrée était Paul Mc Guinness, le manager de U2. On a discuté, alors que Zucchero se débrouillait pour amener la conversation sur Pavarotti.

Paul Mc Guinness a évité le sujet et nous a quittés. Puis on a croisé Quincy Jones qui sortait d'une salle de répétition. On s'est approchés. On lui a parlé. Zucchero a lancé le sujet avec lui aussi. Quincy ne savait que dire. Il avait du travail et il est reparti en salle de répétitions... Zucchero traînait son âme en peine. Luciano, Fabrizia et moi tentions de détendre l'atmosphère. Il nous a rappelés à l'ordre... On lui a dit qu'on devrait peut-être les laisser travailler. De toute façon, Pavarotti ne viendrait pas... Mais, comme toujours, il y croyait encore. Il voulait se battre jusqu'au bout et, s'il n'obtenait rien, essayer de passer pour une victime. C'était mieux que de passer pour un idiot.

Bono est sorti d'une salle de répétition avec Paul Mc Guinness. Ils discutaient. Zucchero s'est repris :

— Henry, vas-y. Je t'en prie, va leur parler, m'a-t-il dit sur un ton malheureux.

Je suis allé retrouver Bono qui m'avait vu. Il m'a accueilli et m'a embrassé. Il était en habit de combat, casquette à la Fidel Castro sur le crâne et treillis.

— Alors, qu'est-ce qui se passe ?

Il a aperçu Zucchero, resté en retrait.

— *Zuc* ! *Big man* !

Zucchero a souri comme un clown triste et s'est approché de nous. Sans attendre, il a attaqué :

— Bono... a-t-il commencé avec une voix traînante. Pavarotti nous a laissé tomber...

Bono s'est adressé à nous tous :

— Je sais. Je suis allé dîner chez lui. Je lui ai demandé. J'ai tout essayé. Je ne peux pas faire plus...

— Bono, je suis dans la merde.

— Zucchero, lui a sèchement répondu Bono, tu n'es pas dans la merde ! Tu es sur Net Aid !

Son ton était assez exaspéré. On était tous très gênés. Bono m'a regardé, comme s'il me reprochait de l'avoir attiré dans un guet-apens. Puis Paul Mc Guinness lui a pris le bras :

— On a du travail.

— Je dois y aller. On se voit demain. Allez, tout va bien... Ciao !

Bono et Paul se sont dirigés vers une salle de répétition, celle où Quincy Jones s'était engouffré un peu plus tôt. On a entendu de la musique lorsque la porte s'est ouverte et puis plus rien. Ils avaient disparu.

Nous étions là, tous les quatre, seuls dans le foyer de ce studio de répétition à New York. Zucchero tirait une tronche de deux kilomètres.

— Vous n'en avez rien à faire ! Vous ne vous rendez pas compte. Je suis super mal ! Sur tous les journaux italiens, il est écrit que Pavarotti, Bono et moi on va chanter « Miserere ». Et si ça se trouve, je ne vais même pas figurer dans le show...

— Zucchero, tu ne peux pas dire ça. Tu as entendu ce que t'a répondu Bono. Continue et tu vas vraiment passer pour un idiot ! Allez, on s'en va, lui ai-je lancé.

Sonné comme un boxeur, il a quitté le studio à regret.

On s'est dirigés vers le Village. On connaissait un restau italien où on mangeait bien et où Zucchero était traité comme une star. Il en avait besoin.

Il a été accueilli comme il se devait. On nous a installés sur la mezzanine, là où on voyait tout et où tout le monde pouvait nous voir. Les clients nous regardaient.

Luciano et moi avons commandé du vin. Nous avions décidé de nous saouler en compagnie de Fabrizia. Il n'y avait rien d'autre à faire. Zucchero a râlé toute la soirée et nous étions hilares. Il était dégoûté. Mais ça ne changeait rien. S'il n'y avait pas eu ça, il y aurait eu autre chose. Commençait pour Zucchero une bien mauvaise soirée.

Avant de se séparer pour rejoindre nos chambres, j'avais promis à Zucchero d'appeler dès la première heure le réalisateur du show et de vérifier l'heure à laquelle nous devions jouer nos deux morceaux. De toute façon, comment éviter le flot de recommandations de sa part ?

Je me suis fait réveiller sur les coups de neuf heures et je me suis mis à la recherche du réalisateur. Il m'avait donné son portable, mais il était tellement important ou tellement occupé que son assistant répondait constamment à sa place et promettait de me faire rappeler dès que possible.

Vers dix heures, le téléphone de l'hôtel a sonné et la voix de Zucchero a résonné.

— *Sono Zucchero* – je suis Zucchero.

C'est toujours ainsi qu'il commence. Mais comment ne pas reconnaître sa voix cassée ! Ce qui était surprenant, c'était l'heure. Dix heures, c'était tôt pour lui. C'était plutôt midi d'habitude. Mais là, avec le décalage horaire et l'anxiété, ma foi...

— Alors ? Des nouvelles ?

— Je le cherche. Il doit me rappeler.

— Henry, je te rappelle que c'est hyper important ! Il faut que tu lui parles et t'assurer qu'on fasse bien les deux morceaux. J'ai parlé à Marina.

Ah, nous y voilà, le décalage horaire avait dû le réveiller très tôt et il avait sûrement passé la matinée au téléphone.

— J'ai parlé à Marina et elle m'a dit que la télé montrerait le show à partir de vingt heures. Donc, si on joue avant quatorze heures ici, on ne passera pas en Italie. Je suis dans la merde. Elle m'a dit aussi que tous les quotidiens parlent de mon passage. Je suis dans la merde...

— D'accord, je fais de mon mieux. Laisse ma ligne libre car si ça se trouve, le réalisateur essaye de m'appeler...

Et j'ai raccroché.

J'ai rappelé le réalisateur... qui n'était pas là. J'ai dû essayer quatre ou cinq fois avant de le joindre enfin. Il m'a assuré qu'il ferait son possible pour qu'on joue les deux chansons prévues, mais n'a pas pu me confirmer l'horaire. Ça allait être serré.

J'ai raconté ma conversation à Zucchero.

— J'en étais sûr ! Ce type est une ordure. On va se faire avoir. Tu verras. Je te l'avais dit et toi, tu t'en moques. Je vais passer pour un imbécile.

— Calme-toi. On fera au mieux. Rappelle-toi que tu étais prêt à tout pour participer à ce show ! Là, tu me fais vivre un enfer et ça ne sert à rien. Préparons-nous et allons-y de bonne heure.

On a réussi à s'organiser rapidement. Zucchero, Luciano, Fabrizia et moi sommes partis devant, dans la limousine. Les autres viendraient plus tard. On est arrivés au Giants Stadium. Nous y étions déjà venus en 1994 voir les Rolling Stones sur le Voodoo Lounge Tour. Cette fois-ci, nous ne serions pas spectateurs en tribune ! Le chauffeur avait un plan du site, connaissait l'endroit et savait exactement où nous mener. À l'entrée du parking, qui était clôturé et où étaient installés des tas de mobile homes servant de loges et de bureaux de production, le chauffeur nous a annoncés à un type muni d'un talkie-walkie. Deux secondes plus tard, une femme est arrivée en courant avec des pass pour nous.

En Amérique, ce genre d'événement est toujours très bien organisé. Je me demande comment ils font. Même Woodstock était comme ça. Trois cent mille personnes et pas une seule erreur de logistique. On a même réussi à retrouver le chapeau que Zucchero avait laissé sur un bus qui nous avait conduits au bateau que nous avions emprunté pour rejoindre le festival. Deux jours après, le chapeau a été livré par la poste à l'hôtel !

La femme nous a présentés à une jeune fille fort jolie qui fut notre accompagnatrice durant la durée de la journée.

On est arrivés à la loge, où j'ai laissé Zucchero, et je suis parti retrouver ce fameux réalisateur. En chemin, j'ai récupéré Miles Copeland.

On l'a trouvé rapidement et il nous a donné l'emploi du temps de la journée. Zucchero était le premier à monter sur scène et n'avait qu'une chanson prévue. Aïe... Ça commençait !

J'ai parlementé, et lui m'a expliqué qu'il y avait trop de participants, qu'il devait essayer de tous les faire répéter, qu'ils devaient tous jouer, que c'était en mondiovision, que les horaires devaient être respectés, qu'au départ on ne devait faire qu'une chanson... et qu'il était pressé car il avait plein de stars à gérer !

Le groupe de Zucchero est arrivé et nous sommes partis faire la balance. Pendant que notre matériel était installé, le groupe suivant préparait le sien sur les côtés. Ça allait être chaud. On a répété notre chanson deux fois, sous les regards du réalisateur qui n'arrêtait pas de me demander si tout allait bien et si on était contents. Je savais bien que si ma réponse était « oui », alors c'était le signal pour le groupe suivant... Je tirais une tête qui voulait dire ni oui ni non. Zucchero voulait quant à lui répéter un deuxième titre.

Le réalisateur me faisait des signes que j'ai ignorés, et je les ai laissés jouer. Je sentais la tension monter. Ils ont donc répété la deuxième chanson et il était clair que dès qu'elle serait finie, on serait éjectés de la scène.

Quand les instruments se sont tus, le réalisateur a bondi sur scène et nous a dit que c'était bon. Zucchero en a profité pour lui demander si on ferait la deuxième chanson. Il nous a répondu qu'on pourrait la faire mais qu'elle ne serait pas envoyée sur les ondes. Clair et net.

Miles, Zucchero et moi sommes retournés vers la loge. Franchement, on avait tout essayé. C'est la vie. Zucchero s'est enfermé dans le mobile home. Miles a filé s'inquiéter de la situation de Sting. Moi, je suis resté devant la loge à discuter avec Cheb Mami, qui venait d'arriver pour chanter « Desert Rose » avec Sting et dont la loge était à côté de la nôtre.

Alors que je lézardais assis dans un fauteuil en plastique devant notre loge, j'ai aperçu Paul Mc Guinness, le manager de U2, qui remontait l'allée. J'aimais bien ce type. La grande classe et tellement sympa. Il est venu directement vers moi.

— Henry, tu joues toujours de la guitare ?

Quelle question ! Après tout, il voulait peut-être bavarder, vu la situation et le stress que la bonne organisation de Net Aid devait lui infliger.

Je savais que lui aussi avait bien aimé les Flying Padovani's. Et, imaginant le décevoir si je lui répondais que je n'en jouais plus, je lui ai dit :

— Oui, bien sûr, je joue toujours.

— OK. J'ai besoin de ton aide. Viens avec moi.

J'ai été surpris, mais j'ai compris que je devais le suivre. Je me suis levé et je l'ai accompagné.

— Henry, on a un problème. Le guitariste qui joue avec Bono a eu un accident de voiture hier soir. Il s'en est sorti et devrait arriver un peu plus tard. En attendant, il faut que Bono répète « One » avec Quincy et l'orchestre, et il lui faut un guitariste. Est-ce que tu veux bien jouer avec lui pour la balance, juste la balance ? L'autre ne devrait pas tarder. D'accord ?

Je m'attendais à tout sauf à ça.

— Et si le guitariste n'arrive pas ?

— Oh, il devrait arriver... Mais bon, s'il ne vient pas, tu pourrais peut-être assurer le concert... D'accord ?

Paul et moi marchions au milieu de tout le monde et je savais que l'on se dirigeait vers la loge de Bono. Mon cœur battait très fort. J'ai réfléchi un millième de seconde.

— Écoute, Paul, c'est très gentil de ta part et de celle de Bono. Ça me fait très chaud au cœur. Mais je connais quelqu'un à qui ça ferait vraiment plaisir de répéter avec Bono... et il en a besoin.

— Qui ça ?

— Zucchero.

— Zucchero ?

Paul s'est arrêté et m'a regardé.

— Tu ne veux pas le faire ?

— Ce n'est pas ça, Paul, mais Zucchero est très inquiet, avec Pavarotti qui nous a fait faux bond...

— Mais est-ce qu'il joue assez bien de la guitare ?

— Il se débrouille très bien.

— Il pourra jouer « One » ?

— Paul, il n'y a que trois accords et puis je peux les lui montrer.

— Comme tu veux...

Il devait être surpris de mon refus de jouer avec Bono sur la scène du Giants Stadium. Évidemment !

— Paul, avant je l'aurais fait. Sans hésiter. Mais maintenant je suis manager, je ne suis plus guitariste. Je travaille pour mon artiste. Tu sais ce que c'est...

— OK. C'est ton choix.

Il ne devait pas comprendre. Et moi, je me suis dit que j'étais un idiot et que j'aurais dû le faire. Mais j'ai réagi comme un manager. J'étais passé de l'autre côté... C'est vrai que ça aurait pu être pas mal, sur scène.

J'imaginais un moment la tête qu'aurait faite Zucchero ne me voyant pas revenir :

— Quelqu'un a vu Henry ?

— Oui, il est sur scène avec Bono et Quincy Jones.

Je rigolais tout seul rien que d'y penser en arrivant devant la loge.

J'ai frappé.

— Si ?

Je suis rentré et je suis tombé sur un Zucchero complètement déprimé.

— Viens et prends ta guitare !

— Quoi ?

— Tu vas aller sur scène faire la balance avec Bono.

— Quoi ?

Et je lui ai expliqué en vitesse. Il a compris rapidement. Sans se poser de questions, il a saisi sa guitare, la Gibson B25 acoustique que je lui avais trouvée à Los Angeles – la même que la mienne, celle qu'il m'empruntait tout le temps pour les télés et qui est sur la pochette de *Spirito Divino* –, et m'a suivi. Sur le chemin, il me posait des questions. Il était un peu anxieux et avait besoin de réponses :

— Comment c'est, le morceau ?

— Ne t'affole pas, il y a trois accords : la mineur, ré et sol. Il y a peut-être un fa sur le pont et un do... Mais rien de plus. De toute façon, je reste avec toi sur scène et je serai là si besoin.

On a rejoint Paul qui nous attendait près de la loge de Bono. Ali, la femme de Bono, était dehors, un bébé dans ses bras. On s'est fait la bise, plus une au bébé.

Paul a ouvert la porte. Bono nous a accueillis.

— Hey, les gars.

Puis, rapidement vers moi :

— Tu ne veux pas jouer ?

J'ai bredouillé :

— Ce n'est pas ça... Zucchero le fera. Si c'est OK pour toi ?

— Pas de problème.

Il s'est tourné vers Zucchero :

— Merci.

— Pas de problème, c'est un plaisir.

Bono nous a expliqué ce qui s'est passé. Le type qui joue avec lui a eu un accident très grave. Lui n'avait rien, mais une personne était morte. J'ai cru comprendre que c'était la mère d'une personne qui travaillait avec l'organisation d'U2. Coup dur.

Le type était choqué, mais arriverait plus tard.

Paul nous a demandé de le suivre. Zucchero, Bono, Paul et moi nous sommes dirigés vers la scène. On a pris le chemin souterrain, celui des joueurs de football américain.

— Paul, combien de fois a-t-on joué ici ? lui a demandé Bono.

— Je ne sais plus... Huit ou dix fois. On est comme à la maison, ici.

Huit ou dix fois... Je pensais à U2. Quel groupe. Quel succès. Et nous étions là, avec Bono et Paul.

Quoi qu'il arrive, le show devait avoir lieu. Avec de tels musiciens, ça devait tourner. Je me suis dit que j'aurais peut-être dû accepter.

On est arrivés sur scène. Quincy y était avec un quintet à cordes. Il est venu nous saluer. Quel pied !

Paul Mc Guinness est allé s'installer près de Miles, qui était assis juste devant les moniteurs, et lui a raconté toute l'histoire.

Je suis resté sur scène avec Zucchero. Bono donnait ses instructions. Quincy expliquait son arrangement musical. Zucchero essayait sa guitare. Il me cherchait constamment des yeux, m'interrogeant du regard. Je l'ai rassuré, il a trouvé le rythme. C'était parti.

Ils ont répété une fois, deux fois, trois fois... Zucchero s'en sortait très bien.

Quincy était adorable. J'étais resté au milieu pour vérifier que Zucchero comprenait tout ce que lui disait Quincy, et traduire si besoin. Tout s'est bien passé. La balance était faite.

J'ai discuté deux secondes avec Zucchero et il est reparti vers sa loge avec Fabrizia.

Miles m'a appelé. Il était avec Paul. Bonne ambiance.

— Tu vois, Henry, tu as quelque chose de plus que moi. Tu es musicien. Moi, ça, je ne pourrais jamais le faire. Ce n'est pas que ça ne me plairait pas...

Et puis, vers Paul :

— Imagine, si Henry avait accepté de jouer, la réaction de Zucchero.

Ils étaient drôles, tous les deux. Mais toute la différence entre les Anglo-Saxons et les Français est là. Un manager pouvait très bien être sur une scène tant qu'il assure. Jamais on ne verrait ça en France. Jamais !

J'étais aussi fier que Paul et Bono aient pensé à moi comme guitariste. Je ne jouerais pas, mais mon ego avait été flatté. Merci, j'en avais besoin. Jamais, pendant le temps où j'ai managé Zucchero, lui et moi n'avons jammé ou gratté ensemble. Là, des pointures comme Paul et Bono voyaient encore en moi un guitariste, un musicien...

Je suis parti avec Miles. Devant la loge, on a retrouvé Zucchero qui discutait avec Cheb Mami. Il était tout excité. On le serait à moins. Il s'était régalé.

On s'est joints à la discussion.

À ce moment, Paul Mc Guinness est arrivé et m'a fait signe. Je me suis écarté du groupe.

— Henry, le guitariste ne pourra pas venir finalement. Si Zucchero veut bien, il jouera avec Bono sur scène.

— Pas de problème. Je n'ai pas besoin de lui demander. Il le fera, il en est tellement content.

J'étais heureux pour Zucchero. Beau dénouement.

Je lui ai dit en italien :

— Hey, Zucchero, ce soir c'est toi qui joueras avec Bono !

Il a hoché la tête. Pas de problème. Pour lui, finalement, tout s'arrangeait.

Il est rentré dans sa loge. Je l'ai laissé à ses réflexions... ou peut-être ses coups de téléphone. Il allait sûrement appeler Marina et lui demander de prévenir la presse...

Un peu plus tard, Zucchero a joué « One » avec Bono, Quincy Jones et un quintet à cordes sur la scène du Giants Stadium à New Jersey. C'était un grand moment. Le monde entier l'a vu.

Nous, juste après le concert, nous avons pris un hélicoptère qui nous a déposés sur le toit d'un casino d'Atlantic City. Le promoteur nous y attendait et il a félicité Zucchero. Lui aussi avait regardé Net Aid.

Zucchero ne m'a plus jamais parlé de cette histoire, de la façon dont il avait hérité de cette opportunité. Il ne m'a d'ailleurs jamais remercié. L'avait-il occultée ? Voulait-il oublier et ne croire qu'aux histoires qu'il aimait s'inventer, ces histoires qui faisaient sa légende, comme peut-être tous les artistes, avec un grand « A »... De toute façon, pourquoi hésiter ? Il suffisait de fermer les yeux un petit moment, d'attendre et d'espérer.

Le lendemain, Marina avait déjà faxé à l'hôtel toute la presse italienne qui en avait fait ses colonnes : « Zucchero ouvre Net Aid avec Bono. »

Une boucle bouclée

— Le mec qu'il faudrait, c'est Stewart Copeland !

Nous étions dans le studio que mon ami Momo et moi avons ouvert, rue Victor-Massé à Paris. C'est Serge Veneruso, le preneur de son, qui a dit ça.

— *Yes*. Ce serait parfait, a dit Yves Aouizerate, qui réalisait.

Décembre 2003. Depuis que j'avais composé la chanson de *La Vie comme elle va*, le film de Jean-Henri Meunier (que j'avais rencontré à Londres en 1977 alors qu'il voulait réaliser un film sur Police), produit par Jacques Perrin, j'avais écrit et maquetté une trentaine de chansons, chez moi à la campagne. Je me suis bien éclaté et surtout j'ai chanté. Je n'avais jamais vraiment osé le faire. Mais là, encouragé par Jean-Henri et par ses superbes textes, je chantais comme un prêcheur, possédé et porteur de la bonne parole, et je pouvais me concentrer sur la musique, sur la qualité de mon message. En un an, au fur et à mesure que j'écrivais et enregistrais ces chansons, je prenais de l'assurance et ça commençait à vraiment me plaire.

Avec Jean-Henri, on avait réuni douze chansons qui allaient bien ensemble. Ce serait mon univers et mon album.

— Mais bon, c'est Stewart Copeland... a dit Serge, signifiant qu'on pouvait toujours rêver.

On travaillait sur un nouveau morceau que j'avais préparé, « Welcome Home ». J'avais tout joué et, après avoir enregistré les voix et la guitare rue Victor-Massé, on avait programmé une rythmique. Elle avait un côté reggae et elle sonnait aussi rock. On était très excités. On formait une bonne équipe et on travaillait bien.

Serge avait raison. Stewart Copeland serait parfait.

— Excellente idée. Je vais l'appeler.

Ils m'ont regardé tous les deux.

— Tu vas l'appeler ? a demandé Yves.

— Bien sûr ! Je dois avoir son numéro dans mon agenda. Je vais voir...

Ils m'ont regardé à nouveau, incrédules. Je comprends que pour tous les deux, ça leur semblait incroyable. J'ai fait un peu le coq car je savais que je pouvais l'appeler. Stewart et moi n'étions-nous pas des amis depuis que nous avions joué ensemble, il y a longtemps ? Et puis, « demander est légal », comme m'a toujours dit ma mère. Alors, je n'ai jamais eu peur de demander quoi que ce soit à qui que ce soit. Si la démarche est honnête, il n'y a jamais de problème. Et là, comme Serge et Yves l'ont dit, Stewart serait parfait.

J'avais déjà appelé Steve Hunter. Steve a toujours été un de mes guitaristes préférés depuis que j'avais entendu *Rock'N'Roll Animal* de Lou Reed. Je ne suis pas le seul. L'intro de « Sweet Jane » est un des plus beaux instrumentaux et un des plus beaux solos de rock de tous les temps. J'avais rencontré Steve lorsque, avec Miles Copeland, nous avions monté The Night of the Guitar à la fin des années 1980, des rencontres de guitaristes que nous avions mis sur scène et sur disque. Nous avions réussi à faire jouer ensemble, entre autres, Randy California de Spirit, Leslie West de Mountain, Steve Howe de Yes, les deux compères de Wishbone Ash, Pete Haycock de Climax Blues Band, Phil Manzanera de Roxy Music, Alvin Lee de Ten Years After, et bien sûr Steve Hunter. J'adorais tous ces guitaristes et leurs solos m'avaient donné envie de jouer de la guitare, de faire du rock'n'roll. Si j'ai eu le plaisir de tous les connaître assez bien, c'est vers Steve Hunter que je suis allé le plus fréquemment pour discuter et parler musique. De plus, ce type était adorable et vous remerciait pour tout et n'importe quoi toutes les deux minutes. Au milieu de toutes ces superstars, il était un des moins connus. Il faut dire que la distribution était incroyable, que la plupart de ces guitaristes étaient les leaders de leurs groupes respectifs, alors que Steve a toujours été un *side man*, un accompagnateur, le plus souvent flanqué de son compère Dick Wagner. La première fois que je l'ai découvert, ils formaient une équipe de tueurs de studio et avaient été appelés pour épauler Alice Cooper. Après avoir fait le son d'Alice, le management de Lou Reed les avait embauchés pour relancer sa carrière. Lou Reed, s'il était content d'avoir ces monstres avec lui sur scène, avait tout de même paniqué devant la possibilité de se voir voler la vedette. Le management avait demandé à Steve de préparer une intro pour chauffer le concert avant que Lou entre sur scène, et aussi pour bien montrer qui était la star. Steve avait ressorti un morceau sur lequel il jammait souvent avec Dick Wagner. Et, comme le thème finissait en mi, il était parfait pour enchaîner sur « Sweet Jane ». Lou Reed ne lui a jamais reconnu l'édition de ce morceau alors que tout le monde sait pertinemment que c'est Steve qui l'a composé. Tout le monde est aussi d'accord pour dire que des milliers de guitaristes ont acheté ce disque de Lou Reed pour cette fameuse intro sublimée par Steve Hunter. Mais, évidemment, quand c'est l'ego qui vous guide…

Lorsque, avec Miles, nous avions décidé de monter le show The Night of the Guitar, nous avions envisagé pas mal de problèmes d'ego. Ne dépeint-on pas les guitaristes comme ceux qui l'ont le plus développé dans tous les groupes ? Eh bien, nous avons trouvé des gars charmants qui s'échangeaient des plans pendant les répétitions et qui se soutenaient. Tous étaient d'accord pour dire que le plus fort était Steve Hunter. Je me souviens du backstage à l'Hammersmith Odeon, à Londres, où Steve Howe demandait à Steve Hunter de lui montrer comment il faisait pour faire des arpèges en harmoniques, ou quelque chose comme ça, et tous regardaient Steve Hunter qui expliquait comment l'index de sa main droite caressait les cordes pendant que les autres doigts libres les accrochaient, tout ceci en mouvement pour trouver l'octave harmonique de chaque note. Un délire !

Nous avons emmené ce show dans toute l'Europe, et Miles et moi avons suivi toute la tournée. Lorsqu'elle fut finie, Steve et moi étions devenus inséparables. Avant de repartir à Los Angeles, il est resté quelques jours avec moi dans ma maison de Forest Hill, en famille. La vieille Gibson était ressortie de son étui...

Tout ceci se passait en 1986, et depuis Miles et moi avions vu notre idée reprise un peu partout et des concerts autour de la guitare voir le jour pour le plus grand plaisir de tous. Et des guitaristes en herbe.

Quand j'avais appelé Steve pour lui demander s'il pouvait jouer avec moi sur quelques morceaux, il avait accepté d'emblée. Adorable. Et lorsqu'il avait reçu le CD de maquettes que je lui avais envoyé, il avait été encore plus cool, me faisant mille compliments sur la qualité de ma musique et se proposant pour venir faire des concerts avec moi si je le voulais.

Serge et Yves, qui, comme moi, avaient la plus grande admiration pour Steve Hunter, avaient été drôlement impressionnés lorsqu'ils avaient su que Steve enregistrerait des parties de guitare sur l'album.

Aujourd'hui, je leur proposais calmement d'appeler Stewart Copeland pour jouer de la batterie. Ils étaient comme des fous et se mettaient à rêver.

Entre-temps, j'avais aussi appelé Manu Katché. Manu est un des garçons les plus sympathiques qu'il m'ait été donné de rencontrer. Je crois que la première fois, ç'avait été avec Zucchero. Le monde entier connaît Manu Katché. C'est une grande star. Peut-être le meilleur batteur du monde. En tout cas, pour moi. Ceci étant toujours une affaire de goût, alors, franchement, si ce n'est pas lui, c'est l'autre... Mais il est là. Au top avec les plus grands.

Quand je travaillais avec Zucchero, le blé n'était jamais un problème, on pouvait se permettre d'engager qui on voulait, et, quand tu peux, tu prends le meilleur. On était en studio à côté de Londres, dans la campagne anglaise. On voulait un batteur pour enregistrer, on a pris Manu Katché. On est passés par son agent à New York. La classe pour un Français. Manu avait envie de jouer avec nous, le deal s'est fait en deux secondes. Super simple. Quand il est arrivé, lui et moi, on s'est entendus tout de suite. D'abord, j'ai vraiment apprécié son attitude avec tout le monde. Gentil et respectueux, professionnel et disponible, et peut-être avant tout à l'écoute des autres. Les séances se sont passées très vite, peut-être même un peu trop. Car, du coup, il est reparti rapidement. Il a bien écouté la chanson et les explications de Zucchero. Lorsqu'il s'est mis derrière son kit, il l'a fait en quelques prises. Et pas n'importe comment ! Exactement comme on l'avait rêvée. Dans la salle de contrôle, on était médusés. J'ai compris pourquoi tout le monde se l'arrachait.

Lui et moi avons parlé et, alors que j'étais devenu le manager qui s'occupait des affaires de Zucchero de par le monde, les discussions que j'ai pu avoir avec Manu m'ont replongé dans la musique. J'en avais besoin, avec le stress intense que générait mon job. Cet extraterrestre de la batterie montrait du respect pour le musicien que j'avais été. Incroyable et tellement agréable pour moi. Nous sommes devenus amis instantanément. Je l'appelais à chaque occasion et il a souvent joué avec Zucchero, pour mon plus grand plaisir. Un jour à Naples, nous avons monté un concert à deux batteries, lui et le batteur habituel, Derek Wilson, et Manu est devenu ami avec tout le groupe. Ce concert gratuit sur la Piazza della Repubblica ou Piazza Plebiscito, je ne sais plus, au beau milieu de la ville, a été formidable, et Manu, qui connaissait mes goûts en termes de reprises et roulements de batterie, en faisait de temps en temps, rien que pour moi, assortis d'un grand clin d'œil. Il était souple et félin, ne bougeait pas son torse, et seules ses épaules et ses poignets imprimaient le groove. Magique !

Par la suite, nous nous sommes souvent revus et je me rappelle être allé voir *1,2,3 Soleils* avec lui et Sting à Bercy, concert où Sting réfléchissait déjà à son duo sur « Desert Rose ». Manu m'avait dit qu'il sentait bien que Sting avait envie de jouer avec lui. Lui aussi, d'ailleurs. Cela s'est fait le plus naturellement du monde, et quand j'ai vu Sting en concert avec Manu, c'était impeccable. D'ailleurs, plus tard, quand Sting a monté un nouveau groupe, il a fallu deux personnes pour remplacer Manu : un batteur et un percussionniste. C'est tout dire ! Grâce aux e-mails et, de temps en temps, à un petit coup de fil d'amitié, nous ne nous sommes jamais perdus de vue.

Lorsque je lui ai dit que j'enregistrais des chansons et que, qui sait, si j'arrivais à une dizaine, peut-être faudrait-il que je songe à le faire sérieusement ou même à redevenir musicien, il m'a envoyé des e-mails d'encouragement sublimes. Et quand je lui ai envoyé un disque de maquettes, il m'a fait mille compliments, sur la musique et sur les textes. Mais bon, dans ce métier, les gens disent souvent que c'est bien sans vraiment le penser. Lui, j'ai finalement osé lui demander s'il serait d'accord pour jouer avec moi, et non seulement il m'a répondu oui d'emblée, mais il m'a remercié de le lui avoir demandé. Où trouve-t-on des gens comme ça ?

Nous avons finalement organisé l'enregistrement chez ADS, tout près de Paris. Manu est arrivé le premier. Et il nous a attendus. Rendez-vous avait été donné à 11 heures et lui, en grand professionnel, était arrivé à 10 heures. Le truc incroyable, c'est qu'à 13 heures il avait fini l'enregistrement de deux chansons. Il les avait écoutées avec attention et nous avons discuté de ce qu'il me plairait d'entendre. Il est tellement fort que lorsqu'il s'est mis derrière sa batterie, après un passage sur toute la chanson pour repérer le parcours, il l'a jouée en une prise. Rien à redire, rien à refaire ! Pour la suivante, ce fut pareil. Elles étaient toutes les deux parfaites.

Mais, ce n'est pas tout, le meilleur est à venir. Je lui avais demandé de participer à « Parfois » et « Welcome Home ». Je lui avais aussi dit que j'avais pensé à Stewart pour « Welcome Home » mais que je n'étais pas sûr qu'il le ferait. Manu, grand seigneur, m'a dit :

— Henry, ne te prends pas la tête. Je te la fais. Je joue de la batterie sur « Welcome Home » et tu verras. Si Stewart refuse, tu ne seras pas dépourvu, tu auras toujours ma prise de batterie, si elle te plaît. En revanche, si Stewart joue, ce serait tellement génial que je comprendrais vraiment que tu utilises sa prise.

Moi, j'appelle ça la grande classe. Comme on le sait, Stewart a joué sa session. Lorsque je l'ai dit à Manu, il en a été très content, très heureux pour moi, et m'a encore remercié d'avoir pu participer. D'ailleurs, chaque fois que nous nous parlons, il me remercie encore ! Et il m'assure de son soutien, me répétant que si j'ai besoin de lui, pour du studio ou du *live*, je n'ai qu'à l'appeler. Quand on sait qu'en plus il n'est venu que pour des points – des droits d'auteur –, pour le plaisir et par amitié, on ne sait plus quoi dire. On aimerait lui ressembler.

Le projet commençait à prendre forme dans notre tête. Les maquettes que j'avais faites chez moi étaient plutôt bonnes et l'idée était de garder la majorité de mes prises, de les transférer sur du matériel professionnel et de partir de là, réenregistrant principalement les voix, les guitares et les batteries... On avait décidé de garder tous les arrangements que j'avais déjà. Comme j'avais fait ça sur un Logic Audio et que je maîtrisais bien ce logiciel, on s'était équipés d'un Macintosh performant et du dernier Logic Audio.

Ce soir-là, Stewart n'était pas chez lui. Je décidai de le contacter le lendemain.

— Stewart ? C'est Henry.

— Yeah. Mister Pa-do-va-ni ! a-t-il dit avec l'accent français. Comment as-tu eu ce numéro ?

— Euh, j'ai appelé ton numéro habituel et un répondeur m'a dit qu'il fallait composer celui-ci, que j'ai fait et me voilà.

— Incroyable ! Je viens de déménager ce matin et tu es le premier appel que je reçois. Ça alors, Mister Padovani ! Alors, qu'est-ce qui se passe ?

Stewart était toujours « up », il avait une voix qui donnait la pêche. Il vous mettait à l'aise et vous souhaitait la bienvenue.

— Tout va bien. Je refais de la musique.

— Génial !

Je lui ai expliqué en deux mots comment, après le management de Zucchero, j'avais repris une guitare et travaillé sur la musique du film de Jean-Henri. Après Police, Stewart a principalement composé des musiques de film. La première a été *Rumble Fish* et depuis il n'a plus arrêté. Il en a fait énormément. Alors, évidemment, ça lui parle. Je lui explique qui est Jacques Perrin. Il connaît Jean-Henri Meunier et on discute :

— Qui chante ?

— Moi...

— Super !

— Je ne sais pas si c'est super, mais tout le monde me dit que je chante plutôt bien, que ma voix a du grain... Tu sais, la fumée, l'âge... Et du coup, j'ai continué à écrire et j'ai suffisamment de chansons pour un album. D'ailleurs, je suis en ce moment en studio à Paris et on a attaqué l'enregistrement...

— *Hey man*, c'est pour de vrai. C'est génial...

— Serais-tu d'accord pour jouer de la batterie sur un titre ?

— Bien sûr !

La réponse a fusé. Tout de suite. Pas de problème avec Stewart. Il est toujours prêt.

— Envoie-moi de la musique que je l'écoute, mais je serai très heureux de jouer avec toi.

— Merci, Stewart. C'est vraiment gentil de ta part. Je t'envoie la musique. Tu verras, on dirait que ce morceau a été fait pour toi.

— Hey, attends, je ne joue pas trop en ce moment. Je n'en ai plus trop l'occasion.

— T'affole pas. C'est comme le vélo, tu ne peux pas oublier.

— Ouais... Ouais... En revanche, je ne pourrai pas tout de suite. Je viens juste de déménager. Mais je vais monter la batterie et m'entraîner un peu.

— Merci, Stewart. Tu sais, je te propose un deal...

— Quoi ?

— Ce que je veux dire c'est que je ne te demande pas de participer gratuitement, car je ne pense pas que ce serait juste. Je t'enverrai un e-mail et te donnerai tous les détails, mais ce sera un vrai engagement. Pas d'argent mais des points.

— C'est parfait, Henry. Pas de souci. Tu as demandé à Sting ?

Je ne m'attendais pas à cette question. Non, je n'avais pas demandé à Sting. Je n'y avais même pas pensé et, si Serge n'avait pas pensé à Stewart, je n'aurais pas pensé à lui non plus. Bizarre ! Évidemment, aujourd'hui, alors que Sting et Stewart ont accepté avec entrain de jouer avec moi sur « Welcome Home », et que, du coup, on a reformé Police version originelle, il eût été stupide de se priver d'une telle aventure. De priver les fans du groupe aussi. Je ne veux pas avoir la prétention de parler de moi, ou en tout cas de la formation d'origine, car la plupart des fans ne la connaissent pas vraiment, mais plutôt de l'association de Stewart et Sting. L'association de deux des musiciens du plus grand groupe du monde des années 1980.

— Non.

— Tu devrais. Remarque, je ne sais pas s'il serait d'accord... Tu sais, il n'est plus comme avant, mais peut-être que pour toi...

— Je vais y penser...

— Ce serait comme une reformation, *the original* Police.

— Oui.

— Tu as lu son livre ?

— Non, pas encore.

— Tu devrais, tu serais content de lire ce qu'il dit sur toi. Je viens à peine de le finir. Il a une mémoire incroyable et j'ai été surpris par son écriture, c'est très bien écrit. Et puis il est assez marrant.

— J'aurais déjà dû l'acheter. Je vais le faire tout de suite.

— Tu penses bien que je suis allé directement au chapitre qui concernait le groupe. Honnêtement, j'ai sauté les premières pages, celles de sa jeunesse. Je voulais voir ce qu'il avait écrit sur Andy et moi, et aussi sur les premières heures, lorsqu'on était ensemble, avec toi. Il a décrit exactement ce qui s'est passé. Et en plus il ne parle en mal de personne. Je crois qu'il n'y a que Peter Crowley qui se fait descendre[1].

— Stewart, je vais le chercher après ce coup de fil.

— OK. Envoie-moi la musique et je te dirai quand je pourrai me joindre à toi... Il faudra me laisser un peu de temps. Par exemple fin janvier. Donne-moi quelques semaines après Noël, OK ?

— Pas de problème. Merci encore pour ton attitude et les vibrations que tu m'as données. C'est vraiment gentil de ta part. Prends soin de toi.

— Pareil, Bye.

— Bye bye.

Stewart m'avait dit oui et, en plus, il m'avait suggéré une idée de génie : demander à Sting. J'étais content. Évidemment, j'appelai Serge et Yves dans la foulée.

Ce soir-là, nous nous sommes retrouvés au studio et avons préparé des CD pour Steve Hunter et Stewart Copeland.

— Tu vas appeler Sting ? m'a demandé Serge.

— Je ne sais pas. J'aimerais lire son livre avant.

— D'accord, mais ça n'a rien à voir.

— Pour moi, oui.

— OK, mais putain, si on a Sting et Stewart, là ça ne rigole plus.

— Je suis bien d'accord, et on fait les maques !

— Ah ouais, pas de problème, on fait les maques.

J'avais envie et, en même temps, je sentais qu'on passerait pour de sacrés opportunistes si on demandait. Bien sûr, on enregistre un disque pour le vendre, et, lorsque Sting et Stewart Copeland participent et ont leur nom sur la pochette, ça doit être plus facile. Serge et Yves étaient intéressés à la vente.

1. Peter Crowley était le manager de Wayne County and the Electric Chairs en 1977.

Et donc c'était important pour eux. Pour moi aussi : ils s'investissaient et je voulais qu'ils gagnent le plus possible. J'avais envie de le faire.

En même temps, je ne voulais pas que Sting se sente obligé. Ç'aurait été horrible. Mais comment en être sûr ? Même s'il acceptait, comment saurais-je que c'est pour me faire plaisir, pas par envie ? Peut-être en demandais-je un peu trop. Évidemment que, s'il jouait sur notre album, ce serait pour me faire plaisir. Il avait sûrement autre chose à faire. En même temps, peut-être que c'était justement le genre de truc qu'il aurait envie de faire. Difficile d'y voir clair.

— Je vais demander à Bono, ai-je lancé.

— Quoi ? À qui ?

— À Bono !

— Yves ! Yves ! Viens voir, il y a Henry qui a pété un câble !

— Qu'est-ce qu'il se passe ? a demandé Yves en déboulant de la salle de contrôle.

— Je lui demandais s'il allait appeler Sting et lui m'a dit qu'il allait appeler Bono.

Yves, qui n'avait pas eu l'air réveillé jusqu'à présent, faisait des yeux tout ronds.

— C'est à Bono que je pensais lorsqu'on a parlé de Stewart. Il pourrait chanter un couplet en anglais.

Ils me regardaient avec des mines incroyables.

— Les gars ! Vous voyez Bono débouler dans le studio : « C'est ici qu'on fait les voix pour Henry Padovani », a dit Serge en rigolant.

Puis, il a improvisé un sketch : « Ouais, Bono, c'est ici. Mais est-ce que tu pourrais attendre deux secondes dans les escaliers qu'on finisse Stewart Copeland. C'est quoi ce bordel ? Qui a fait le planning ? Dédé Lebohec ?... »

On était morts de rire. Serge n'arrêtait jamais. Dédé était l'assistant de mon ami Momo. On le soupçonnait de revenir la nuit trafiquer les ordinateurs et de faire des incantations celtiques pour que le matériel ne marche pas. Je ne sais pas trop pourquoi, mais on l'a toujours vu comme ça.

— C'est quoi, cette histoire ? Vas-y, contacte Sting, m'a dit Yves. Et puis après on verra pour Bono.

— Je vais d'abord lire son livre. Mais je vais écrire à Bono ce soir !

Ils m'ont regardé aller vers mon ordinateur et me mettre à rédiger une lettre, qui commençait comme ça : « Dear Bono ».

Je les voyais s'activer derrière la vitre et j'entendais « Welcome Home » qui passait en boucle. J'entendais Stewart à la batterie, je commençais à entendre Sting à la basse, et j'imaginais assez bien la voix de Bono faire le refrain avec moi et attaquer le deuxième couplet. J'avais sûrement pété un câble...

L'e-mail pour Bono est parti ce soir-là. Je n'ai reçu une réponse qu'au mois de janvier, une lettre manuscrite qu'il m'a envoyée à la maison, typique de Bono, pleine de choses gentilles et de remerciements d'avoir pensé à lui, mais en même temps me disant qu'il ne pouvait pas s'engager encore dans un autre projet alors qu'avec U2 ils préparaient un nouvel album. Une lettre comme il sait les faire, signée : « Love and Pizza, Bono ».

J'ai trouvé le livre de Sting, *Broken Music*, chez Galignani, rue de Rivoli. C'était le seul endroit à Paris qui l'avait en anglais. Belle brochure. J'étais assez excité. Je suis monté vers Pigalle, me suis trouvé un petit bar tranquille et j'ai commencé la lecture. Comme Stewart, je suis allé directement au chapitre qui racontait comment il avait quitté Newcastle avec Frances et comment il avait retrouvé Stewart au squat de Green Street. Il fallait que je revive ces premiers moments. C'était aussi mon histoire.

C'est vrai qu'il écrivait bien. J'ai toujours aimé lire en anglais. Et son écriture était plutôt agréable. J'ai avalé d'une traite la rencontre, les premières répétitions, les premiers concerts, les premières émotions, la rupture... Je revoyais tout. Je revivais les galères, le manque d'argent. Sting décrivait parfaitement toutes les situations. Satisfait, j'ai repris le livre au début où j'ai appris et compris beaucoup de choses sur Sting. En fait, j'ai réalisé que je ne connaissais rien de sa jeunesse. De la même façon, il ne devait rien savoir de la mienne. Une chose m'a plu : j'ai trouvé beaucoup d'amour dans son livre.

Un peu plus tard, Sting acceptait de jouer et, avec Stewart, on reformait le Police de nos débuts pour la chanson « Welcome Home ». Un titre presque prémédité.

Une sorte de boucle était bouclée.

And now...

Et moi, dans tout ça ?

Je suis sûr que pas mal de gens doivent se dire : « Quel connard ce Padovani, et pourquoi il ne parle pas de moi dans son livre ? » C'est vrai ça, pourquoi ne pas parler de vous ?

Ne m'en veuillez pas si je vous ai oublié. Ce livre n'est qu'un recueil d'histoires que je me rappelle et auxquelles j'ai participé. Je ne me souviens pas de tout, pas mal de mes neurones ont dû sauter dans tout ce cirque. Et puis, certaines me reviendront plus tard, une autre fois. Celles que je raconte ici, je les ai vécues de l'intérieur. Je livre ce que j'ai vu et ressenti pendant quelques années d'une époque bénie d'une totale innocence.

Quand j'étais enfant, j'ai eu une période où je me demandais si la vie continuait autour de moi. Si, lorsque je regardais à droite, la vie s'arrêtait à gauche. Si, lorsque je fermais les yeux, elle n'avait plus besoin de continuer à s'agiter.

Seule la lumière donne du relief, de la couleur et de la profondeur aux choses qu'on voit. Si la lumière n'existait pas, on ne verrait rien. Des milliers de gens travaillent et agissent dans l'ombre et on ne sait rien de ce qu'ils font. Eux, à la limite, s'en moquent et doivent même avoir l'habitude. D'autres se montrent dans la lumière à chaque opportunité et ils en profitent le plus souvent pour récupérer les lauriers qui ne leur étaient pas destinés. Et ils réécrivent sans vergogne l'histoire du rock'n'roll à leur sauce ! Aujourd'hui plus qu'avant.

Alors, ne vous inquiétez pas. Et désolé si je vous ai oublié.

Et ne vous inquiétez pas si mon témoignage a corrigé le vôtre.

Et ne flippez pas si je parle de certains plus que d'autres, ce n'est que mon histoire.

Peut-être qu'alors vous n'étiez pas dans ma lumière. Peut-être que la vôtre ne brillait pas autant qu'aujourd'hui, ou pas du tout. Peut-être, occupé à lustrer la vôtre, m'avez-vous laissé trop longtemps dans mon souterrain, et que je vous ai carrément oublié.

Ce n'est que mon histoire !

Comme vous, je l'ai vécue égoïstement. Je l'ai vécue avec les gens qui me sont toujours restés proches, dans les bons moments, dans ma lumière, comme dans les mauvais, dans mes ténèbres. Mes amis n'ont pas besoin d'être mentionnés dans ce livre pour être convaincus de mon amitié.

Quant à certains, peut-être valait-il mieux que je ne me souvienne plus de nos histoires communes.

Le grand Manitou du rock'n'roll, lui qui voit tout et qui nous regarde, sait bien qui a fait quoi et comment.

Where's the problem ?

Remerciements

Mon père, Jean Padovani, source d'inspiration de toute une vie, Fanny pour sa patience et pour nos deux enfants, mon frère Patrick et ma sœur Elisabeth qui m'ont soutenu dans tout ce que j'ai fait, Yves Aouizerate pour son rock'n'roll, Peter Mc Carthy, Chris Musto, Alain Lahana, Jean-Henri Meunier, Momo Mestar, Rachid Taha, Marc Zermati, Paul Mulligan, Guy Messina, Pascal Bernardin, Peter Baylis, Roland Pascal, Yves Bigot, Pierre Turbessi, Freddy « Miller », les Kaltex, Aurélie Ullrich, Christian Milani, Stéphanie Benoffi, Armand Dussol, Jean-François Oricelli, Jean-Bernard Runcigoni, le commando Cales, Jean-Claude Chamoux pour leur amitié, les Padovani et les Giuliani, tous mes amis musiciens, Sting, Stewart Copeland, Steve Hunter, Manu Katché, Lol, Glen Matlock, Jayne County, Val Haller, J.J. Johnson, Greg Van Cook, Elliot Michaels qui m'a sauvé la vie, Paul Slack, Topper, sans oublier Miles Copeland, Jay Boberg et Steve Tannett, Dietmar Clös, les amis du Backstage Café et de Uncle Ian, tous les amis d'IRS, Zucchero and Co, Marina, Isabeau, Virginie et la funky équipe de la Fnac, tous ceux qui m'ont inspiré, tous les gens qui sont dans ce livre de ma vie, tous ceux que j'oublie mais que j'aime quand même, et tous ces Rock and Roller et Bluesmen, grands et anonymes, qui m'ont transmis une passion.

Henry Padovani

Un grand merci à Laurent Chollet qui m'a reçu chez Flammarion, qui s'est emballé pour mon projet et qui m'a aidé à le formuler, à Virginie Plantard pour ses relectures et encouragements, à Sandie Rigolt pour son enthousiasme, à Stéphanie Chevrier et à tous les gens de Flammarion.

Table

À croire que c'était pour la vie ... 9
La mort de Pete ... 11
Une jeunesse dorée ... 15
Lapsus, le premier groupe ... 21
Le club ... 33
Rock'n'roll ... 43
L'arrivée à Londres ... 47
La rencontre avec Stewart ... 53
Le Roxy club ... 59
Docteur Mulligan ... 65
Les premières notes de Police ... 67
Police est prêt ... 77
London 1977 ... 81
L'Europe ... 85
Londres : les Français parlent aux Français ... 95
Mont-de-Marsan ... 101
Le groupe se sépare ... 107
Les clubs de Londres ... 115
Roxanne ... 123
Wayne County : Play Misty for Me ! ... 129
Aciiiiid ! ! ! ! ... 139
Une chaise électrique ... 149
Les Flying Padovani's en studio ... 159
Les Flying et les Pretenders ... 171

La collection Blue Note 185
Vols de guitares 203
La descente de Topper 215
Après Pete 231
Rock'n'roll, part 2 239
IRS Records 251
Just what the doctor ordered ! 263
Marc Zermati 269
Tout a un début... 275
... Et tout a une fin 281
Amsterdam 287
Paris again 293
Il Volo 301
Ladies and gentlemen, il Maestro Luciano Pavarotti ! . 309
Zucchero et Net Aid 331
Une boucle bouclée 351
And now... 365
Remerciements 367

Composition Nord Compo Villeneuve-d'Ascq.
Cet ouvrage a été reproduit et achevé d'imprimer sur Roto-Page
par l'Imprimerie Floch à Mayenne en avril 2006.
N° d'éd. FF894301. – N° d'impr. 65539. – D.L. : avril 2006.
(Imprimé en France)